我們住在什麼地方
那裏就是我們的家

林娉婷

心安
即是家

寄一封信回家

香港中文大學出版社
The Chinese University of Hong Kong Press
cup.cuhk.edu.hk | HONG KONG, CHINA

心安即是家
229 × 152 × 20 mm | 356 頁
ISBN 978-988-237-199-6

心安即是家

心安即是家

王賡武、林娉婷 著

夏沛然 譯

香港中文大學出版社

《心安即是家》

王賡武、林娉婷 著

夏沛然 譯

中文版 © 香港中文大學 2020

© 王賡武
英文版由新加坡國立大學出版社出版

國際統一書號 (ISBN):978-988-237-199-6

2020年第一版
2023年第三次印刷

出版:香港中文大學出版社
　　　香港 新界 沙田 · 香港中文大學
　　　傳真:+852 2603 7355
　　　電郵:cup@cuhk.edu.hk
　　　網址:cup.cuhk.edu.hk

Home Is Where We Are (in Chinese)
By Wang Gungwu and Margaret Wang
Translated by Hsia Peijan

Chinese edition © The Chinese University of Hong Kong 2020
All Rights Reserved.

Copyright © Wang Gungwu
First published in English by NUS Press, Singapore

ISBN: 978-988-237-199-6

First edition　　　2020
Third printing　　2023

Published by The Chinese University of Hong Kong Press
　　　　　The Chinese University of Hong Kong
　　　　　Sha Tin, N.T., Hong Kong
　　　　　Fax: +852 2603 7355
　　　　　Email: cup@cuhk.edu.hk
　　　　　Website: cup.cuhk.edu.hk

Printed in Hong Kong

紀念在 2020 年 8 月 7 日離去的娉婷

懷念我們在新加坡和吉隆坡的馬來亞大學二十年的生活
以及
幫助我們找到家園的所有朋友和同事

目 錄

第九部　出乎意料

家園何處

在我的成長時期，心目中的家園就是中國，我的父母來自那裏，我們最終也要回到那裏去。父母在我十六歲時真的帶着我回去了，可是他們自己沒有定居下來，只讓我留在南京的國立中央大學上學。一年之後，人民解放軍即將攻入南京，他們叫我回到馬來亞家裏。我的上一本書《家園何處是》(2020；英文版2018年出版)就寫到這裏為止。我父母回歸家鄉的美夢終究破滅了。他們心目中的中國即將在經受革命的洗禮之後變得物是人非；他們從此放棄了回歸故園的夢想。

英國建立的馬來亞聯邦變成了由馬來各州組成的馬來亞聯合邦，受英國保護。馬來亞共產黨為了對抗英國殖民統治，解放馬來亞，組成了馬來亞民族解放軍，這促使聯合邦宣佈「緊急狀態」。我的父親自認有責任提高華人的教育水平，並認為當地的華人族裔應該置身中國政治之外。看起來他已經決定從此留在馬來亞，並要求我開始自己的新生活。

1949年，我大半時間都在做準備。那是孤單寂寞的一段時期。我小時候的玩伴都去了吉隆坡，我學校裏的好友去了新加坡，在萊佛士學院和愛德華七世醫學院上學。我希望回大學繼續讀書，所以當愛德華七世醫學院與萊佛士學院宣佈將合併成為馬來亞大學時，父親認為我可以憑着我的劍橋畢業文憑入學。可是他又擔心我因為不是本土出生的華人而遭到拒絕，於是安排我按照規定入籍成為馬來亞本地公民。當時父親和我都沒有意識到這一點，但是我在走出這一步之後，就一直認為，家鄉與國家是密切相關的，儘管那個國家當時還沒有誕生。

　　寫到這裏，我想起內人林娉婷曾經把她的故事寫出來給子女們看過。我於是問她，是否願意把她的一部分回憶放進我的書裏，使得書中我們共同生活的部分更為豐富多彩。我感謝她欣然表示同意。

第一部

入鄉問俗

安全着陸

在我19歲生日前的一天，我取得了兩個新的身份，一個是後殖民地時期的大學生，另一個是馬來亞聯合邦的公民。在政府眼裏，我現在不再是外國籍的華人，可以去大學上學了。在這兩個身份中，馬來亞公民的分量尤為重要。在隨後二十年的生涯中，我一直在思索如何讓馬來亞成為我的國家。

我能夠這樣安全着陸，是我一生中的大幸。這首先要歸功於我的父親，他不想看到他的獨子因為被他從南京召回，就無法繼續接受高等教育。他沒有錢供我去海外念書。當他聽到正在籌建馬來亞大學時，覺得這是讓我繼續上學的唯一機會。幸虧他在1945年到1947年間做了一個決定，就是在中日戰爭結束後推遲回中國的時間，一直等到我完成中學學業。這樣的話，我到中國之後不必再讀高中，就可以參加大學入學考試。因此他等到我取得劍橋畢業文憑之後，才帶着我們離開馬來亞。

他當時並不知道這個決定是多麼重要。推遲到1947年中才回中國去的決定，在我出乎意外地回到馬來亞之後，提供了兩大幫助。

第一，我的畢業證書使我有資格申請去新加坡新成立的大學上學；第二，我在馬來亞多讀了兩年書，讓我有資格根據新憲法申請馬來亞公民身份。當「緊急狀態」下的抗英戰爭正如火如荼，我身為非本土出生的華人，並無國籍身份，有可能因此喪失入學資格。到那個時候，我父親已經打定主意要在馬來亞定居。我父母雖然沒有承認這一點，但我相信他們已經看到，當地擁護台灣中華民國的華人和為北京新中國歡欣鼓舞的華人都將會受到政治衝擊，而他們不希望我選邊站。我也開始感覺到，他們現在認為在馬來亞生活比在東南亞其他地區要好一些。

　　馬來亞大學的首要任務，是培植當地人來協助英國官員管理殖民地和受保護國。這所英國式的大學着手傳播那些可以幫助在將來建立國家的思想和制度，最好當然是一個有利於維護英國利益的國家。殖民地官員一旦離開，會挑選年輕的馬來亞人繼任。大英帝國未雨綢繆，準備在帝國終結之後用新的英聯邦取而代之，因此鼓勵英國最好大學的畢業生到馬來亞教書。而且還儘量設法讓馬來亞大學的學位獲得承認，畢業生受到重用。

　　馬來亞大學在1949年10月8日正式開學。東南亞地區總幹事馬爾科姆・麥克唐納（Malcolm MacDonald）主持開學典禮。出席典禮的有各馬來亞王室的君主或代表，以及來自馬來亞聯合邦各州和新加坡殖民地的政治領袖。該校於1962年改名為新加坡大學，1980年再改名為新加坡國立大學。1999年，在慶祝成立五十週年的大會上，我指出這所學校早已未雨綢繆,為後殖民時代的世界預作準備。在那時候,就馬來亞的種種事態發展看來,前途並不樂觀,我們必須為這個地區的重大轉型做好準備。我認為,在開學典禮上,大家已期待着這個大學將在新國家的建國過程中發揮重要作用。

對學生來說,東南亞作為一個地區是個嶄新的概念。他們都是殖民地教育的產物,所使用的教科書大致適用於大英帝國和英聯邦的所有學校,學生入學必須先取得劍橋大學考試委員會文憑。這樣的體制是為了建立一個以倫敦為中心的英聯邦而設計的,它的確發揮了很好的作用。但是由於是標準化作業,我們這些進入大學的學生大多數對馬來亞及其鄰國所知甚少。我甚至還比不上我的大多數同學,因為我所受的教育一半是在以英國為中心的學校,另一半是在家裏,着重的是古代中國的理想世界,而且我的學校教育在日本佔領下也被縮短了。

我們的英國講師對馬來亞的瞭解程度不比我們好多少,只有少數幾位講師例外,他們戰前就在萊佛士學院執教,後來在日本戰俘營被關了三年半。地理學家多比(E. H. G. Dobby)就是他們之中的佼佼者,他編著了第一本關於東南亞地區的地理書,其中強調東南亞對英國的戰略重要性。還有些經濟學方面的著作着重於馬來亞經濟,指出這是英國戰後恢復的關鍵因素。特別是席爾柯(T. H. Silcock)的著作,介紹了關於馬來亞錫礦和橡膠工業的最新研究成果。在歷史學方面,哈里森(Brian Harrison)寫出第一本關於東南亞歷史的書,緊接着前仰光大學的歷史教授霍爾(D. G. E. Hall)出版了更為全面的著作。

大多數教師和同學都承認,他們不清楚馬來亞民族是怎樣發展起來的。在西方世界,「民族」通常是指具有相同語言和宗教並共有長期歷史的一群人。這個概念顯然不適用於1948年以聯合邦方式組織起來的各種政體。當我遇到來自馬來亞各地的新校友時，我馬上就知道我是最不具備馬來亞人資格的那一個。我知道霹靂州一些地方，因為曾經隨着擔任華校視學官的父親去過那裏，我的一些同學則向我介紹過檳城和吉隆坡的情況。我不久前才讀到關於半島部分地區「緊急狀態」的歷史，那時候英國軍隊與馬來亞共產黨（馬共）領導的馬來亞民族解放軍交戰。我對於新加坡的瞭解更少，雖然我兩次從新加坡港乘船去中國，但只記得港口火車站的模樣。

　　我不是唯一對新國家所知有限的人，但很少人知道我幾乎要從零開始認識關於新國家的一切。與我相比，那些在定居此地已久的家庭中土生土長同學的知識要比我豐富得多。許多同學拜訪過住在馬來亞各地的親戚，或者跟隨經商或任政府公務員的父親居住過不同地方，還有些同學在戰爭時期隨着家庭四處躲避日軍的暴行。有一些年齡較大的同學在戰爭時期逃到國外，得以從國外的角度觀察馬來亞。兩個馬來同學告訴我，他們如何被日本人派去日本受訓，還有「英屬印度」同學參加了印度國民軍到緬甸作戰；這些都讓我聽得津津有味。

　　我的同學來自不同族裔和地區，對馬來亞的未來想法各異。我在怡保時對當地政治毫無興趣，因為我一心只想到中國去。現在我想融入本國，就必須知道如何才能成為新國家的一分子。有些人告訴我，當前的局勢是廣大反帝國主義運動的一部分，目的在爭取成為一個獨立國家。為此目的，我們必須為英國人最終撤離做好準備。「緊急狀態」主要是在半島的叢林中作戰，對象不是共產黨人（沒有人知道他們到底要什麼），更不是為自由馬來亞奮鬥的民族主義者，而是被稱為「恐怖分子」和「匪徒」的武裝分子。我的朋友大致分為兩派，一派人擔心英國人不想撤離，會想方設法地留下來，另一派人害怕如果英國人沒有打敗馬共就撤離，局勢會不可收拾。

我知道世界上其他地方出現了去殖民化運動。緬甸和錫蘭像印度一樣實現了獨立，菲律賓也獨立了。有一個新的國家稱作印尼，他們和緬甸一樣，軍隊都是由日本人訓練出來，當時也在驅逐荷蘭人的戰爭中頻傳捷報。越南人的悲慘命運，則在於他們處在蘇聯（和中國）共產主義與美國資本主義巨大鬥爭的夾縫中。由於處於兩個意識形態鬥爭的前線，越南的戰爭不再是為爭取國家自由而發動的正義戰爭，它已經成為超級大國之間鬥爭的一部分，最終成為 1945 年以來亞洲最慘烈的戰爭。

馬來亞是什麼情況呢？馬共武裝力量真的如他們聲稱那樣是爭取馬來亞獨立的民族主義者嗎？如果是這樣，在可以用非暴力手段和平轉移權力的情況下，有必要使用暴力嗎？英國軍隊的目的是為了執行「緊急狀態」行動，還是為了儘量延遲馬來亞的獨立？這些都是相關的問題，雖然許多人認為，只要馬共繼續存在，英國人就不應該撤離。

我對這場鬥爭所涉及的各種利益一無所知。在我 1947 年去中國之前，我已經看到在英國人戰後回到怡保後，勞工開始騷動。街上的示威不斷，許多人被捕。我雖然好奇，但認為這些與我無關，因為我就要去中國了。我記得馬來亞聯邦成立時，馬來人激烈反對，其他人也懷疑英國人別有用心。那時我正準備去南京，就沒有追蹤事態的發展。現在我已經是聯合邦的公民，處於「緊急狀態」之下，所言所行受到嚴格限制，我必須確定我的行動方向。

新來乍到

　　我在19歲生日的前一天抵達馬來亞大學。在我啟程去中國的時候，一些同學已經考進了兩個學院，現在這兩個學院合併成為馬來亞大學。所以我到新加坡入學時，他們變成了我的學長。與我同一年入學的學生都是才認識的新朋友。把馬來亞大學設立在英屬新加坡殖民地，這似乎有點奇怪。據說這樣做有兩個理由：首先，把兩個現成的學院合併成一個大學既省時又省錢；其次，大家普遍認為新加坡不久就會成為聯合邦的一員。

　　馬來亞大學的規模很小。文理學院這一年共招收了一百個學生，理學院四十個（因為實驗室有限），文學院六十個。之所以能夠稱為大學，因為還有個醫學院。文學院六十個新生中，我記得超過四十個來自馬來亞各州，其餘的來自新加坡（包括新加坡在內的馬來亞人口總數是600萬）。我們這些來自聯合邦的學生住在校園內或附近，男生住宿舍，女生住羅西山道的小公寓。只有少數幾個拿獎學金的新加坡學生是住宿生，因此住在學生宿舍的學生與大多數新加坡學生沒有深交。

　　我發現同學來自新國家的各個地區，感到十分欣喜，我從與他們的交談中學到很多。無論是在教室外、宿舍、操場或社團聚會，或者是在餐廳或晚自習的時候，我逢人就問他們從哪裏來。我除了霹靂州的幾個市鎮，什麼地方都沒去過。他們對所來自地方的不同描述，讓我從不同的角度看到未來馬來亞可能的面貌。我們並不相信獨立後的馬來亞就一定是英國人設想的模樣，不過我們已經模糊地覺到，馬來亞的未來還是個問號，答案要由我們那些積極參加工作的人來決定。不過我初到校園時，一心只想到如何把握好學習的機會。

　　我宿舍的室友詳細介紹了他們的市鎮和州的情況，這些都是教科書裏沒有的東西。在我的學長中，林必達 (Beda Lim) 講述了霹靂州的古老家族，傑克‧席爾瓦 (Jack da Silva) 和同學楊先生 (Yeo Beng Poh，中文名字忘記了) 告訴我為什麼必須到新國家的首都吉隆坡一遊。喬治和詹姆斯‧普圖基里 (George and James Puthucheary) 強調，柔佛州對新加坡和未來的馬來亞非常重要。我還記得多拉‧馬吉德 (Dollah Majid) 很不高興，因為大家都漠視他的家鄉彭亨州。他告訴我他的祖先是從蘇門答臘遷來的曼達靈人 (Mandailing)，他們如何千辛萬苦地開發了彭亨州。還有來自不受重視的小州玻璃市的賽義德‧馬哈達 (Syed Mahadzar)，他告訴我他的家鄉州如何與鄰近比較大的吉打州一起，成功地避免了與暹羅國王的衝突。

　　這些與我同住宿舍的大一新生彼此成為好朋友。我最要好的朋友賈加拉詹 (Thiagarajan) 是個特別有趣的人。他的父母是華裔，把他送給了住在吉打州的切蒂亞爾 (Chettiar) 朋友，因此長大後成為泰米爾人 (Tamil)。他在上課被點到名時站了起來，立刻引起全班矚目。

講師叫他不要開玩笑，他卻笑容滿面地解釋說，賈加拉詹的確就是他的名字。我的另外兩個好朋友是扎卡里亞・哈吉・阿里（Zakaria Haji Ali）和馬蘇德・阿里（Masood Ali），他們高高興興地介紹了柔佛州水上人家的生活。來自森美蘭州的哈姆扎・森度（Hamzah Sendut）自豪地介紹了那裏的母系社會。他希望我們瞭解，那裏的米南卡保（Minangkabau）傳統影響到統治者會議的組成。最有趣的是一個華裔同學（我忘記了他的姓名），他來自吉蘭丹州，喜歡用當地的馬來土話說笑話，可是馬來同學都聽不懂。他只好把他的笑話翻譯成英語。

　　我們在課堂上絕口不談政治，也不同英國講師談我們的未來。他們教好書就行了，政治只在同學之間談。恰好我對政治的興趣並不大。有人提醒過我，一些活躍的同學已經引起殖民地警察特偵組的關注。不過，我不覺得他們所討論的有什麼問題，還常常附和他們關於英國殖民統治的意見。就在我參加他們辯論的那一年，我的好幾個言論最激烈的朋友遭到拘留，令我大吃一驚。這證明我的確太天真了。

　　最讓我驚訝的是，我在怡保安德申學校的好友王清輝（Ong Cheng Hui）也被拘留，他當時是醫學院三年級的學生。1946年時，他是班上的第一名，對政治完全不感興趣。日本人在佔領期間殺了他的父親，他談到日本帝國主義的野心時總是深惡痛絕。他們兄弟二人被警察拘留了一個月，我相信他們是無辜的。結果他們變得更痛恨英屬馬來亞。我相信這個經驗使得他決定畢業後不在馬來亞行醫而去了中國。這件事提醒我，殖民政府害怕任何異議分子。在遭到拘留的人中，政府當局對任何不是在馬來亞出生的人都毫不手軟，把他們驅逐到印尼、中國或印度去。這使得像我這樣不是出生在馬來亞的人格外謹慎小心，不參加政治活動，不發表反對帝國主義的言論。

與王清輝一起被捕的還有幾個我在校園認識的新朋友，其中詹姆斯・普圖基里和多拉・馬吉德被關了一年半。他們被控的罪名是參加了反英聯盟，那是個同情馬共的地下組織。據說在搜查他們的房間時發現了他們打算吸納的人員名單，其中包括校園內其他幾個學生。校園裏傳說，我也在幾份反英聯盟準備吸納的名單上。大家都知道我是詹姆斯和多拉的朋友，但我無法確定該謠言的真假。對我來説，我知道他們兩人公開反對殖民統治，但不相信他們是共產黨。他們在1952年回校上課時，詹姆斯和我同住在杜寧道公寓的一個房間裏，並繼續參加活動，爭取在校園內討論政治事務的權利。我們敦促學校當局像一般英國校園一樣，允許學生成立政治社團，增加學生對民主程序的瞭解，以備在馬來亞建國後發揮作用。1953年，學校當局終於同意，讓我們成立了馬來亞大學社會主義學會。

這些事我後面還會談到，但由此可見，我對大學校園內的限制政治自由問題並不陌生。根據我以前在南京的大學讀了一年半書的經驗，任何政府對學生的活動都不放心。南京本地和附近一些主要大學的幾十個學生領袖都被抓了起來，我1947年6月到南京時他們還在獄中。我在中央大學的同學都知道，不許有任何反對政府的行動。結果是校園內噤若寒蟬，因為誰也不信任誰。

在新加坡，受英語教育的學生可能以為，殖民地政府會尊重英國的自由主義傳統，特別照顧他們。但在政府面對叛亂的嚴峻時刻，以為它會容忍公開反對帝國主義的情緒顯然太幼稚了。我在南京時已經學會了，不要公開發表自己的政治觀點，因此不相信政府會這樣做。我出席了反殖民統治的辯論，參加了一些討論，但是表明自己主要的興趣是理論探討，不會採取行動。同學都知道我喜歡寫詩，這對我是否有幫助則不得而知。如果有人曾經對我的政治傾向不放心，後來似乎慢慢平息了。1953年，我受聘為歷史助教，並開始研讀碩士學位。

　　總之，我身為一個在外國出生的學生、而且去過後來變成共產中國的地方念書的這件事，總算過關了。我當時沒有把這件事放在心上，因為我成長的家庭不曾受過殖民統治，我雖然參加了校園裏反殖民主義的討論，卻沒有想過必須拒絕殖民地遺產。反對帝國主義反而更像是在抽象地表示支持民族獨立的想法。直到許多年之後，「後殖民」成為熱門話題，大家都在談論如何擺脫殖民的過去，我開始思索為什麼那時候沒有參與這個多面向的運動。後來我才意識到，那是因為我沒有在殖民地生活過。我對科學的或空想的共產主義都沒有興趣，因為我是在王朝崩塌後長大的華人，懸浮在現代與傳統之間。國安當局讓我過關，也許是因為他們比我更瞭解我自己。

誰的文學？

　　我從怡保去馬來亞大學上學時，並沒有想到將從此告別怡保。我一心一意想的就是繼續學業，從南京回來後，我只把怡保視為暫時歇腳的中途站。怡保是我父母居住的地方，父母所在的地方就是我的家鄉。我父親晉升為華文學校聯合邦視學官而舉家搬去吉隆坡之後，我就沒有回去過怡保。許多年之後，我才意識到我是多麼懷念近打河流域（Kinta Valley），意識到怡保是我早期詩作中展現的馬來亞意識的來源。我那時才明白，怡保才是我唯一可以視為家鄉的地方。

　　但在那時，單是恢復上學就令我興奮異常，我首先想到要繼續學習我比較熟悉的英國文學，這也是我在南京的主修學科。可是我在馬來亞大學結識的一些朋友認為馬來亞應該用共同的語言來書寫自己的文學。有幾位英國講師也告訴我們，馬來亞是一個多元社會，主要由馬來人、華人和印度人的後裔組成，不妨把各自祖先的語文放在次要地位，支持我們學校使用的語文。實際情況是，同學中的馬來人不多，對所謂的「馬來亞化」英語或「英馬中混合語」（Engmalchin）感興趣的人更少。我在校園內認識的第一位朋友林必達是大學二年級生，他很想知道這樣的文學會是什麼樣子。他發現我喜歡文學，就鼓勵我寫詩，並參加他和同班同學創立的萊佛士學會 (Raffles Society)。我當時並不知道，我就這樣跨越了馬來亞認同的門檻。

大學開學的那一天一切如常。從北部各州來的學生大多數乘夜間火車，凌晨到達新加坡，然後去大學註冊。大一的新生在夜車上見到高年級的學長，我第一個碰到的學長就是林必達。他告訴我他來自檳城，問我是否喜歡英語詩歌。我在中央大學時認識的一位同學名叫祝彥，他熟讀歐洲文學大師的著作，帶着我閱讀了艾略特 (T. S. Eliot) 和奧登 (W. H. Auden)，引領我認識當代英國文學。儘管我在怡保的安德申學校受的是英語教育，卻對這些作家一無所知。祝彥高興地為我介紹了詩人的其他最新創作，包括奧登的反戰詩和艾略特的《四首四重奏》。對於林必達的問題，我衝口而出地說出這兩位我崇拜的詩人的名字。林必達對我的回答似乎有些吃驚，當場就決定把我這個新生收為徒弟。火車在吉隆坡停站時又上來幾位學長，林必達把我介紹給他的朋友，說我喜歡讀詩。席爾瓦和楊先生 (Yeo Beng Poh) 兩位學長立刻對我另眼相看，因為他們相信林必達的判斷力。我們四人從此成為好朋友。

我從不曾想到，我對文學的興趣為我開啟了許多大門。不過馬來亞大學與南京的大學不同，你不能只選文學一個學科。按照蘇格蘭教育制度，我們在大學首三年必須另外選兩門學科，獲得普通學位，之後才能選擇一門學科作為專業。由於選擇不多，我有點失望。除了文學，還有三個學科可以選擇，就是：歷史學、經濟學和地理學。我選了經濟學，因為它比較實用。在剩下的兩個學科中，歷史學研究的是人，比較接近文學，於是我沒有選地理學。

我們的講師大多數是歐洲人。在我選擇的三門學科中，只有兩位經濟學講師不是從歐洲來的。一位是教貨幣和財政的林溪茂(Lim Tay Boh)講師，後來晉升為經濟學教授，再後來擔任大學校長。另一位是游保生(You Poh Seng)講師，後來成為統計學教授，並協助創立了新加坡管理學院。我原來在南京的中央大學時，所有正式教員，包括英國文學教員，都是中國人(德語教員是唯一例外)。現在幾乎所有教員都是歐洲人，這令我不太習慣。經濟學是我完全陌生的學科，歷史學對我來說也差不多同樣陌生，因為教的內容大部分是歐洲如何擴張到亞洲的歷史，不教中國史或大英帝國史。所以在我來到大學之前，唯一稍有一點瞭解的學科就是英國文學。

我在中央大學外文系時，讀過一些英國古典文學，所以以為我可以跟得上課程的進度。沒有想到的是，我在新加坡要學的大部分是新東西。我需要學習的實在太多了，不過英國文學仍然是我的優先選項。我在南京時已經讀過英國文學史，南京的同學也帶領我閱讀中文譯本，讓我對歐洲文學有一些瞭解。我還覺得自己的基礎很好，因為我父親具備英國文學的背景，為我訂閱了各種英語週刊。但我不久就發現，這樣的準備遠遠不夠。

在大學認識林必達之後，我的信心大增。他帶領我去參加同學在萊佛士學會的討論，引起了我對馬來亞文學這一概念的興趣。我是頭一次聽到這個想法，而他們告訴我，一旦英國人最終離開，馬來亞要成為真正國家，必須有自己的文學。我在學會遇到一些人，他們真的相信新加坡和馬來亞將會合併成為一個新國家。對他們來說,問題在於新國家會有什麼樣的文學?

我對於舉目所及比比皆是的新事物感到好奇,但又知道自己必須謹言慎行。只在馬來亞大學成立前一個星期,我才從一個被稱為共產國家的地方回來,當然會引起朋友和師長的注意。有些人認為我必然是因為反共才離開中國,但也有人認為,我對反殖民地統治的言論表示同情,是不是受到人民共和國反帝國主義的公開宣傳的影響。我也知道,有些在辯論時主張馬來亞文學的學長被認為是左派激進分子,特別是主持《馬來亞蘭花評論》(*Malayan Orchid*) 的那批人。

馬來亞不是英國,所以從政治角度考慮的人反對這樣的想法:即使我們用英語書寫,我們的作品只不過是英國文學的仿製品而已。我覺得這種角度的反向思考很值得探討,這是個我從來沒有想過的角度。我具有中國古典文學的底子,讀過《詩經》以及唐宋散文和詩詞,《三國演義》、《西遊記》和《水滸傳》等通俗小說都很熟悉,但是從來沒有想過創作中國的新文學能夠擺脫這樣豐厚的文化遺產。我讀過郭沫若和徐志摩的一些新詩,魯迅、茅盾和老舍的一些短篇小說,以及巴金著名的三卷長篇小說《家》、《春》、《秋》。我聽朋友談起曹禺的戲劇,可惜從來沒有看過舞台演出。這些作品顯然受到歐洲文學的啟發,但都是用中文來表達。

因此,用英語書寫的文學怎麼可能不以這些深厚的文化遺產為基礎?我的處境很微妙,研讀英國文學就是為了**不要**寫出追隨英國文學傳統的作品。我不知道能不能做到,但願意和我的朋友一起在詩歌方面做一些嘗試。

詩歌創作

　　我至今不清楚，是不是因為在林必達的督促下不理政治而埋頭寫詩，警察才沒有繼續監視我。林必達認為我是個值得交往的朋友，因為我學過中文，也稍有涉獵英國和歐洲文學。由於我讀過課堂上不教的艾略特和奧登的詩，使他覺得我是個可以談詩的朋友。課堂上教的是從喬叟（Chaucer）、莎士比亞（Shakespeare）到十九世紀小說的文學大家，十九世紀以後的作品就讓我們自己去閱讀。有幾位講師對哈代（Thomas Hardy）、康拉德（Joseph Conrad）和勞倫斯（D. H. Lawrence）等現代作家很有研究。我在南京的一位老師翻譯了哈代的一些小說，我對《苔絲姑娘》（*Tess of the D'Urbervilles*）、《嘉德橋市長》（*The Mayor of Casterbridge*）和《無名的裘德》（*Jude the Obscure*）都讀得津津有味。康拉德的小說，除了《水仙號的黑水手》（*The Nigger of the Narcissus*），我還喜歡《吉姆爺》（*Lord Jim*）和《黑暗之心》（*Heart of Darkness*）。至於勞倫斯，我父親給我看過《兒子與情人》（*Sons and Lovers*）。我和我的同學都對《查泰萊夫人的情人》（*Lady Chatterley's Lover*）好奇不已，可是那時候根本讀不到。

　　我也對林必達多了許多瞭解。在我認識的朋友中，他是個佼佼不群的人物。他的父親是海南島人，母親是土生客家華人，用峇峇馬來文（Baba Malay）給他寫信。林必達不懂中文，但英語流暢，馬來語能說能寫。他的英語文學造詣很高。他的父親是一個旅行樂隊的小提琴手，仰光的英國旅客都喜歡他們樂隊的演出。他自己具有很好的西洋古典音樂基礎，特別是十九和二十世紀的音樂。他還有過目不忘的記憶力。

　　林必達鼓勵我談詩。幾個同學已經在《馬來亞蘭花評論》和《大鍋》（The Cauldron）等雜誌上發表詩作，其中既有押韻的十四行詩，也有試驗性的自由詩體。林必達認為最具有潛力的是Richard Ong的〈倫巴舞〉（"Rhumba"）。我不知道這些作者中有多少人自認可以成為詩人。我確信我的朋友詹姆斯·普圖基里真的認為詩歌不過是用來表達反帝國主義情緒的另外一種方法。他的弟弟喬治反而可能對寫作更有興趣。其他幾位在雜誌上發表過作品的高年級生也喜歡寫詩，有幾位在畢業後繼續寫作，特別是阿魯佐（Aroozoo）姊妹、瑪麗·王（Marie Bong）和赫德維格·阿努阿爾（Hedwig Anuar）。還有Lim Thean Soo和吳信達（Augustine Goh Sin Tub）也寫作不輟，成為長篇和短篇小說作家。

　　我問過林必達他自己為什麼不寫詩。他告訴我，他的記憶力太好，一提筆腦袋裏都是記得的各種詩句，揮之不去。他說，你的記憶力跟普通人一樣，所以應該多多創作。我的第一首詩是在一個失眠夜寫成的。我坐在宿舍外面的台階上，寫下〈月下靜思〉（"Moon Thoughts"），拿去給林必達看。他鼓勵我繼續寫下去，用打字機打出我的十二首詩，編成小冊子，以《脈動》（Pulse）為書名，於1950年4

月出版發行。沒有想到的是，當地的報紙居然報道了消息，指出這是新加坡出版的第一本詩集。

　　我受到現代英國詩人普遍使用的自由詩體的影響，嘗試抓住馬來亞社會的華人、馬來人、印度人和歐亞人混居的一些特色。我們不知道應該使用什麼語言，就把馬來和中文詞彙放在英語句子裏面。我們還認為不應該只使用英語的口語模式，還要設法使用本土的方言和口音。經過林必達的推薦，我成為一些講師和同學心目中的詩人。

A book of poems comes from a Malayan's pen

TAN TOCK SAIK MEETS VARSITY STUDENT WANG GUNG WU WHO FINDS INSPIRATION AT MIDNIGHT.

THE most surprising thing about Wang Gung Wu, whose poems have just been published in Singapore, in a little book called "Pulse", in his age. This student of Intermediate Arts in the University of Malaya is only 19.

In our University today, where undergraduate verse flourishes as it has never flourished before, the poetry of this teenager stands high above the rest in reflection and poetic expression.

Tall and fair, with handsome delicate features, Gung Wu looks very much like the sensitive poet.

Born in Java, Gung Wu came to Malaya when he was very young. For many years he lived in Ipoh where his father served in the Municipality. He studied in the Anderson School where he was a very good scholar.

☆

IN 1947, the boy was sent to China to read Arts in the National Central University, Nanking. War broke up his studies and he returned to Malaya to join the University here as a private student.

Shyly, Gung Wu told me that he first wrote poetry when he recorded his impressions of China in Chinese. His father, a Chinese scholar, had inculcated a love of Chinese poetry in him.

His first attempts at English poetry were in the University of Malaya. Encouraged by a second-year student Beda Lim, he wrote his first poem "Moon Thoughts" one mid-night.

Even today, he invokes the Muse only at mid-night—when his fellow students have retired and "all is still." When I voiced my surprise at his youth, he said, "It is not age that matters in writing poetry. It is the changes which take place in a poet's life and it is during this process that he translates his experiences into poetry.

☆

"IT is the ugliness and beauty that he sees that affects him. As for me, the changes have been sudden and frequent. From the sheltered existence of an only child in pre-war Ipoh to the insecure, frenzied life under the Japanese. From post-war Malaya to the poverty and intrigue of China. These experiences, however shocking, have benefitted me in writing poetry."

Gung Wu said that form should come after matter in poetry. "If you have good matter, the form will naturally follow. There should be no restrictions in form. In a variety of metres, more rhythm is found."

He added that he would use any word, no matter how odd, if it expressed his meaning. He uses such words as "marketivity," "factored," "hucksters" and "blachan" in his poems.

IT WAS a most pleasant afternoon I spent that day talking with Gung Wu and listening to Beda Lim reading aloud from a copy of the "Pulse" in the college dining-room.

It was an experience I will not soon forget—Beda reading the opening lines of one of Gung Wu's best poems "Investment":

She was born of a stolen night,
Of a transient breathlessness,

and then these lines from "Three Faces of the Night":

We are the audience
Of the three camps!
We are the campsters, too.
We rush round
To see the others,
But the mirror is a prism blue.

Wang Gung Wu at work in the room of his friend and encourager, Beda Lim (right), in the University of Malaya hostel.

王賡武和林必達，《新加坡自由西報》第3頁，1950年5月13日。
(新加坡報業控股有限公司提供圖片)

∾

身為英國文學的一年級學生，我沒有想過要成為詩人，課程的壓力實在太重。我們的課程分為兩個部分，一個部分是追溯語言的根源，使用奧托‧葉斯柏森（Otto Jespersen）的大作《英語的成長和結構》（*Growth and Structure of the English Language*）。另一部分是研讀埃米爾‧勒古瓦（Emile Legouis）和路易‧卡紮米安（Louis Cazamian）寫的《英國文學史》（*A History of English Literature*）。埃利斯‧埃文斯（Ellis Evans）給我們講述葉斯帕森的著作，令我聽得出神。他強調的不是語言的結構，而是語言作為傳播觀念和思想的工具怎樣演變。他是個認真的老師，關心學生，熱心地向我們介紹他深有研究的維特根斯坦（Wittgenstein）的想法。我努力跟上他的課程，對我自己有兩個新發現：第一，我不習慣抽象思維；第二，我對文法、語法和語音沒有什麼興趣。我感到興趣的是語言如何隨着時間演變以及語言如何彼此影響。我最有興趣的是使用語言的人以及他們如何處理非母語語言的問題。

至於英國文學史，從諾曼著作追溯盎格魯－撒克遜和北歐的背景，找出喬叟《坎特伯雷故事集》（*The Canterbury Tales*）的淵源，令人激動。我於是領會到，史賓塞（Edmund Spenser）和莎士比亞的新詩體都是從這裏出來的。給我們上課的兩位講師是莫雷爾（Roy Morrell）和巴克（Mary Barker），他們按照勒古瓦和卡紮米安的《英國文學史》逐章講解，敍述一段冗長的歷史。可是還沒等講到十九世紀的浪漫主義，我已經被文藝復興的歐洲吸引，回頭再去看但丁（Dante）、佩脫拉克（Petrarch）和薄伽丘（Boccaccio）不再有興趣。我就此戛然打住，是因為突然領悟到，我雖然喜歡文學，但是對文學根源的知識實在太不夠了。舉例來說，我沒有學過希臘文和拉丁文，只會一點基本法文，德文就是我在南京才開始學的那一點點。

我這才知道，我在南京讀艾略特時，對於他詩中引述的歐洲古典文學典故，只有皮毛的瞭解。即使去翻查解釋，仍然不曾理解詩裏面的許多微妙含義。我當然可以閱讀古典文學的翻譯本，但那個書單太長，令人望而生畏。在馬來亞大學，英語講師都博學多聞，可以助我一臂之力，所以我希望以勤補拙。可是我讀的越多，越發現差距太大，覺得自己心有餘而力不足。如果窮我畢生之力鑽研歐洲文明的主要部分，我相信自己可以做到，至少我當時是那樣想的。不過兩年之後，我告訴自己，在周遭建國造史的激昂亢奮和躍躍欲試的氛圍下，即使我可以做到，又何必呢？

到大一結束時，我已經知道，我在英國文學方面要補的課太多了。我需要填補知識上的許多漏洞，許多著名的作家都沒有讀過，還有無數從來沒有聽過的小説、詩歌和戲劇。我那時候還不知道，我在《脈動》發表的試驗性新詩使得我疏離了古典英國文學。我在無意之中推翻了自己的文學教育，因為我用艾略特、奧登和狄倫‧托馬斯（Dylan Thomas）的現代寫作方法作為「馬來亞」文學的起跳點。我欽佩這些作家，但他們沒有給我什麼幫助，只是鼓勵我去試驗我們大多數人也覺得陌生的風格和形象。我不論用英語還是馬來語創作的詩歌，是想表達什麼？什麼人會喜歡這些缺乏鄉土根源的作品？

我沒有叛逆的性格，很願意向我的講師學習。我讀了莎士比亞和浪漫主義大師的名著的文學批評，覺得他們的學術研究了不起，但不知道對於身為詩人或詩歌愛好者的我來說有什麼用處。我很想丟開那些註解和解釋，採用我所理解的新批評主義的辦法，直接閱讀詩歌本身，不必過分理會歷史和批判的包袱。我還記得，越要我們閱讀、分析和欽佩學術研究，我們讀詩的樂趣就越少。

林必達告訴我，大二的葛拉漢・赫夫 (Graham Hough) 教授講課十分精彩，於是我盡量跟着林必達去聽課。赫夫的課的確很有啟發性，我尤其記得他對利維斯 (F. R. Leavis) 寫的《英語詩歌的新方向》(*New Bearings in English Poetry*) 的解釋。我沒有太大興趣在重讀艾略特時特別注意他在詩中使用的古典典故，但是赫夫告訴我們，在艾略特之前，還有一種玄學派詩人，這引起了我的注意。這一派詩歌使我的眼界大開。我十分佩服鄧約翰 (John Donne)，讀了赫伯特・格瑞厄森 (Herbert Grierson) 在《十七世紀玄學派抒情詩》(*Metaphysical Lyrics & Poems of the Seventeenth Century*) 中擇選的所有鄧約翰的詩。那時我並不知道，我的理解是很膚淺的，因為我對這些詩人質疑或頌揚的信仰體系一無所知。

引起我極大興趣的是鄧約翰和他同代的詩人與我熟悉的浪漫主義詩歌 (例如華茲華斯〔Wordsworth〕、濟慈〔Keats〕和柯立芝〔Coleridge〕) 之間存在着的巨大差別。我現在的文學課程，除了上述三位的詩，還加上喬叟的《坎特伯雷故事集》和莎士比亞的十四行詩，已經讓我耳目一新。赫夫帶我們更向前一步，比較這些詩人與玄學派詩人，指出他們濃厚的宗教和哲學背景促使他們沉思人的本性以及人與神的關係。這對於我來說是個全新的挑戰，使我認識到，我將被帶入深一層的歐洲文化，而我還沒有做好準備。詩歌很美，但詩歌的基本假設引起了我莫名的反感。

　　不過我仍然繼續學習，又讀了一些希臘經典作品，包括荷馬（Homer）和索福克里斯（Sophocles）的底比斯三聯劇。我讀的是翻譯本，覺得就像是在讀中文的古文，然後自己翻譯成白話文。這是同樣的心智鍛煉。我喜歡這樣讀書，而且發現閱讀增加了我對以後幾個世代英語寫作的瞭解。這就像知道了《詩經》、樂府詩和《古詩十九首》的典故之後，能夠更好地欣賞唐宋詩詞。

　　我還從赫夫的講課學到別的東西。他教我們閱讀許多諷刺作品，從希臘喜劇到綏夫特（Jonathan Swift）。我那時正在讀歐威爾（George Orwell）的《動物農莊》（*Animal Farm*），於是知道歐威爾的動物故事可以溯源到古希臘。特別是讀了《格列佛遊記》（*Gulliver's Travels*）之後，我重讀了笛福（Daniel Defoe）的《魯賓遜漂流記》（*Robinson Crusoe*），再次想像在那個航海冒險時代，歐洲人聲稱他們「發現」了新世界。那是在我大一的第三個學期，哈里森的歷史課剛講到亨利王子協助葡萄牙向南航行到西非洲海岸，哥倫布帶着一批人正準備橫渡大西洋航向中國和印度。

　　在中學的大英帝國和英聯邦歷史課上，我就曾讀過這樣的故事，裏面的主角是英國探險家德雷克（Francis Drake）和雷利（Walter Raleigh）。故事的重點是德雷克，他與西班牙人作戰，環球航行，在加利福尼亞登陸。現在我們讀到《暴風雨》和《魯濱遜漂流記》，覺得莎士比亞和笛福想像出來的海島要有趣得多。儘管「土著」換成了紅蕃或黑奴，他們的話語令人更難忘懷。從西方人的角度看世界，加強了形而上的轉換，把這個世界視為神的賜予，想像整個人類將以不同的方式適應自然。從這個角度，我們可以重訪希臘和羅馬的古典傳統，或期待以浪漫主義的方式，回應歐洲人現在享有的新自由。我還發現自己生活在一個從現代詩歌的許多層次中挖掘出來的新世界，我覺得我可以藉此跳脫英語文學的體系。

書山有路

　　赫夫教授從兩個方面進一步擴大了我的視野。他要我閱讀霍普金斯 (Gerard Manley Hopkins)，也鼓勵我認真研究勞倫斯。我喜歡霍普金斯玩弄文字和意象的手法，試着閱讀他的《德意志號遇難記》(*The Wreck of the Deutschland*)。我努力去瞭解詩歌和它內含的宗教本質，由此想起我曾經多次想接近宗教信仰，都沒有成功。我覺得我很固執，是反宗教的。我記起我屢次拜訪教堂、廟宇和清真寺，卻仍然沒有信仰。我由此確信，語言雖然柔軟靈活，信仰背後的體制卻是個陷坑。另一方面，對我來說，勞倫斯代表的是比較大的自由，我這才瞭解，為什麼我父親認為勞倫斯才是真正的現代作家。

　　大一結束後，我聽到赫夫教授將回劍橋任教，再無法上他二年級的課，頗感遺憾。繼任的莫瑞爾 (Roy Morrell) 是關心學生的好老師，但文學興趣平淡無奇。大二結束之後，我需要選擇榮譽學位的論文題目。我就以赫夫教授離校為藉口，放棄了英國文學。這當然不是好理由。我們的講師就像教英國學生一樣，毫無保留地傳授知識給我們。他們也想告訴我們，文學可以是很有趣的事。他們鼓勵我們創辦文學

雜誌《新大鍋》(*The New Cauldron*)。當我擔任學生會報紙《馬來亞本
科生》(*The Malayan Undergrad*)的編輯時，增加了一個文藝版，一再試
探出版限制的底線。

　　儘管我們不遺餘力，但在別人眼裏可能只是徒有虛名。我們寫文
章探討馬來亞文學的未來，想像它在教育我們的後代時可以發揮什麼
作用。有些人則展望華人、馬來人和印度人可能使用一種逐漸形成的
共同語言相互交流。我們那時都知道，國家未來的性質還不清楚。但
是我們希望以促成文學認同的方式界定國家的性質。我們之中有些人
因此轉而關注當時的政治形勢。這一點我將在後面談到。

　　我沒有放棄文學，但越來越覺得英國文學學得再好，也沒有什麼
用處。現在回顧，我們的教育有不少缺失。我們對地中海歐洲的典
籍所知太少，因此缺乏基礎去瞭解後來的著作。我們的英語知識也不
如最好英文學校的學生，所以無法體會英語詩歌的微妙之處。也許我
們可以在比較文學方面取得一些成績，即使只限於現代歐洲的其他作
品。今天，我們很容易讀到美國和英聯邦的許多英語傑作。我就讀南
京的中央大學外文系的那一年，英文專業的學生與法文、德文和俄文
學生同班，我看到他們在讀什麼書。我專攻中國現代文學的朋友都廣
泛閱讀歐洲古典文學的翻譯本。我覺得閱讀豐富了他們的想像力，增
加了他們對中國文學遺產的瞭解。

　　當然，我在怡保所受的教育不夠完善，也是使我感到挫折的部分
原因。我還記得如何跟我的朋友林必達學會欣賞西方交響樂，他教我
辨識一個個樂器的聲音，認識音樂怎樣從這一段過渡到下一段。接着
他帶着我從早期的威爾第(Vivaldi)欣賞到西貝流士(Sibelius)。我知

道要彌補我對歐洲文學的無知，必須把這個過程再重複一遍。我也必須趕快瀏覽但丁、塞萬提斯（Cervantes）、莫里哀（Moliere）、伏爾泰（Voltaire）、歌德（Goethe）、契科夫（Chekov）和托爾斯泰（Tolstoy）的名著。我在知識上的差距真是太大了。當然我可以現在迎頭趕上，我們的圖書館收藏豐富，講師也都願意幫助我。

可是我聽到受英語教育的那些朋友談論馬來亞文學的未來，興奮不已，竟然還沒有學會游泳就走進了深水區。林必達熱心地幫我出版了幾首小詩，更使我忘其所以。接着我突然接到邀請，去馬尼拉參加一個作家講習班，與來自菲律賓和印尼的真正作家共聚一堂。我這才明白，深水區比我想像的要深得多。從馬尼拉回來之後，我有點洩氣，但仍然願意繼續學習西方文學，同時也交了一些馬來和印度朋友。我也開始搜索更多的本土華文作品。關於馬尼拉之行，我在後面還會談到。

文學不是我在學校唯一的活動，我同時還修習經濟學和歷史學的課。但我仍然對文學保持興趣，而且在我大二的時候，一位新來的講師使我對文學興味大增。帕特里克‧安德森（Patrick Anderson）與別人不同，他不是教育工作者，而是個全職詩人。他曾經是牛津學生會的主席，是一個詩人，創辦了加拿大文學雜誌《預覽》（Preview），又是左派的社會主義者。尤其重要的是，他的談吐就像奧登和斯賓德（Spender）那一代的人。他後來寫了一本書《蛇酒》（Snake Wine），描述他在新加坡兩年的生活，其中提到我們這些懵懂天真的一群。我記得最清楚的是，他開拓了我的文學視野，教我讀他喜歡的一些法國作家，特別是卡繆（Albert Camus）。我已經讀過普魯斯特（Marcel Proust），但並不喜歡他那一卷卷精雕細琢的作品。

✀

　　安德森帶我們讀阿波利奈爾（Guillaume Apollinaire）的詩，我讀得津津有味，又接着讀了波德萊爾（Charles Baudelaire）、瓦雷里（Paul Valery）和蘭波（Arthur Rimbaud）。他們的生活圈子裏全是藝術家、音樂家和詩人，也使得我對巴黎的一切目眩神迷。我知道亨利·詹姆斯（Henry James）和海明威（Ernest Hemingway）都在巴黎找到靈感。我以前的講師告訴過我們，喬伊斯（James Joyce）寫的是都柏林，但《尤利西斯》是在巴黎完成的。安德森竭力向我推薦《一個青年藝術家的自畫像》（*A Portrait of the Artist as a Young Man*），這本書給我留下不可磨滅的印象。我第一次讀到「我拒絕效力」（"I will not serve"）這句話時，並沒有放在心上。幾年後，我意識到這句話始終縈繞我心，可能使我就此放棄了公職生涯。這是我第一次沒有仔細考慮就背棄了我父親和我家祖祖輩輩灌輸給我的儒家價值觀。在我內心深處，這句話指引着我離開政治，去尋求更大的自由。

　　安德森還讓我們看到，文學是有趣的事。我喜歡看電影，也一直對戲劇有興趣。可是課堂上的戲劇大都是書本上冷冰冰的文字，比不上戲台上中國京劇和馬來歌舞劇的熱鬧。一個外派人員的妻子在校園內找到一些人，演出霍奇（Merton Hodge）的《風雨》（*The Wind and the Rain*）。戲演得平淡無奇，大家覺得收穫不大。可是有安德森在就不同了，我們系主任的妻子桃樂絲·莫瑞爾（Dorothy Morrell）說服了他與學生合作，認真演出一場戲——索福克里斯的《安提戈涅》（*Antigone*）。桃樂絲飾演安提戈涅，安德森飾演她的舅父克瑞翁國王。我的幾位朋友參加了合唱隊，由林必達和席爾瓦帶領。我飾演海蒙（Haemon），是準備同安提戈涅結婚的那個人。這是個無足輕重的角色，沒有幾句台詞。不過我們都覺得那是一段美好的經驗，而且影響到我一輩子喜愛戲劇。

我們讀了王爾德（Oscar Wilde）和蕭伯納（George Bernard Shaw）的劇本，可是從來沒有看過舞台演出。我與他們的劇本最有連繫的一次是在1950年夏天，那時我在馬來亞廣播電台打工，參加了幾個廣播劇演出。我至今記得，在歐威爾的《動物農莊》中，我的聲音扮演老實的役馬鮑克斯（Boxer）。歐威爾才去世不久，我們不少人認為他是個偉大的作家。我喜歡他的《緬甸歲月》（*Burmese Days*），讀了《向加泰羅尼亞致敬》（*Homage to Catalonia*）之後才知道他參加過西班牙內戰。

就這樣，我在觀察政治局勢時認識了英國文學的另一個方面。我積極參加了學生運動，越來越傾向於反對殖民主義的論調，而且認為其中一些主張就等於是在反抗資本主義。我自己傾向於英國工黨那樣的社會主義，基本主張是拒絕暴力，採取促進自由的措施。就像「我拒絕效力」這句話，這是一種思維方式，以西方啟蒙大師所主張的文學為基礎。

安德森離開後，活躍的艾瑞克‧莫特蘭（Eric Mottram）接任講師。安德森讓我們深刻認識了北美洲的作品，而艾瑞克則要我們把北美文學視為認識現代英語文學的必要部分。我們跟隨艾瑞克，從艾略特走向一個更大的圈子，其中包括一絲不苟的華萊士‧史蒂文斯（Wallace Stevens）、艾倫‧金斯堡（Allen Ginsberg）和垮掉的一代（Beat Generation）。艾瑞克特別要我欣賞萊諾‧屈林（Lionel Trilling），尤其是他的《自由想像》(*The Liberal Imagination*)，讓我明白我是多麼同情那樣的世界觀。

　　我在大二結束時決定，雖然我仍然喜歡文學，繼續在寫詩，但不想成為研究文學的學者。我除了不喜歡研究詩人、小說家和劇作家的著作，對文學理論也不感興趣，更不想以撰寫文學評論為職業。這一點想清楚之後，我必須考慮在剩下的兩個學科中選擇哪一個作為繼續研讀榮譽學位的題目。那個時候，我已花了太多時間在學生會的活動上。下面我會談到我對於馬來亞的未來有什麼想法。

1950年為馬來亞大學萊佛士學會主辦展覽，
邀得中國藝術家張丹農 (伸手者) 示範中國畫技法和書法。

馬尼拉的警訊

　　林必達出版我的詩集時，我知道大多數同學並不覺得有什麼了不起，甚至有人公開勸我不要浪費時間。沒有想到的是，我的幾位英語老師會認為應該鼓勵我繼續進行新詩的試驗。更沒有想到的是，1950年在《脈動》出版後幾個月，我接到邀請去馬尼拉參加青年作家的講習班。我到現在還沒有搞清楚為什麼會邀請我。我猜想會議的組織者從報上看到我出詩集的新聞，覺得可以讓我藉此增長見識。我的朋友認為是因為一位老師的推薦，而我猜想可能就是埃文斯，因為他特別關心我在英語方面的努力。

　　發出邀請的是洛克菲勒基金會。基金會啟動了一個東南亞青年作家的計劃，邀請美國西部的小說家華萊士・史達格納（Wallace Stegner）講授「遠東作家」的課程。史達格納受聘於菲律賓大學，那裏的著名短篇小說作家兼英國文學教授岡薩雷斯（N. V. M. Gonzalez）剛剛為學生和青年作家開設了一個菲律賓大學作家講習班。他們兩人的任務是安排一個研討會，邀請該地區的其他作家與會。我很希望與別的作家見面，儘管研討會的主題是小說而不是詩歌。我談起這個研討會，不僅是因為這是我第一次接觸另一個東南亞國家,也因為它讓我知道什麼是民族文學。

我對菲律賓所知有限,只記得看過一部美國電影,其中麥克阿瑟將軍在1942年被日軍驅逐時的豪言壯語「我將再返」,而且後來做到了。我還記得在1945年太平洋戰爭的最後幾個月收聽美國和英國的新聞廣播,聽到在日本投降前馬尼拉的激戰。我從圖書館找到一些書,知道菲律賓用英語寫作的作家已經有一個世代,用西班牙語寫作的已經有好幾個世代。我聽說過十九世紀末的菲律賓革命,但沒有讀過荷西·黎薩(Jose Rizal)的作品。我從圖書館讀了他的《不許犯我》(*Noli de Tangere*)和絕命詩《永別了,我的祖國》(*Mi Ultimo Adios*)的翻譯本,讓我認識到菲律賓這個新國家如何看待它的起源。

洛克菲勒基金會願意鼓勵英語寫作的用意是好的,但時機不對,英語在這個地區還沒有普及。只有緬甸和英屬馬來亞的大學用英語教學。1950年,緬甸在獨立後離開了英聯邦,馬來亞的大學才開辦一年,這兩個地方都沒有用英語寫作的著名詩人或小說家。印尼正在脫離荷蘭,派學生去美國和澳洲留學,還沒有英語作家。他們具有潛力的作家認為,他們的民族文學應該用印尼語來寫作。

現在回顧,我這個剛剛開始用英語寫詩的人,恰恰就是需要得到講習班幫助的少數幾個人中的一個。另外兩個受邀的是印尼的羅西漢·安華(Rosihan Anwar)和烏斯瑪·伊斯梅(Usmar Ismail)。兩人都是用馬來語寫作,顯然不需要學習如何寫作。羅西漢是個記者,創辦了自己的雜誌《指南針報》(*Pedoman*)。他會說流利的荷蘭語,英語也很好,但完全不想用英語寫作。他曾經把黎薩的絕命詩從英語翻譯成印尼語，激勵着年輕的印尼民族主義者向荷蘭爭取獨立。烏斯瑪·伊斯梅用印尼語執導的電影早已有了許多影迷。

我不知道他們對講習班如何評價。在上了兩節創作課之後，他們談到印尼的「四五年派」(Generation '45) 的作家 (在日本佔領時期興起)，特別是凱里爾·安華 (Chairil Anwar) 的詩。他的詩早已在馬來亞的馬來人中流傳。他知道我居然對所謂的「五十年代派」(Generation '50) 的一些馬來作家一無所知，大不以為然。他看得出來我不是一個長期定居在馬來亞的華人。他可能以為我努力用英語寫作，跟那些不喜歡荷蘭帝國垮台的印尼華人是一丘之貉。

來上課的大多數是菲律賓大學的學生。史達格納態度誠懇，介紹了他自己的寫作經驗。他不是詩人，完全沒有談詩。岡薩雷斯熱愛短篇小說，給我留下很深的印象。他欽佩凱瑟琳·安·波特 (Katherine Anne Porter)，要我們以她為榜樣，稿子要一遍又一遍地修改。從此之後，我更加欣賞莫泊桑 (Guy de Maupassant)、毛姆 (W. Somerset Maugham)、愛倫·坡 (Edgar Allan Poe)、歐·亨利 (O. Henry) 和凱瑟琳·曼斯菲爾德 (Katherine Mansfield) 等這些我喜歡的作家的才華。

在剩下的幾天我與岡薩雷斯的同事薇吉尼亞·莫雷諾 (Virginia Moreno) 聊天。她喜歡寫詩，也鼓勵青年詩人用英語寫詩。她具有馬來人、西班牙人和華人的血統，她的身世提醒了我，許多東南亞的族裔都具有多層面的文化背景。這讓我更加注意到本土特色與世界性特色之間的互動，如何塑造了地區人民的特質。我與她的學生成為朋友，多年來保持聯絡。這些學生都沒有成為作家，我自己也不再寫詩。他們中有三個人成為學者,一個人擔任公職。只有一個在菲律賓大學教日本研究的,繼續在業餘寫作,短篇小說曾經得獎。還有兩個人成為歷史學家:一個人研究經濟史,後來擔任一所著名大學的校長,另一個人是印度學專家,發現了馬拉瑙語(Maranao)的印度經典史詩《羅摩衍那》(*Ramayana*)。知道他們後來也回歸學術之後,我覺得自己沒有成為詩人也不是壞事。

可是我在這些朋友中看到的躍躍欲試的民族覺醒,比我們這些在馬來亞受英語教育的人早了好幾年。我聽他們討論他們國家的未來,才知道雷納托‧康斯坦丁諾(Renato Constantino)和提奧多羅‧亞岡西利歐(Teodoro Agoncillo)的著作,兩人都是在駁斥那些為西班牙和美國統治辯護的說法。他們也同情與菲律賓共產黨結盟的虎克叛軍(Hukbalahap)。這使我想到,有人認為馬來亞共產黨包括了民族主義者,因此不應該把他們視為敵人。

我離開馬尼拉時心情憂喜參半。我遇到的這些人都沒有立志用英語寫作。一些年紀大一點的菲律賓作家開始時是用西班牙語寫作,等到有機會去美國讀書之後才嘗試使用英語。一些年紀較輕又在美國居留較久的作家後來的確成為短篇小說作家和詩人,可是那些回到菲律賓的人卻很難用菲律賓民族的他加祿語(Tagalog)寫作。

我在馬尼拉還有一些意想不到的收穫。我居住的基督教青年會靠近黎薩公園,我可以看到還沒有完全清除的爆炸現場。我的朋友告訴我,最近有一個青年詩人荷馬‧鍾‧維洛索(Homero Chung Veloso)

在青年會自殺了。因為知道我是華人，他們告訴我荷馬・鍾・維洛索具有中國血統，是個用英語寫作的詩人。他們說，在我們周圍具有部分中國血統的人已經存在好幾百年了。六十年後，我為朱兆 (Richard T. Chu) 的《更是華裔菲人》(*More Tsinoy Than We Admit*) 撰寫前言，對這件事記憶猶新：

> 這是我第一次聽到，有些人所說的民族認同是基於他的祖先還具有一點點中國血統。這讓我預先體驗後來將要發生的事。多年之後，自稱有中國血統的印尼人和馬來西亞人多了起來，於是中國人之間出現了華裔一詞……

在我研究海外華人史的時候，那個具有部分中國血統的詩人的故事始終縈繞我心。

在講習班期間，還有人給我介紹了兩位具有中國姓名的菲律賓大學學生。他們很好奇，為什麼我在去中國念過書之後，還要用英語寫作。我解釋說，我只是為了學習寫作。事情過去之後我才理解到，我沒有解釋清楚，是因為我已經開始懷疑，使用外國語言來表達一個新的民族認同真是緣木求魚。我的菲律賓朋友也很懷疑。其中一個人說，丟棄一門用了三百年的殖民地語言西班牙語，卻換上只用了五十年的英語來取代，實在荒唐可笑。

我於是想起了另外一個問題。身處以原住民為基礎立國的騷動中，這個地區的華人當如何自處？身為英國文學的學生，我認為這不應該是個問題。我的任務是學好英語，用它來欣賞文學的寶藏名篇，也用它來表達自己的意見。我後來才體會到，對千百萬海外華人的未來來說，這是個核心問題，他們希望自己能夠改變和適應，成為第二故鄉的二等國民。

我為什麼是馬來亞人？

馬尼拉講習班讓我認識到，自二十世紀開始以來，已經有幾個世代的人在書寫他們的民族文學。這些作家正在幫助一個新國家認識自己，這樣的想法吸引了我。我接受了羅西漢的建議，提高我的馬來語程度和閱讀印尼語文學。他告訴我從凱里爾‧安華和「四五年派」開始。這使我想起影響南洋華僑文學的中國五四運動文學。在馬來亞，許多這樣的作家都是在中國出生和受教育，比如郁達夫是已經成名之後才來到新加坡。許多人喜歡的小說家老舍曾經在新加坡短暫教書，他的中篇小說《小坡的生日》講的就是殖民地兒童的故事。

我在1947年去中國之前，很少注意本地華人的作品，我只知道這些作品是受到白話文運動的啟發。我讀的作品不多，就認為它們過於東施效顰。等到1949年我來到新加坡，聽到同學們關於英語的馬來亞文學是否可能的辯論，我仍然不認為中文文學是屬於馬來亞的。我對馬來語作品的看法也是一樣：我認為它們是印尼文學的一支，不是真正的「馬來亞」文學。

我們以為馬來亞將會是一個非常不一樣的國家，但並不真的知道到底怎麼不一樣。顯然印尼人已經相信他們國家的民族認同。蘇卡諾（Sukarno）總統激昂慷慨的演講宣佈了這種認同，大多數印尼人認為他是高瞻遠矚的領袖。耐人尋味的是，他們沒有把大多數人使用的爪哇語作為民族語，而是像荷蘭人那樣，把馬來語作為群島的共同語言。他們承認馬來語已經是所有港口城市的共同語言，是大家都覺得有用的商務語言。他們有一個大家一致同意可以作為民族語言的共同語言，實在難得。

菲律賓人有幾十種本土方言，面對的問題很不一樣。他們熟悉從帝國到西方民族國家的權力轉移，在美國佔領之後又從西班牙語轉換成英語。美國人在他們的殖民地引進公立學校制度，敦促當地大學換用英語，少數像荷西‧賈西亞‧維拉 (José García Villa) 那樣的作家也用新語言出版。不過用他加祿語書寫民族文學的問題還沒有解決，我可以看到，菲律賓正在鼓勵另一個世代用英語寫作，但我覺得這會為國家認同帶來更多問題。我回到新加坡後，檢討了我們認為的「馬來亞語」。我寫的詩歌可以看做是一種回答。如果馬來亞文學將以英語為基礎，我就繼續寫下去。但時事變化很快，我不久發現自己面臨兩個問題。

我為什麼是馬來亞人？短短幾個月前，我還是一個在尋找自己位置的華人。我剛剛離開馬來亞，是否回去要看我父親在某個馬來州的工作如何才能決定。學習印尼語，以及承認他加祿語為官方語言的呼聲，都使我想起我與我祖先語言的關係。不是只有我一個人處於這種情況。不管是在我熟悉的怡保，還是在新到的新加坡，數千所華文學校的學生現在唯一的家就是馬來亞。我們該如何讓他們接受，使英語在創造民族語言的過程中佔一席之地？

還有，哪一種英語可以為國家服務？英語可以繼續是法律和管治使用的語言，並可以用來掌握現代社會所需的商務和技術能力。但是英語不能成為民族語言。幾十年之後,新加坡脫離了馬來亞/馬來西亞,情況顛倒了過來。很少人想得到,許多年輕的新加坡人現在以英語為母語。在一個以馬來亞為國名的國家,人口佔多數的馬來人自然期待馬來語會成為國家的基石。英國人最終離開時,由哪一個黨派接掌權力引起了激烈爭論,可是英國人明白表示,承認馬來統治者的基本權利,希望由馬來領導人來決定新國家的核心結構。

總而言之,我們不是在談馬來亞文學,而是希望使用英語的作家能夠找出敍述本地情感的新方法。我們當然可以找出新的表達方式,只看你是否真的想成為作家。在我們自己的英語中使用一些馬來語、廣東話和閩南語,稱之為「英馬中混合語」,這是合理的,但是單單這樣並不能產生馬來亞文學。我們當時都知道我國只有少數人會說英語,我那本詩歌小冊子出版時幾乎沒有同學注意到。當然,那本小冊子不是文學。我寫詩的目的是要表明,我們不必像英國人那樣寫作。只有我的英語老師注意到那本小冊子,但我始終不知道他們的真正想法是什麼。

有人問過我,為什麼不用中文寫作。如果我是寫給華人看的,自然要用中文。但是我學的是英國文學,正在思索能不能用英語發出自己的聲音。我後來的確嘗試寫過一些中文詩。大學的馬來研究系在1953年成立時,我也開始努力學習馬來語,去聽了著名馬來學者再納阿比丁(Zainal Abidin bin Ahmad)的課。不過,那時候我已經改學歷史,學馬來語主要是為了閱讀文獻,而不是為了讀五十年代派的最新作品。

如果民族語言必須以國家的本土語言為基礎,學會用英馬中混合語寫作其實毫無意義。我繼續寫了一些詩,但心中的疑惑也日益增加。最後我瞭解自己志不在此，就放下了筆。我有時候不禁反思，不再寫詩是不是從我的馬尼拉之行開始的。我後來到倫敦時又恢復了寫詩的興趣，並特別喜歡艾德溫‧圖巴（Edwin Nadason Thumboo）和余長豐（Ee Tiang Hong）的詩。我多年來一直在讀他們的詩，很高興看到他們沒有像我一樣走上歧途。我還看到新世代的詩人如何找到了我們曾經嚮往的聲音。許多年之後，我在回答關於自己早年經歷的問題時，寫了一篇〈馬來亞詩歌的嘗試與錯誤〉，勸告大家不要重蹈我們的覆轍。後來到1980年代，我在接受楊清河（Robert Yeo）採訪時，回顧了新的趨勢。2008年，我在菲利普‧霍登（Philip Holden）組織的論壇發言，才終於宣稱，我們新加坡的詩人可以用他們的母語英語寫作，而且與英語世界的大多數作品相比毫不遜色。

　　我一直關注一些作家的作品，他們認為使用馬來語和中文等別的母語，可以寫出更好的馬來亞文學。我讀了一些他們1950年代以來的詩集和短篇小說集，都是由青年書局出版的。我也一直關注「五十年代派」的作家，他們的作品集結在阿斯拉夫（Asraf）選編的《盛開又新鮮：繁花，新一代的短篇小說》（*Mekar dan Segar: Bunga Ramai, Cherita2 Pendek, Angkatan Baru*, 1959）一書中。到那時候，除了艾德溫和余長豐，我還喜歡詩壇的另外一顆新星。他的名字是黃佩南（Wong Phui Nam），詩作清逸高遠。他在維多利亞學院的同學威格森（T. Wignesan）在編寫《金花：馬來西亞當代文學》（*Bunga Emas: Contemporary Malaysian Literature*, 1964）時，要用中文介紹一些作家。我翻譯了幾首詩，簡單介紹了一些作品。那時候，方修編寫了三卷的《馬華新文學史稿》，其中指出馬華文學遠在第二次世界大戰之前已經開始。連同其後數十年的文學作品,確立了一個馬來亞創作框架,不同世代的作家在這個框架中使用不同的語言,展現出他們獨有的新加坡和馬來西亞特色。

第二部

我的新思維

什麼是民族國家？

　　我到馬來亞大學幾個月後，開始思考，是否可以從文學的角度考慮建立民族國家的問題。首先，我必須想到，民族國家在亞洲是個新的概念。馬來亞的未來，顯然既不同於被中國共產黨打敗的國民黨，也不像印尼那樣，允許印尼共產黨成為合法的政黨並參加民主選舉。未來的馬來亞也不會是即將退回到原有版圖的大英帝國。在馬尼拉見到那些菲律賓和印尼的年輕作者，促使我想像到另外一些可能情況：這兩個國家都由無數個島嶼組成，每個島嶼各有自己的歷史，由此可能在殖民時期之後建立許多不同的國家。這使我警惕，不要用英語來書寫民族文學，但是我仍然說不清馬來亞民族國家會是個什麼樣子。

　　我對霹靂州的情況略有瞭解，那裏有我從小一起長大的朋友。我讀過關於「緊急狀態」的報道，近打河流域的怡保一帶就經歷過戰火。我從小自認是中國人，受的是中國教育，現在有意識地試着避開從這個角度來想像，我希望的馬來亞是什麼樣子。這個問題不是很容易回答。根據大多數書本的記載，馬來亞是一個英國殖民地，由兩類馬來邦組成，其中五個是受保護邦，四個是有英國顧問的屬邦。最近的一些官方文獻才提到涵蓋比較廣的聯邦或聯合邦。需要建立什麼樣的國家來滿足多種利益，還有待大家一起來想像。

　　我自己只記得大致的情況如下。民族發展的幾個主要人物認為，非馬來人佔馬來半島人口的40%，在新加坡則超過80%。如果馬來亞包括新加坡在內，非馬來人就佔了大多數。這就是為什麼新加坡必須離開戰後時期的馬來亞的原因。在馬來亞聯合邦，馬來統治者把權力交給吉隆坡的國家政府，但保留憲法賦予的剩餘權利。馬來亞元首（the Yang di-Pertuan Agong）由馬來統治者會議遴選產生，每五年輪換一次。

　　馬來領導人明白宣佈，聯合邦是馬來人的國家，但允許亞洲其他地區的人民成為馬來亞的公民。他們尤其擔心受到中國和其他地區革命影響的華人所領導的馬來亞共產黨。英國人也不願意共產黨在意識形態鬥爭的冷戰之中取得勝利。來自中國和英屬印度的居民不願意接受英國把不同族裔聯合起來的計劃，但無法阻止隨即締結的英馬協議。

　　從來沒有一個國家的名稱叫馬來亞，各州的人民，不論是馬來人或非馬來人，彼此都不熟悉。馬來人主要的效忠對象是各自的蘇丹。譬如，在我成長的霹靂州，馬來人是蘇丹的臣民，他們眼中的華人和印度人都是來做生意或在英國和中國企業工作的人。

　　還有些馬來人定居在英屬海峽殖民地，他們不需要效忠馬來統治者。這些人包括來自馬來群島的不同島嶼——特別是蘇門答臘的米南佳保人（Minangkabau）和從西里伯斯（Celebes，又稱蘇拉威西島，〔Sulawesi〕）來的海上武吉士（maritime Bugis）——他們比較傾向於泛馬來民族主義的想法。還有些人的穆斯林祖先來自印度和阿拉伯世界，他們認同土著族群。有些人擁抱新的身份認同，認為自己是大印尼的一部分。在日本佔領時期，日本人倡導的大亞細亞主義鼓勵這樣的觀點。

馬來亞聯合邦協定在談判時，我還在中國，所以我在回到馬來亞之後才知道這個協定的重要性。我發現我可以成為新國家的公民時，並不明白這意味着什麼。直到我進了馬來亞大學，才開始思索這個馬來亞可能會是什麼樣子。不過，我在新加坡的所見所聞，使我認識到建立新國家的工作非常複雜。大家都以為新加坡有一天將會成為馬來亞的一部分，而且希望新加坡人的想法與全國各地的人民大致相同。我們從馬來半島來的這批人大多數不曾仔細想過，如何把新加坡納入聯合邦。我們以為到時候自然水到渠成。現在，不妨由聯合邦的十一個州來決定新的民族國家的性質。

我希望多瞭解這個國家當前的問題，特別是經濟發展。馬來亞對英國人很重要，是因為它是戰略物資橡膠的世界最大出口國。此外，它的錫礦業也被認為是世界上最有效率的。兩項物資的利潤極厚，許多人認為英國將會抓住馬來亞不放，盡可能推遲馬來亞的獨立。朝鮮戰爭開始後，馬來亞的經濟受到關注，更證實了這一點。

至於政治，我對本地華人族群的需要毫無瞭解。我的父母來自江蘇省，而馬來亞的華人多半來自福建和廣東兩省。我父親從事教育工作，頗受尊重，但不屬於任何參與本地和華人政治的同胞會、同鄉會、行會或商會。定居已久的華人稱為峇峇或土生華人 (Baba or peranakan)，他們有自己的重要組織。我父親從來不參加也不談論政治。我母親關心政治，但主要是關心中國的局勢。所以我們這一家一直處於族群生活的邊緣。

有些本地華人心繫中國，希望有一天落葉歸根。不過，大多數華人認為馬來亞是他們的家園，並承認在蘇丹統治下的馬來人一開始應該享有特殊地位。可是，這些華人同那些準備成為馬來亞人的印度人一樣，希望獲得平等待遇，拒絕成為二等公民。華人最擔心的是他們的語言和文化在未來的地位，特別是華文教育的地位。我父親對這件事是堅持己見的。1954年，他不再相信政府關於華文學校的計劃，就提早退休了。

我也瞭解到還有一個階級問題。當時，工廠和種植園的工人大多數是華人和印度人，農村的農民是馬來人。這兩個族群並不總是認為他們是具有共同利益的工人階級。為了保護工人不受剝削，也有工會運動。但是，政府害怕共產黨滲透到工會，不信任工會的領導人。有些人來自中國，與左翼分子有聯繫或同情左翼分子。早些時候曾經有一個中國共產黨南洋分支會，後來被馬來亞共產黨 (馬共) 取代，其目的是從英國殖民統治爭取獨立，但協助英國人抵抗日本人。

日本戰敗後，英國人解散了馬來亞人民抗日軍。但是，抗日軍的士兵曾經與英國特別行動執行處的136部隊並肩作戰，覺得他們應該對馬來亞的未來具有發言權。他們走進工人群體，在工會內積極活動。這顯然不符合英國人的利益；英國人認為，這個共產黨與中國、印度、錫蘭、印尼和越南的共產黨沆瀣一氣。

與此同時，馬來人與華人之間的種族關係日趨緊張。馬來人擔心，武裝的華人會佔領馬來人一部分土地。共產黨人大多數是華人，馬來人和印度人是少數；而全是馬來人的步兵，則支持英國和馬來憲法賦予的權利。馬共被禁止，政府宣佈進入「緊急狀態」。這樣一來，城市裏的共產黨人，包括新加坡的共產黨人在內，不是被迫轉入地下活動，就是逃入叢林。

大多數華人支持瀰漫在當時民眾間的反殖民主義情緒，要求人人權利平等，但反對使用暴力。特別是商人，不論經營規模大小，都希望維持和平與秩序，以期抓住商業的契機。很少人瞭解或在意共產主義在本地區意味着什麼。雖然有少數幾個受英語教育的人嚮往社會主義的反帝國主義號召，但參加馬共的人大多數是本地華文學校畢業的學生。

這就是我所記得的剛進馬來亞大學的情況，對於我理解要怎樣做才可以使得馬來亞成為民族國家來說，毫無幫助。把英國人即將留給我們的這個地方稱為國家，好像只是隨口說說而已。因此，我們必須聽聽領導人怎麼說。在我回到怡保時，已經聽到一些領導人的名字。最著名的馬來人是拿督翁惹化 (Dato' Onn bin Jaafar)，他創立了馬來民族統一機構 (巫統，United Malay National Organisation，UMNO)。華人還沒有共識誰是領袖，但是在受英語教育中最活躍的一位是陳禎祿 (Tan Cheng Lock)，他創立了馬來亞華人公會 (馬華公會，Malayan Chinese Association，MCA)。共產黨人顯然不接受他的領導地位，在他當選馬華公會主席時企圖在怡保暗殺他。我在上一卷《家園何處是》裏提到這件事，因為我父親是在現場的客人，目睹炸彈爆炸，陳禎祿重傷。我父親極為震撼，他向我描述的現場情況，我在幾個月後去新加坡時仍難以忘懷。

新加坡殖民地

　　1949年是巨大轉變的一年。在隨後的二十年間，馬來亞和馬來西亞的想法籠罩着我的所作所為：聯合邦、大學、在校園初次聽到馬來亞文學的想法，以及向我介紹馬來亞不同地方的許多同學。這一切讓我應接不暇。過了好幾個月，我才意識到，我實際上完全不瞭解新加坡。我很難理解，新加坡為什麼不能成為新馬來亞的一部分，那就像一幅美麗圖畫上出現了大黑點。

　　當然，有人向我解釋是什麼原因。儘管新加坡自二十世紀初以來實際上就是英屬馬來亞的中心，但這個殖民地卻沒有被納入已廢除的馬來亞聯邦或隨後的馬來亞聯合邦。別人告訴我，海峽殖民地的另外兩個部分檳城和馬六甲與新加坡分開，人民感到痛苦。但是，總有人保證說，只是時機不對而已。新加坡是馬來亞的必要組成部分，等到馬來亞真正獨立，新加坡很快就不再是殖民地。可是，新加坡現在只好忍氣吞聲，離群獨居。我很難接受這樣的說法。多少年來，有各種矛盾的聲音要求給予新加坡不同的地位，而我始終不瞭解問題的癥結在哪裏。

　　現在該是我認識新加坡的時候了。新加坡人民與我們這些從北方來讀書的人有什麼差別？他們對於自己的殖民地身份有什麼想法？不幸的是，我認識新加坡的起點不很恰當。我們校園四周是鬱鬱蔥蔥的植物園以及高官和企業高管的住宅。從校園靠近植物園的一邊走去新加坡城內，會經過林蔭大道兩邊的豪華別墅，再到達安靜整齊的果園路上的公車站。即使從武吉知馬路上的校門口搭乘公車沿着羅克運河路去皇后街，沿途也沒有多少人，但寬敞的房屋卻很多。這兩條路不能代表新加坡大多數人的生活。

不過，我大學第一年沒有在這條路上走過幾次。首先，我沒有多少錢，而到校園外面主要是為了找東西吃。其次，校園裏除了上課和各種會議之外，要做的事很多。我們住在宿舍裏的人數不是很多（這宿舍現在由新加坡國立大學的法學院和公共政策學院使用），我參加了許多校園活動，認識新朋友，學習新知識。我知道如果只從書本上去認識新加坡，那就像是隔靴搔癢。

不過，的確有兩本書幫助我認識到新加坡是怎樣成為大英帝國在東方的樞紐的：梅克皮斯、布魯克和布拉德爾（Makepeace, Brooke, and Braddell）的《新加坡一百週年》（*One Hundred Years of Singapore*）和宋旺相（Song Ong Siang）的《新加坡華人百年史》（*One Hundred Years' History of the Chinese in Singapore*）。我承認自己從來沒有完全消化兩本書中提供的資料，但我由此稍微看到新加坡與馬來半島上各州的差別。這讓我不免思忖，新加坡在馬來亞形成的時候是否應該加入。兩本書也為我每天閱讀的新聞提供了歷史背景，所以我不久就認識了新加坡現在的領導人和他們的立場。這些人主要是華人和印度人，他們是未來的領袖，將來等英國人離開後要爭取加入馬來亞的精英階層。

　　寫到這裏，正逢新加坡慶祝開埠二百週年。說起來你們不會相信，在我做學生的時候，很少人提起斯坦福・萊佛士 (Stamford Raffles)。校園裏有萊佛士學會，還有些地點和機構也掛上他的名字，但對我們來說，不過就是個名字而已。多年之後，我聽説我的系主任約翰・巴斯汀 (John Bastin) 決定窮畢生之力研究萊佛士，仍然感到驚訝。

　　我的確想結交一些新加坡朋友。徐籍光 (Hsu Tse Kwang) 和沈基文 (Sim Kee Boon) 是兩個獲得獎學金的大一新生，和我們同宿舍，後來都成為新加坡管理層的中堅分子。他們給我介紹了中國城和東岸海灘，哪裏有好吃的，哪裏不要去。但是，他們往往下課就回家，週末很少留在校園裏，所以我跟他們沒有那麼熟。還有些人是高年級生，他們活躍在文學和其他社團活動。我很喜歡他們的詩，特別是赫德維格・阿魯佐 (Hedwig Aroozoo)、Lim Thean Soo 和吳信達。但是，他們在校園的時間不多，很少有機會同我説話。

　　我擔任學生會主席時，錢德拉 (K. R. Chandra) 和拉姆達斯 (S. Ramdas) 是執行委員會成員，他們教會我許多事。我們一起去參加了一個國際學生會議，從此成為好朋友。他們教我認識了新加坡城裏豐富多彩的特性和社會習俗。多年之後，他們都成為資深公務員，我可以想像他們如何幫助同僚渡過新加坡早年的艱難處境。

❦

　　大一那一年學到的東西，完全無助於幫我面對在 1950 年發生的瑪麗亞・赫托 (Maria Hertogh) 暴動。這場暴動已經有人詳細研究，關於瑪麗亞回到荷蘭後的生活也拍了一系列的電視記錄片。我只想説一下，根據我的瞭解，暴動是怎樣開始的。對我而言，這個故事有很多層面，說明我對新加坡殖民地的複雜傳統只有淺薄的瞭解。後殖民主義和跨國主義、種族和宗教、關於法律和司法的想法以及媒體的角色，各種特有成分都突然被攤開。不到一個星期，所有這些殖民地生活的特色都尖銳地呈現出來，以至於幾十年之後，仍然影響着我對新加坡多元社會的看法。

瑪麗亞·赫托的父親是荷蘭天主教徒，在荷蘭東印度群島工作。1942年，日本人佔據爪哇，把他關進戰俘營。他的歐亞混血妻子帶着子女回到母親家裏，但後來也被拘禁，就把瑪麗亞留給一個馬來婦人。這個婦人後來收養瑪麗亞為女兒，帶着她回到丁加奴（Trengganu）老家。戰爭結束後，瑪麗亞的父親想盡辦法去找回女兒。瑪麗亞的馬來養母把她帶到新加坡，把事情交給法院解決。英國法官裁決，瑪麗亞應該歸還給荷蘭父親。瑪麗亞的養母上訴成功，把瑪麗亞嫁給了一個馬來男子。瑪麗亞的父親再上訴，結果法官判決歸荷蘭父親撫養。

我讀到這些新聞，瞭解到這個案子引起了好幾個國家的穆斯林的激烈反應。法官還命令瑪麗亞在終審判決前住在女修道院裏。報紙上關於讓瑪麗亞學習做天主教徒的故事十分煽情。穆斯林族群憤憤不平，判決宣佈那一天，在法院前聚集了大批人。在聽到瑪麗亞要跟隨父親回荷蘭的判決後，暴動開始。我後來聽說，暴動持續了三天，造成18人死亡，大約170人受傷。

憤怒的暴民看到歐洲人就打，氣憤的激烈程度令我們都很吃驚。雖然沒有涉及華人，但我的朋友都在想，如果馬來人和華人族群遇到同樣情況，會不會也有這樣的暴動。我們的英國老師告訴我們，他們對處理這件事的方式感到震驚，對政府的缺乏判斷力表示遺憾。馬來亞廣播電台的一名英國職員曾經與我共事，他告訴我他乘坐的出租汽車被群眾攔住，司機拒絕開門，慢慢開車駛離人群，救了他的命。

　　一夜之間，在我心目中那個已經準備好自治和去殖民化的井然有序的新加坡被蒙上陰影。這樣的事情在一個「多元社會」難道是不可避免的嗎？我從弗尼爾瓦 (J. S. Furnivall) 關於荷蘭東印度群島的著作裏學到「多元社會」的概念，開始想到這個概念很可以適用於未來的馬來亞。我們讀到美國是移民的大熔爐，我們醫學院的同學無憂無慮地把他們的雜誌命名為《大鍋》，意思是要把雜七雜八的我們丟到一個大火鍋裏，煮成一個國家。

　　我問自己，如果是在一個馬來人的國家，赫托暴動會不會發生。我胡思亂想地提出一個問題：如果是華人父母把女兒留給馬來人撫養，長大後成為穆斯林，結果會怎樣？他們會向英國法官上訴嗎？以基督教義為基礎的法律適用於華人和馬來人嗎？如果一個穆斯林女孩在等待判決之前被送去佛廟或道觀，會有人質疑嗎？這裏涉及的文化和宗教變數太多，我對現代化表面之下埋藏的緊張關係的確所知有限。我樂觀地希望，赫托暴動是獨一無二的事件，可是我從這裏學到了關於多元社會的第一個教訓。

　　暴動幫助我擺脫了關於新加坡社會的天真想法。我由此意識到從帝國過渡到國家將會困難重重。我們要對抗共產主義對民族主義造成的意識形態威脅，就必須考慮到，一旦本地領導人接管殖民地政體，試圖建立新的民族國家，要採取什麼樣的制度。我相信大家已經知道，小小幾件不知輕重的決定就會點燃新加坡的大火。新加坡突然讓我想明白，民族主義的種族基礎必須時時予以檢視，不僅是因為加入馬來亞的其他部分會使得政治因素變得更不穩定。

在校園裏，我們感覺到，英國人正在對每一件可能幫助或破壞未來國家的事加強控制。在叢林裏的戰爭導致布里格斯計劃（Briggs Plan）的製訂，其中要求把農村的所有華人集中起來，住進類似集中營的「新村」。這樣做的目的是阻止馬共從大約50萬華人中招募新成員，也使其武裝部隊無法獲得糧食、藥物和其他物資的供應。這些農村華人大多是開墾空地而後就地定居，不滿於無法取得所耕種土地的所有權，但是他們並不瞭解共產主義，也不支持馬共使用的暴力方法。因此，他們不排斥能改善他們生活條件的其他辦法。馬華公會為了取得他們的信任，協助他們成為聯合邦公民，幫助他們提出訴求。到1951年，政府已經看到「布里格斯計劃」卓有成效。

其後幾個月，也是在1951年，馬來亞聯合邦高級專員亨利‧葛尼（Henry Gurney）在去弗雷澤山（Fraser's Hill）時遭到伏擊身亡，這提醒我們馬共仍然強大。多年之後，馬共領導人陳平（Chin Peng）解釋說，刺殺並不在計劃之中。游擊隊本來是要伏擊任何英國高官，並不知道葛尼和妻子在被攻擊的汽車中。不過，刺殺在當時使得本地族群擔心英國無法再掌控局勢。英國人也知道，雖然他們仍然控制着全局，他們的軍隊並無法阻止游擊隊擴散到全國。葛尼死後，英國任命最高軍事將領杰拉爾德‧坦普爾（Gerald Templer）繼任，率領更多精銳部隊，盡快贏得勝利。

葛尼的死亡告訴我們，新國家面臨的危險來自馬來半島，我詢問從馬來各州來的同學，什麼是關鍵問題。我在大一時被選入學生會理事會，因此認識一些高年級生。有幾個人是年紀比較大的醫學院學生，思想成熟，立志服務公眾，其中包括：馬哈蒂爾·穆罕默德 (Mahathir Mohamed)、陳志勤 (Tan Chee Khoon)、林基仁 (Lim Kee Jin) 和馬吉德·「可可」·伊斯梅爾 (Majid "Coco" Ismail)。馬哈蒂爾對我們學生會的活動不屑一顧，認為我們只是在玩遊戲，真正的政治是在校園外的人民中間。當時我不知道他已經是巫統的活躍分子，更沒想到他會成為總理。陳志勤教會我如何無私地幫助窮人，後來成為吉隆坡巴圖區受歡迎的反對黨議員。他在擔任馬來亞大學理事會理事時也幫助了我的學術生涯。林基仁和「可可」·馬吉德分別在柔佛州和雪蘭莪州成為名醫，在各自的領域發揮重要作用。他們那時都認為，新加坡對獨立的馬來亞至關重要，不久就會成為聯合邦的一部分。他們也讓我第一次對新國家充滿信心。

政治教育

　　我作為馬來亞人接受教育，最重要的部分可能就是認識新朋友。林必達帶我認識了一批文學朋友，也給我介紹了詹姆斯‧普圖基里，他是第一屆學生理事會的名譽秘書長。詹姆斯曾經參加印度國民軍，為印度的自由而戰。在我去中國念書之前，已經知道我在怡保的一些印度朋友支持印度國民軍。我的老師的一個女兒就像詹姆斯那樣參加了印度國民軍，去了緬甸；另一個女兒嫁給一個印度軍官，他們希望盡快把英國人趕回去。我們對他們曾經經歷戰火考驗都敬畏有加。

　　詹姆斯聽說我在共產黨勝利前夕曾經在中國念書，很好奇我對國民黨和共產黨的看法。我告訴他我在中華民國（台灣）與中華人民共和國之間保持中立。兩個政府都在爭取華僑的支持和匯款，因此造成華人群體間的混亂，更引起馬來領導人的懷疑。我相信馬來亞的華人不論是支持別國的民族主義者，還是支持作為馬共後台的中國，都不符合自己的長期利益。

　　我模棱兩可的回答，似乎引起了詹姆斯的興趣。怎麼可能？他不相信我在說老實話，追問我真正的想法。如果我真是對政治無知，他會教育我認識當前世界的偉大鬥爭，糾正我的錯誤。他好像從我寫的詩裏看出我的政治潛力，認為我本質上是改革派。詹姆斯不久在一次特別大會上競選失敗，被迫離開學生會理事會，而我作為新生代表進入理事會部分是依靠詹姆斯支持的。詹姆斯繼續在校園內外積極活動，一再強調帝國主義的邪惡和資本主義剝削的殘酷現實。1951年初，他因為支持反英聯盟而被英國人拘留。

這使得他成為更為堅決的激進分子。1952年，他獲釋回校念書，我們覺得他變得更加英勇了。我們在杜寧道公寓住同一房間，他成了我的好朋友。他告訴我，在1948年曾經與我的另外兩個朋友成立了馬來亞學生黨：一個是我在安德申學校的同班同學阿米努丁‧巴基（Aminuddin Baki），他是半島馬來學生聯合會（Gabungan Pelajar-pelajar Melayu Semenanjong）的創始人之一，後來成為馬來西亞教育之父（*bapapendidikan Malaysia*）；另一個是陳志勤，後來成為馬來亞歷史上最受愛戴的議員。那時「緊急狀態」剛剛開始實施，學校當局並不贊成成立馬來亞學生黨，但詹姆斯毫不退讓，還要求我參加他的行動。

我們指出，大學沒有政治系，也沒有關於政治思想的課程，我們在這方面學不到任何東西，藉以增加我們的信心，討論我們的未來。雖然有些人閱讀關於殖民主義和帝國主義的最新文章和評論，大多數人只是在彼此辯論時學到別人的想法。我們也請我們的經濟學講師講解，是否必須採取政治措施來解決社會和經濟問題。大學可能與殖民地當局達成了協議，終於允許我們成立了社會主義學會。

我深信政治權力決定了生活中的大多數事情，包括採取什麼經濟政策使社會更公平。我因此覺得我也算是個社會主義者。我看到殖民地政府如何利用行政權力攫取財富，對資本主義經濟是否具有能夠糾正不公的無形之手深感懷疑。我們學到的凱恩斯經濟學也證實了我的觀點。不過，我還是學習了古典經濟學，從亞當‧史密斯 (Adam Smith) 到阿爾弗雷德‧馬歇爾 (Alfred Marshall)，很佩服約翰‧希克斯 (John Hicks) 的《社會框架》(*The Social Framework*)。此外，我發現埃里克‧羅爾 (Eric Roll) 的《經濟思想史》(*History of Economic Thought*) 很具啟發性，可以幫助我瞭解伯特蘭‧羅素 (Bertrand Russell) 的《西方哲學史》(*History of Western Philosophy*)。我並不喜歡哲學，但我在不知不覺中受到了羅素進步觀點的影響。

我以為我可能用經濟學做我的榮譽學位專題，因為經濟學與我喜歡的政治學和社會學相關。我受到反帝國主義著作的影響，討厭像丘吉爾那樣的保守派領導人，他們想維持英國對大英帝國的控制，越久越好。儘管美國人願意支持歐洲各個帝國的解散，但隨着冷戰開展，共產主義思想在後殖民國家傳播，美國人不再那麼熱衷，他們轉而積極維護資本主義。這是一場意識形態的爭論，我深信最先是資本主義導致帝國主義擴張。

我的經濟學老師勸告我們要有批判性思考，不要混淆冷戰爭論和學術研究。我相信前殖民地不應該繼續受到剝削，並支持容許工會監察資本主義企業放肆行為的政策。與此同時，我對使用暴力取得變革的方法猶豫不決：民族主義者為獨立而戰似乎是正當的，但我不贊成在階級鬥爭中使用暴力。詹姆斯和另外一些朋友受到「緊急狀態」嚴厲法規的限制，但看到他們的理想主義精神，我由衷地欽佩那些立志為國犧牲的自由鬥士。

❦

　　由於我在學生會的經驗，我深信應該鼓勵學生支持民族主義事業，學習如何建立國家。我由於擔任學生會主席，曾去國外開會。1951年出國兩次，分別去了錫蘭（現在的斯里蘭卡）和印度，都是我欽佩的新獨立國家。

　　我對錫蘭很感興趣，因為我的好幾個小學老師來自那裏。我知道一些僧伽羅多數族裔（Sinhalese majority）和泰米爾少數族裔（Tamil minority）之間的分裂，但到了科倫坡之後，才有人向我解釋在建國過程中出現的緊張關係。我參加的校園會議，其實是個讓來自英聯邦各地的學生領袖見面認識的會議。大部分時間花在聆聽關於當地社會和歷史的介紹，參觀美術館和博物館。接待我的是個僧伽羅法律系學生，他很熱心，告訴我馬來亞和錫蘭具有同樣的法律體制，如果獨立後繼續維持體制就不會有問題。他的家在大學南邊，往前走就是拉維尼亞山，緊鄰瑪麗娜海灘，可以遠眺遼闊的印度洋，附近是加勒菲斯酒店。那是個安靜美麗的郊區，完全看不出四周埋藏着爆炸性的緊張關係。

　　我仍然關心文學活動，覺得當地學生的英文程度很高。我聽說錫蘭最有名的詩人坦比穆圖（Tambimuttu）在城裏。他是《倫敦詩歌》雙月刊的創辦人，艾略特的崇拜者，出版過奧登的一些詩歌。我的接待人安排我與他見面，帶我去了科倫坡港口的尼爾遜飯店。坦比穆圖給我嘗了他喜歡的亞力酒，我也很喜歡，因為我在日軍佔領時的怡保已經嘗過棕櫚酒。他要我寫一首詩，由於他是《錫蘭時報》的文學編輯，詩幾天後就登載在報紙上。

他把我介紹給他的好朋友德・薩拉姆 (de Saram)。德・薩拉姆12歲的兒子羅漢 (Rohan) 為我們表演了大提琴。坦比穆圖告訴我，羅漢將會是一個優秀的大提琴手。幾年之後，我真的在倫敦聽到羅漢的室樂獨奏，評論稱讚他是樂壇新秀。在德・薩拉姆家的晚宴讓我認識到，斯里蘭卡的精英分子具有多麼深厚的歐洲文化底蘊，我們這些在馬來亞高談闊論文學和政治的人，對這些深受西方教育熏陶的殖民地居民着實太少瞭解。

我這才理解到，英語不僅使得我們具有共同的反殖民經驗，也使得我們共同欣賞英國文學，乃至欣賞全球的英語文學。情感有許多不同的層面，但欣賞英語文學與政治上爭取發展馬來亞文學無關。與坦比穆圖見面，讓我記起我在馬尼拉的感覺，那是我第一次看到人民使用的語言與民族文學這個想法之間存在着鴻溝。事實上，之後不久，僧伽羅語變成了斯里蘭卡的民族語言，那些英語流暢的賈夫納・泰米爾人 (Jaffna Tamils) 失去了在斯里蘭卡的任何優勢。

我們這些學生會代表開會的目的是展望我們的政治前景，我於是趕快擺脫了我的沉思。這次會議其實是為了籌備1951年12月將要在德里召開的會議。那是由印度聯合國學生協會 (United Nations Student Association of India) 組織的會議，我們學生會的執行委員會有四名成員參加，但我們必須從校外找到經費。因為是第一次，我們四個人都獲得足夠的支持。這次會議其實是受到我們對聯合國滿懷憧憬的啟發。印度政府提供了會議場地和官方住宿。

我們住在梅特卡夫大廈的一間大公寓裏，那裏原來是印度行政服務學員的住所，由於正好是聖誕節和新年假期，才讓我們這些來參加會議的人入住。我們得到的其實是印度行政服務官員的待遇。譬如說，每天早上六點有一個裹着頭巾的帕坦人（Pathan）叫醒我們，替我們刮鬍子。我們都敬謝不敏。一個鐘頭之後，兩個人送來早茶。我們敬領如儀。梅特卡夫大廈雖然不是五星大飯店，這可是皇家待遇。我們的房間俯瞰朱納河（Jumna River），中間隔着一個打理得當的花園。那時是冬季，河水很低。每天早晨，一行行婦女走到河邊洗衣，是令人難忘的風景。

與科倫坡的會議不同，這次會議公開地談論政治。聯合國的代表史蒂芬‧施韋貝爾（Stephen Schwebel）是個年輕的美國律師，他是聯合國學生協會（UN Student Association）的創始人之一（後來任海牙國際法院院長）。他的理想主義感染了我們，許多人公開承諾，支持聯合國作為世界治理的主要手段。我們都相信，這是和平的最大希望。

令我們印象深刻的是，尼赫魯（Jawarharlal Nehru）總理有一天晚上來給我們講話。他熱情洋溢地談到他對年輕人的期望，我們深為感動，一個世界領袖肯花時間來對來自三十個國家的學生講話。我新認識的兩個朋友尤其興奮。其中一個是從旁遮普（Punjab）來的巴基斯坦女孩，她被總理包容性的態度打動，含着淚告訴我她的家庭遷移到拉合爾（Lahore）的痛苦經歷，以及她對那些朝着相反方向遷移的人的同情。我到印度前讀過一些關於印度－巴基斯坦分治時的悲慘情況，但這是第一次聽到一個巴基斯坦女孩親口講述的故事。

另一個是以色列人，他認為尼赫魯是一個偉大的領袖。他告訴我他出生在埃及，移民到巴勒斯坦與哈加納（Haganah，猶太復國主義組織）並肩作戰。他自稱參加了伊爾根（Irgun）小隊，炸毀了大衛王飯店。他說，炸藥損害了他的肺部，使他不得不放棄軍旅生涯，轉到學術界。他會說流利的阿拉伯語，讀過《可蘭經》，因此被派去德里與一些傑出的穆斯林學者合作。我讀過阿瑟‧庫斯勒 (Arthur Koestler) 的小說《中午的黑暗》，以及他關於以色列國建立的故事《承諾與實現》(*Promise and Fulfilment*)。置身反殖民主義和二戰後關於大屠殺描述的氛圍下，我的以色列朋友的故事使得我相當同情以色列。

可是，給我留下最深刻印象的還是作為東道主的印度聯合國學生協會的秘書羅米拉‧塔帕 (Romila Thapar)。她是歷史系的學生，告訴我她立志要重新撰寫印度古代史，糾正英國歷史學者對莫臥兒帝國 (Mughal Empire) 以前歷史的鄙視態度。我對這個題目所知甚少，只知道佛教把燦爛的印度藝術和思想從印度次大陸傳播去了中國和東南亞。她是我遇到的第一個對歷史研究有如此信心的本科生。聽了她的談話不僅使我知道自己在知識上的巨大不足，也使我希望學習更多歷史。幾年後，我們同時在倫敦的東方與非洲研究學院 (亞非學院，the School of Oriental and African Studies) 攻讀博士學位，她的導師是巴沙姆 (A. L. Basham)，是為數不多的研究印度古代史的英國歷史學家之一。

1950 年意料之外的馬尼拉之行令我思索馬來亞文學的可行性，而德里之行雖然表面上是認識國際事務，實際的效果卻是令我拒絕當前的政治，決心專門研究歷史。當我發現在馬來亞大學無法研究中國現代史，是羅米拉對古代史的熱情給了我勇氣，使我去探索中國二千多年前的歷史。

錫蘭和德里的旅行教會了我，要經常審視自己對這個地區的政治發展情況瞭解多少。我在科倫坡時已經看出佛教的僧伽羅人與印度教的泰米爾人之間劍拔弩張的關係，卻完全沒有想到會發展到毫不留情地互相殘殺的程度。新加坡的瑪麗亞‧赫托暴動之後，我已經警覺到種族間的關係異常脆弱，很容易就會轉變成種族和宗教戰爭。在德里見到尼赫魯總理後，我讀了他的名著《印度的發現》，深為佩服。可是，在抵達德里機場後，乘車經過長達好幾英里的難民營，令我極為不安。大概五年前，印度和巴基斯坦分離後，旁遮普暴動的受害者就住在這些難民營裏。我對這些難民營瞭解越多，就越害怕宗教狂熱。從此之後，我越來越反對種族式的民族主義和任何排外主義，它們會縱容憤怒與殘暴，使普通人變成殺人狂。

兩次南亞之旅使我深有體會。一方面，殖民統治的後果彰彰在目。另一方面，前殖民地創建國家的艱巨任務才剛剛開始，前途困難重重。我更加意識到，我出生在印尼，作為一個華人長大，把遙遠的中國視為祖國。我可以努力變成馬來亞人，但如果種族被視為對國家忠誠的標準，單靠努力就夠了嗎？

不過，我也有一些正面的收穫。我的僧伽羅東道主強調，未來會有希望，因為我們都信任法治，坦比穆圖的一生指出，英語的文學傳統可以消除我們之間的分歧。史蒂芬‧施韋貝爾對四海一家的信心令人振奮，參加聯合國學生會議的人都滿懷希望地踏上歸途。羅米拉‧塔帕堅信瞭解我們的歷史根源至關重要，使我深刻和持續地尊重古代歷史。

回到學校後，我減少了擔任學生領袖的工作，開始考慮榮譽學位的事。我放棄了創作馬來亞詩歌的嘗試，專心準備文科學士最後一年的考試。我仍然必須在經濟學和歷史學之間做出選擇。我曾經想過，專攻經濟學可以使我成為有用的公民。可是，我對政治和社會變遷的興趣遠大於分析經濟現象或經濟政策。我認識的人來自不同地方、具有不同背景，這使我確信，研究歷史可以不受限制地探討人類在時間長河中的發展情況。不過，還有一件事使我又回到學生事務。前面提到，我們曾經希望大學當局允許我們成立討論政治的學會，為新國家未來的民主政治做好準備。出乎我們意料之外，大學當局在1953年同意了。於是我們成立了社會主義學會，但避免像詹姆斯‧普圖基里那樣因為左傾活動而被拘留，我當選為第一任主席。

我那時已經在撰寫碩士論文，準備從事學術工作，不再參與政治活動。我相信學生應該有權公開討論政治，這將有助於他們確立新國家的目標。我擔任學會主席，使學會開始運作，但不久就讓給年輕的朋友們去主持。我很高興，許多成員同我一樣，促進社會主義，但沒有投身政治。不過，學會的確吸引了一些人，他們在時機成熟時就進入政治領域。

可是，在1954年，學會刊物《黎明》（*Fajar*）的編輯被政府粗暴地逮捕，結果造成反效果，促使好幾個編輯在畢業後積極參與政治。有一個同情工會的年輕律師向他們伸出援手，他的名字叫李光耀（Lee Kuan Yew）。學會成員對警察的行動憤憤不平，他們得到李光耀的積極支持，好幾個人於是加入了隨後成立的人民行動黨（People's Action Party）。我在1954年中寫完論文，前往倫敦，很高興聽到學會聲譽卓著，集結了一批具有政治抱負的人才。

第三部

喜結良緣

初識娉婷

回想起來，我在馬來亞大學的頭三年充滿了期待和歡笑。我不覺得有什麼猶像徬徨。我讀了相當多的英國文學，欣賞古典音樂，寫了一些詩，結交了許多朋友。我開始認識馬來亞，參加了學生活動。我關注別人提出的關於主權民族國家的一些實際問題。

我仍然與英國文學系維持着密切的聯繫。這個聯繫就是林娉婷，我正在追求的對象。我不久就認為，認識娉婷將會改變我的一生。認識她之後使我更多思考自己的人生前途。雖然我知道從事公職的重要性，但我知道我不適合那樣的工作。我喜歡的生活是學習和教書，娉婷也鼓勵我向學術界發展。

我們是在我大二那一年相識的。文學給了我想不到的幫助。有幾個大一的新生想瞭解浪漫主義，請我去主持討論。討論的主題是華茲華斯的詩。以下是娉婷給我們子女講的故事：

我第一次注意到廣武，是看到他在華茲華斯討論會布告牌上的名字。這個「廣」字我從來沒有在任何人的名字裏見

過。我去聽講，是出於好奇，想看一看是什麼人取了這麼奇
怪的名字。那是一個帥氣的年輕人，談起詩來頗為自信，也
很有深度。這當然給我不錯的印象，但什麼事都沒有發生，
因為我只不過是大一新生，不會引起他的注意。他那時候已
經出版了一本詩歌小冊子，是學生會報紙的編輯，又積極參
加學生活動。那一年的後幾個月，我們才開始見面和聊天。
1951–52年，我被選入學生理事會，他是學生會的主席。

馬來亞大學時的林娉婷

其實我一開始就注意到聽眾中那個可愛的姑娘。我們再次相遇是在她幫忙組織的一個晚餐舞會上，接着又在一些社交場合見了面。我記得她說話快速，詞鋒尖銳。有一次，聽到她對葉慈(Yeats)的詩的意見之後，我回去又重新讀了一遍。我比娉婷高一年級。我被林必達捧成詩壇新秀之後，在校園裏小有文名，但對自己今後的方向仍然茫茫然。娉婷熱愛英國文學，駕馭英語的能力比我強得多。她小我三歲，低一年級，所以覺得只能幫我加油。她知道我的中國背景，很好奇我怎麼會重新搬回就要獨立的新馬來亞。

林必達又幫了我一個大忙，儘管當時我們兩人都不知道。他決定教我欣賞西方的交響樂。1949年，我回到怡保後的幾個月，學會了拉小提琴，但自覺笨手笨腳。我知道林必達收藏了一些交響樂的唱片，便請他放給我聽。他選的第一張唱片是西貝流士的《芬蘭》(Finlandia)，告訴我這是關於民族復興的音樂。他知道我是交響樂的門外漢，便教我如何欣賞。一開始，他就像交響樂隊指揮，教我辨識音節中不同樂器的聲音。他把《芬蘭》重放了好幾次，讓我欣賞和音與旋律。我就這樣開始欣賞別的音樂。

我們花了幾個星期的時間，一再重放柴可夫斯基的《第六交響曲》(《悲愴》)和貝多芬的《第五交響曲》。林必達對音樂非常熟悉，我問他是否將來要做樂隊指揮。他告訴我，他只不過是聽力很好，又有極好的記憶力。聽完他的唱片，我從此浸淫在西方音樂之中，終身受益。

林必達不知道的是，他還幫助我接近了娉婷。我對音樂是個可憐的樂盲。我的父母親不懂音樂，我學校裏的朋友不玩任何樂器，安德申學校沒有任何音樂活動。我只在愛國募款集會上學會了一些中國流

行歌曲。在日本佔領期間，我聽過一些日本軍歌，還會哼一下軍歌的
調子。1948年，我在中央大學的第二年，我每天經過大學的音樂學
院，聽到學生們彈奏鋼琴或小提琴，或練習歌劇的詠歎調，但從沒有
看過他們的演出。

　　林必達把我的音樂欣賞能力提高到另外一個層次，使得林娉婷小
姐在下一年對我有了好印象；娉婷那時是大一新生，是大學管弦樂團
的首席小提琴手。我衷心感激林必達在音樂方面給我的教育。有了
他的幫助，當我開始追求娉婷時，我們就至少是文學和音樂方面的同
好。有一天，娉婷同意跟我一起去看電影《麥克白》(Macbeth)。那是
個莎士比亞的悲劇，奧森‧威爾斯 (Orson Welles) 自導自演，古典作
曲家雅克‧伊貝爾 (Jacques Ibert) 配樂。我至今認為這是我們從此成
為正式校園情侶的時刻。

詩人肖像，1950年。

以下是娉婷關於這件事的回憶：

———

　　我大二那年的 10 月，在一次學生理事會結束後，廣武邀請我去看正在電影院上映的《麥克白》。那次約會蠻有趣的。首先，那是個悲劇電影，充滿着黑暗和死亡。電影由奧森‧威爾斯自己改編、導演和扮演馬克白。看完電影，我們都覺得有點沮喪，於是去了電影院對面的咖啡館。新加坡那時還沒有大型購物中心，大家只能去坐咖啡館。廣武那時候留着絡腮鬍子。你們知道，大多數華人都沒有鬍子，但廣武例外。他總是開玩笑地說，他的祖先中一定有一些是古代入侵中原的突厥人或匈奴人，年輕的華人中很少有蓄鬍子的，所以他往往引人注目。

　　留鬍子的原因其實很簡單，因為他在刮鬍子時常常割傷自己，所以決定不刮了。那時候沒有現在的雙刃安全刀片，單刃的刮鬍刀一不小心就會割破皮膚。我們正在喝咖啡，一個高大的錫克人 (Sikh) 突然氣勢洶洶地質問廣武，留鬍子是不是要嘲笑錫克人。我那時太不懂事，看不出這個錫克人是喝醉了。幸虧廣武處理得當，平靜地回答他，甚至請他坐下來說話。我十分害怕，擔心他會打我們。第一次約會竟然有這樣驚人的結局。廣武後來告訴我，他擔心我從此不肯與他約會了！

———

娉婷始終熱愛文學，但她也理解為什麼我會轉向歷史。我們發現，我們具有共同背景，儘管我們在初遇時並不知道。她在女學生中是個引人注目的美麗女孩，喜歡討論簡‧奧斯丁（Jane Austen）及其同時代的英國詩人。她還是小提琴手，是著名音樂老師吳順疇（Goh Soon Tioe）的學生，新加坡青年管弦樂團成員。馬來亞大學成立自己的管弦樂團時，她是首席小提琴手，坐在新任化學講師黃麗松（Rayson Huang）旁邊；黃麗松一生熱愛小提琴，與我們兩人成了好朋友。我們都沒有想到，有一天我會繼他之後擔任香港大學的校長。管弦樂團的指揮保羅‧阿比斯加格納登（Paul Abisheganaden）熱衷音樂教育，我們很欽佩他。我十分關注古典音樂這種嚴肅音樂。

娉婷在暑假時大病一場，得了梅尼爾氏症候群（Meniere's Syndrome），導致左耳完全失聰。以下是她的自述：

———

第二年就要開學時，我生病了。這病來得突然，耳朵裏面嗡嗡作響，過了幾天，左耳失去了聽覺。醫生找不到病因，而我覺得快要死了。我只能平躺在床上，頭都不能轉，一轉就頭昏想吐。我什麼都吃不下，連水都不能喝。最後我被送進醫院，服用了大量的新藥盤尼西林。幸虧我對這個藥沒有過敏反應，而那時候對盤尼西林的副作用並不清楚。我後來知道，我的病叫做梅尼爾氏症候群，這種病毒通常只侵襲年紀比較大的人。本地的醫生對這種病一無所知，耳鼻喉的專科醫生甚至不相信我說左耳聽不見了。他以為是我的幻覺！

　　我在服用盤尼西林時可能已經在康復中，因為這種藥對病毒性疾病是無效的。不過，盤尼西林可能使我在身體虛弱時避免了其他疾病。我在醫院住了一個星期，回家大約三個星期後才復原。我發現左耳真的聽不見了，內耳平衡系統受損，有好幾個月我不能直線行走，下樓梯會摔倒，過門道會撞在牆上。總之，我無法平衡，不能打羽毛球，也不能拉琴，因為我不能分辨聲音從哪個方向來。

　　我大一的時候愛好運動，特別是羽毛球，與同學邱先生(Loporte Khoo)合作拿過混雙冠軍。剛病好的時候，我連球都打不到。不過，我繼續打球，打得相當不錯，代表馬來亞大學參加了1953年夏天與香港大學兩年一次的比賽。可是，由於聽力受損，我不再能領導管弦樂團，聲音會在我的腦袋裏嗡嗡叫。我花了好多年才慢慢復原，用右耳調整適應，讓別人看不出我一隻耳朵是聾的。由於耳朵神經壞了，助聽器不管用，我逐漸習慣了轉過右耳與別人說話。如果有人對我左耳講話，我什麼都聽不見。幸好我不太在乎這一點，在餐桌上總會告訴坐在我左邊的人，跟我說話前先碰我一下。大多數人都會有一些身體障礙，我很驚奇地發現，在我說出我的聽力問題時，竟然有那麼多人告訴我他們也有同樣問題。有時候我居然發現，坐在我左邊的人右耳聽不見，我們只好轉身面對面地說話。我現在已經安之若素，不把它當回事了。

娉婷和她的母親。

媽媽童懿和

娉婷是個多才多藝的人，病好之後，開始向別的方面發展，很快恢復了她快樂的天性。那時候我已見過她的母親童懿和，聽到她很不尋常卻與我們家相似的故事。童媽媽說起，她年紀輕輕就從上海到新加坡教成年班華人說國語。那大約是1930年，比我父親去泗水（Surabaya）的時間稍晚一些。她然後回上海與聖約翰大學的青年學者林德翰結婚，娉婷就是在大學的醫院出生的。中日戰爭爆發前夕，林德翰帶着一家離開上海，到檳城鍾靈中學任科學老師。他們的女兒娉婷就是這樣來到馬來半島，就如同我的家庭從爪哇島來到怡保，也正如我在1948年從南京回到家裏，都是身不由己的。

娉婷敘述她母親的故事非常動人：

我母親童懿和是福建邵武人。她說的邵武話很奇怪，與東南亞流行的南方方言如廣東話、閩南話、潮州話、客家話等很不一樣。她只跟我的姑媽說家鄉話，平常很少說，所以我沒有學會。她是個很不尋常的女人，與同時代的中國婦女的生活很不同。她18歲的時候，父親不准她去上海上大學，她就絕食抗議。她要去上海讀書，是因為她的哥哥在那裏學醫。她在1910年6月3日出生，是辛亥革命前的一年。她沒有裹小腳，在自己父親的學校裏念書。這可能是她與同時代的許多其他婦女不同的原因。她很有冒險精神，顯然與她成功爭取上大學有關。我的外祖父是基督教徒，是邵武公理會（Congregationalist）女子學校的校長。

她的祖先來自北方，童這個姓氏在南方很少見。我的外祖父是個讀書人，但我不知道他在擔任校長以前的事跡。他可能是個老師。據說我的外祖母依照當時的習俗年紀輕輕就嫁了過來，生了許多男孩，但大多數在嬰兒時夭折。我的外祖父那時被傳教士勸說改信基督教，於是說如果妻子生下一個女孩就同意改變信仰。等到我的母親出生，他就真的成為基督徒了。我的外祖母一共生了16個子女，有5個存活。那時候的公共衛生和個人保健都不如現在，嬰兒早夭是常事。外祖父改信基督教之後，外祖母接着又生了兩個女孩和一個男孩。可能是已經有了經驗，三個嬰兒都活了下來。據說女嬰比男嬰強健，所以三個女嬰都活得很好。我母親因此有兩個兄弟、兩個妹妹。

我母親去上海進了美國浸信會辦的滬江大學。她進學校時不會說英語，但沒有因此就退縮。她告訴我，頭六個月她一團混亂，茫無頭緒，直到有一天突然就聽懂了。從此之後，她英語説得很流利，儘管説話和寫作有時候不合文法。
我認為那是有點破碎的英語，但完全可以聽懂。我母親在大
學能夠維持生活，靠的是把中國的桌布、餐巾和繡花襯衫寄
給一個住在加利福尼亞州的美國朋友。

母親在大學時開始教海外華人説普通話（國語）；她是胡
適的崇拜者，而胡適是中國當時最有名的學者和思想家，正
在推動使普通話成為民族語言。

在1920年代，普通話還沒有在中國普遍使用。面對外國
威脅，民族主義的情緒高漲，大家覺得中國人應該有一個共
同的口語。中國已經具有一個傳承兩千年的書面語，中國人
不管説什麼方言，只要受過教育就能認字。現在該是有一個
共同口語的時候，於是就選擇了北京朝廷使用的官話。不難
想像，年輕人會多麼興奮要建立這樣一個國家，全國不分東
西南北都説同樣的話。我母親由此得到啟發。她相信所有中
國人將來都要説普通話，於是在畢業後去了新加坡，在一個
華文成人學校教普通話，那些成人原來只會説廣東、閩南和
潮州等地的南方方言。

我不知道她是怎樣會想到去南洋的。也許這是她敢於冒
險的另外一種表現方式。她在那時加入了大批老師、記者和
知識分子離開中國去東南亞的潮流。早些時候去東南亞的
勞工和商人已經比較富裕，人數也夠多，希望為子女設立華
文學校。統治這個地區大部分地方的殖民國家沒有花多少錢
辦教育。例如，英國通常只在每個城市設立男校和女校各一
所。學校用英語教學。政府的辦公室需要辦事員和低級別行

政人員來協助管理殖民地，這樣的學校已經足以應付需要。高等教育方面，文理科有萊佛士學院，另有一所愛德華七世醫學院，可是學生人數極為有限。一些傑出或富裕的學生可以設法去英國上大學，但也是寥寥可數。傳教士和各種慈善組織也做出努力，設立更多的英語小學和中學。值得稱讚的是，既有男校，也有女校。

華人社區希望保持自己的語言文化和注重學習的傳統，也開始設立私校，用普通話教學。這就是廣武的父母和我的父母來到馬來亞的原因。廣武的父親先是到馬來亞教書，後來在1920年代末到印尼的泗水擔任第一所華文高中的校長。稍後在1937年，我父親應聘到檳城的鍾靈高中（男校），是第一位教科學的老師。鍾靈高中那時是該地區最好的學校，現在依然如此。對那時的大多數華人來說，海外的工作只是暫時性質，等到中國局勢好轉就會回去。他們不曾想到，歷史的大潮澆熄了他們的夢想，東南亞的大多數華人從此沒有再回去中國。

回頭說我的母親，她去新加坡時正逢全球經濟大蕭條，但她從來不談這對她有什麼影響。她幫助建立的學校名叫國語講習學校（後來又在檳城設立了一所同名的學校），招生好像並不困難。學校的職員很多，有一百多個努力學習普通話的學生。他們大多數是成人，所以都在夜間上課，小孩班則是在白天上課。我母親與其他職員不一樣，會說英語，所以可以與受英語教育但只會說方言的華人交談。她遇到很多當時的著名華人，例如林漢河爵士（Sir Han Ho Lim）。他們都努力學普通話，我母親與他們保持友誼，所以我們一家1942年去新加坡時不會完全沒有朋友。

———

日本軍隊1941年打到東南亞。娉婷一家受到的影響比我們家大。日軍到檳城前，她們一家乘最後一班火車去了新加坡，沒有預計到的是日軍不到兩個月就橫掃馬來亞的英國軍隊。在新加坡，娉婷的母親認識幾個有名的土生華人，是她以前教過的學生。她從小是基督徒，與衛理公會有聯繫，所以得到教會人士很大的幫助。她在當時情況下不能再教普通話，為了維持家庭生計，開始發展她的經商才能。

娉婷依然記得那段時間的辛苦和快樂，與她一起長大的小孩都定居在新加坡，在英文學校上學。她的父母雖然從事華文教育，但能說能寫英語。事實上，娉婷發現她父親有一堆十九世紀的英國小說，於是在日軍佔領時期就鑽進了書堆裏。大約同一時期我在怡保，在圖書館讀到的大都是通俗小說，在文學的層級上比娉婷讀的小說要低好幾個級別。

我們的經歷還有一些共同之處。娉婷與我一樣，在日軍佔領時期沒有上學。戰爭結束後，她進了衛理公會女子學校，因為英語作文優秀，很快就上了高級班。她還遇到一個非常好的數學老師王惠卿（Ruth Wong，後來是馬來亞大學教育教授），在王老師幫助下輕鬆取得劍橋畢業文憑。至於我，早她幾年在安德申學校也同樣得到洪老師（Ung Khek Cheow）的幫助，可是我的數學肯定比娉婷差很多。

不過，我們有一件事是完全不同的。娉婷的父母雖然可能是兩廂情願結婚的，可是婚後並不快樂。由於性格衝突，導致雙方離異；娉婷的父親決定回台灣老家，那時台灣在戰後已經回歸中國。娉婷、她的妹妹和三個弟弟留在了新加坡，全靠她的母親賺錢養家。我見到童媽媽時，她已經是非常受人尊敬的華文老師，利用維多利亞學校的校舍設立了一個私立的下午學校。希望入學的人很多，因為許多家庭把子女送去英文學校，但仍希望子女能夠學習華文，用華文通過畢業考試。童媽媽十分辛苦，因為學校幾乎全靠她一個人，可是她靠着這份收入來養活五個小孩。

娉婷是長女，她分擔母親的工作，幫助學生欣賞中國的藝術、音樂和戲曲。她進了大學之後仍然繼續這樣做。我仍然記得她扮演花木蘭，至今珍藏着兩張她在舞台上的劇照。

可是，娉婷和我的友誼基礎與中國事物沒有什麼關係。馬來亞大學的目的是：盡最後努力教育一代學生感恩，讓他們知道他們是一個全球帝國的一部分。這個任務的起點，對娉婷和我來說，就是學習英國語言和文學。既然我們喜歡文學，就沒有理由拒絕。但是我們也瞭解，我們必須知道，我們的同學來自「英屬馬來亞」的不同部分。娉婷認識本地的同班同學和別的新加坡朋友，但她很想認識那些來自馬來半島各州的人。至於我自己，除了霹靂州以外對別的州並不瞭解。而且，我對新加坡也非常無知。在認識娉婷之前，我同別的來自馬來各州的人也去城裏逛過，但是娉婷和她的朋友帶我去看了一些我不可能自己發現的新加坡的偏僻角落。

娉婷大學時在舞台上扮演花木蘭。

爸爸林德翰

移民的故事通常都很精彩。我以為我的故事已經夠奇怪了,但是娉婷的故事還要有趣得多。我欽佩她的母親,能夠從容應對生命中的突發事故,而認識她的父親,是在她去台灣看望父親回來之後。她回來後告訴我的故事給我留下很深的印象。她講的故事不僅使我對她的家庭更好奇,至今仍然着迷,而且涉及中國與台灣當前的複雜關係。以下是娉婷講她父親的故事:

我父親來自台灣/廈門的一個著名商業家族。我對這個家族所知不多,只在1953年去台灣探望父親時見過大伯(後來他當選為基隆的第一位非國民黨籍的市長)。這件事後面再談。我父親在廈門鼓浪嶼的英華學校上學,同班同學中有一些是我後來知道的著名人物,其中有世界聞名的考古學家鄭德坤,是劍橋大學的教授。另一個是他的大學同學林春猷教授(Robert Lin,與我父親一樣是生理學家,是我父親在北京結婚時的伴郎），後來到1950年代在馬來亞大學教書。由此可見，人與人之間的關係真是靠緣分。

　　認識我父親的人告訴我，父親非常聰明，我自己也這樣覺得，但他一生沒有能施展抱負。母親告訴我，父親在北京燕京大學的時候，曾經獲得洛克菲勒獎學金去美國讀博士學位，但他對學院或研究工作沒興趣，認為是「無用而落伍」的職業。卻不知教育工作在二十世紀的後五十年有了爆炸性發展。也許是因為家族的經商背景，他崇拜亨利‧福特那樣的企業家（福特的名言是：「歷史是一堆廢話。」）換句話說，他希望成為企業家。可是，他是我見過的最不適合經商的人，卻完全沒有自知之明。舉例來說，他太容易相信別人，總是上商業夥伴的當。明知已經受騙，仍然不會懷疑。他完全沒有商人一心一意要賺錢的衝動，也缺乏商業才幹。諷刺的是，這可能也是他家族的遺傳。

　　我的祖父有一妻二妾，每個妻妾生了個兒子。我父親年紀最小，是第三房生的。他從小受到母親中國傳統家庭式的寵愛，不知道成功必須靠專心致志和努力工作。他總把失敗歸咎於被別人算計，卻看不到是他自己太容易上當。他的大哥很早就參加家族的經營，而我父親從來沒有在任何家族企業中做事。他從小很會讀書，十一歲被送進廈門的英華男子學校，因此脫離了家族企業的環境。

　　所以說，來自企業或商人家庭並不能保證你就能經商。家族也要足夠明智，知道哪一個兒子可以繼承家業，不能把家產託付給只會讀書、不會賺錢的兒子。即使你繼承了家產，仍然必須知道如何守成，不然就會敗家。我母親與我父親完全相反，很早就知道一分一毫來之不易。一個是腳踏實地、奮鬥進取，一個是不切實際、脾氣暴躁，可以想見這樣的婚姻很早就難以維持下去。兩個人肯定是一對怨偶！

　　這個婚姻不和諧還有個重要原因，就是我母親賺的錢總是比我父親多。他一向嬌生慣養，受人侍奉，因為足夠聰明，讀書毫不費力。她卻是不斷進取，勤奮工作。我問過她，既然經濟上已能自立，為什麼還維持婚姻。她的回答是，在那個時候，離婚的事很難啟齒，很少人做得到。這個不快樂的婚姻維持了十三年，直到時局變化，才使她與那個有志難伸的男人分手。

———

　　她的父母離婚八年之後，娉婷在1953年去台灣看望父親，我此前已經知道了一些情況。當時以為不過就是一個家庭被不幸拆散的故事。她回新加坡後給我講的卻擴大了故事的意義，讓我七十年來陷入沉思。

———

　　我與父親斷斷續續地保持通信。沒有想到，他邀請我去台北看他，還說要付錢購買香港去台北的來回機票，母親則給我買了新加坡去香港的機票，作為我的畢業禮物。我很興奮，因為這是我第一次去香港和更遠的地方旅行。

　　那時候，台灣與中國還處於交戰狀態，國民黨收復台灣才八年。台灣人被日本殖民統治了大約五十年。日本在1895

年甲午戰爭打敗中國之後取得台灣作為戰利品。台灣人並不是不喜歡回歸中國，而是國民黨跟日本人一樣，把本地人視為殖民地子民，台灣人對自己的事務毫無發言權。大約有一百萬大陸人（大都是官員和士兵）像侵略者一樣到了台灣，佔據了最好的職位。國民黨造成的影響是使得本地人不喜歡中國大陸人，今天本地人越來越希望從大陸獨立出去。

香港使我的眼界大開。竟然會有這麼多人！我很不習慣，特別是一群小孩跟着我要錢，使我尤其苦惱。從廣東去香港的人格外多，他們沒有地方住，都住在山坡上的臨時棚屋裏。颱風一來，往往屋毀人亡。香港努力為他們提供住房和糧食，但1953年的香港政府還不完備，無法做到這一點。而且，冷戰剛剛開始，香港成為幾個大國的情報活動中心，都在設法刺探中國的意圖。因此，安全措施嚴格，人人小心翼翼。

我終於取得簽證，乘飛機去台北看望我的父親。台北是個單調乏味的城市，街上掛滿了橫幅標語，要人民反攻大陸，打倒禍國殃民的共匪。

我與父親八年沒有見面，覺得他變化不大。他告訴我已經再婚，現在有一個五歲的女兒。我很是吃驚，要是他先告訴我，我也許就不去台北了。我那時年輕氣盛，不像現在這樣寬容。那個女孩長大後，我偶爾與她通信，發現她既善良又漂亮。她是個醫生，實現了我父親的願望。

回頭說我訪問台北的事。這次探訪不算成功，因為我到達之後，父親立刻帶着我去辦理出境證。我被問到為什麼來台灣，為什麼我作為中國公民要離開台灣。我很吃驚，因為從來沒有想到，政府會把我視為中國公民。這是因為根據1909年制定的法律，只要父親是中國人，子女不論在哪裏出生都被視為中國人。所以我才會被問到，為什麼不留在台灣與父親同住。我真的嚇了一大跳。

　　我回新加坡後母親告訴我，如果我是男孩，就不會讓我去看望父親。因為我如果是中國人，必須留在台灣服兵役！不過，我還是拿到了出境證，順利回到家裏。台灣現在已經廢除了這個政策，因為許多華人看到這個政策就不會去台灣。我的幾個弟弟幾年後去看望父親都沒有遇到麻煩。廣武和我有三十多年沒有去台灣，直到台灣政府不再把訪問台灣的海外華人都視為擁護台灣、反對中華人民共和國的人。

娉婷和她的父親

　　總之，這次旅行讓我害怕，不願再去台灣！而且，我在台灣也不快樂，因為又得每天聽父親批評母親。我為母親辯護，還發了脾氣，弄得我父親也不高興。不過，到離開的時候，我還是感到悲傷，因為我覺得我們可能從此不能見面了。那的確也是我們的最後一次見面。我繼續給他寫信，很高興聽到他的女兒（我的同父異母妹妹）令他快樂。妹妹的丈夫也是醫生，頗有聲譽，但是突然悲劇降臨。她在首次懷孕時得了癌症，生產後不久就去世了。雖然我對父親沒有什麼感情，但也為他難過。他終身失意，生活不寬裕，一事無成。他最大的成就可能就是他在台灣的女兒，卻年紀輕輕就走了。這是他晚年最大的悲哀。

———

　　過了幾十年，毛澤東和蔣介石都去世了，我們覺得可以自在地訪問台灣了。娉婷與她父親一家已經失去聯繫，但我們很想瞭解林家的家族歷史。娉婷在1953年見過她的大伯林番王，那時他在基隆經營一家照相館。林家的祖先在十九世紀初從廈門搬去宜蘭，以後又搬到基隆。娉婷的祖父是很成功的商人，把大兒子林番王送去福州最好的學校念書，把娉婷的父親送去廈門的英華學校。林家還有許多子弟到日本讀書，好幾個在台灣醫學界卓有聲譽，所以娉婷的父親希望自己的女兒學醫。

　　我們知道了林番王在1960年當選為基隆市長。雖然他在私生活方面聲名狼藉，仍然在1964年競選連任成功。他在基隆頗有政績，修建許多學校和道路，改善了港口設施。他在1965年去世，下葬於基隆中正公園旁。我們2010年去祭奠時，見到墓園整齊乾淨，而且是公園內唯一的墓地。當地的反國民黨情緒使墓地保存下來，但經過2014年的激烈選戰，據說親藍的國民黨支持者毀壞了墓碑。我們的家屬2018年再去墓地時，發現只是草率地修補了一下。可是，過了幾個月，親綠的基隆市長重新整修墓園，還把相片放上網站。這個墓園成了台灣1945年以來複雜政治鬥爭的一個象徵。

重新認識

娉婷看得出來，我對馬來亞文學的興趣以及斷斷續續地寫詩，導致我沒有認真研究英國文學。我仍然在閱讀詩歌和小說，也喜歡法國和俄國文學，但也對社會科學有興趣，因為社會科學與馬來亞的未來關係更為密切。我保持着對文學的興趣，完全因為娉婷，我也在閱讀納拉揚 (R. K. Narayan) 的《英語老師》(*The English Teacher*) 和《馬爾古迪的日子》(*Malgudi Days*)，儘管當時沒有意識到，但這些作品後來被稱為英聯邦文學。我認為他的作品可以與福斯特 (E. M. Forster) 的《印度之旅》(*A Passage to India*)、歐威爾的《緬甸歲月》和伍爾夫 (Leonard Woolf) 的《叢林中的村莊》(*A Village in the Jungle*) 比肩。幾年後，又出現了奈波爾 (V. S. Naipaul) 的《比斯瓦斯先生的房子》(*A House for Mr Biswas*) 和阿切貝 (Chinua Achebe) 的《分崩離析》(*Things Fall Apart*)。我開始注意南非和澳洲的作家，領會到殖民地白人對大英帝國統治的看法。有點諷刺的是，在大英帝國開始衰落之後，我們才開始欣賞大英帝國的一些文學作品。這樣一來，我們越是讀到別人寫的東西，就越能看到英國人在殖民地所做的事情有哪些共同之處。

在這樣閱讀學習的過程中，我開始意識到自己遇到了一種稱為「愛」的東西，這是我過去從未考慮過的。我和許多同齡人一樣，知道很多關於愛的歌曲，肆無忌憚地把愛掛在嘴上。我從來不知道如何使用它，不知道使用它的含義。遇到娉婷之後，我知道了可以用愛這個字來描述我的感受。這件事是怎樣發生的，我始終沒有弄明白。我想，愛這樣的事是悄無聲息地發生的，我的腦袋是否瞭解並不重要。我只知道愛與時間、家庭和自由有着密不可分的關係。

我感到困難的是英語裏的"love"這個字。我在家裏說中國話，學習閱讀古文，「愛」這個字在儒家思想裏指的是母親對孩子的感情。我的父母親從不用愛來表示彼此之間的關懷。我在華文學校的朋友常常用這個字來表示對國家的熱愛。在為中國抗日戰爭募捐的集會上，我會聽到有人大聲疾呼要愛國華僑捐款或自願回國參戰。大多數人都自願做出響應。

我如果上的是華文學校，熟讀現代小說和詩歌，我就會知道愛的觀念如何改變了五四運動之後的一代中國年輕人。從1910年代到1930年代，數以千計的文章和詩歌都在歌頌愛如何從古老的習俗中解放出來。此外，還有人吶喊要反抗殘酷腐敗的大家庭制度，希望建立核心家庭。1947年至1948年，我先後在南京和上海看到許多失敗的婚姻試驗，使得愛這個字有些黯然失色。

我在中國生活了一年半，覺得家庭和政治生活中都很少提到愛。即使在學生經常歌唱的歌曲中一再使用愛這個字，卻缺乏感情，完全沒有它在二十世紀初第一次使用時那樣的熾熱情懷。在國立中央大學的課堂上，我只在英語浪漫詩歌和小說裏看到"love"這個字，發覺把它翻譯成中文的愛多麼蒼白無力。

　　我在學校裏從來沒有用過這個字，在日軍佔領時期從來不說英語。我可能是在閱讀我父親的藏書帕爾格雷夫（Palgrave）的《英詩集錦》（*Golden Treasury*）裏面的浪漫詩歌時，第一次讀到這個字。我在戰爭結束前讀的通俗小說當然也常常碰到這個字，但完全沒有留下印象。除了母親對我的愛，我完全沒有這樣的經驗。

　　這個字給我留下兩個印象。我在中學的最後一年，莎士比亞的《皆大歡喜》（*As You Like It*）是劍橋畢業考試使用的課本之一。我們的老師丹普西先生（Mr Dempsey）讓我們看到這個字多麼有意思。我的確欣賞這個字多彩多姿的喜劇效果。在學校以外，我想到英國電影《相見恨晚》（*Brief Encounter*）。這個故事告訴我們愛如何在不同層面影響兩個偶爾邂逅的成年人。他們在激情之後如何回到各自的伴侶身旁，在我腦海中縈繞了好多年。我一直記得電影中兩個人的痛苦和疑惑，但是我不以為他們的那種複雜感情可以用一個愛字來表達。

　　我以後看了許多小說和電影，愛似乎無處不在，什麼事都可以用愛來表示。愛似乎成了所有西方創作的核心。難道這是我「愛」文學的原因？當然，丹普西先生帶領我們欣賞莎士比亞偉大的十四行詩〈能否把你比作夏日清暉？〉（"Shall I Compare Thee to a Summer's Day?"），是希望我們弄清楚，那種膚淺的愛與真正的愛是不一樣的。

　　我剛到馬來亞大學時，告訴林必達我愛文學，歷史學家哈里森（Brian Harrison）問我為什麼首先選擇英國文學時，我也是用這個字來回答。他們兩人都點頭表示同意。「愛」這個字我用得很隨便，只是表示我喜歡詩歌和小說。不久之後我就發現，這個字有它嚴肅的一面，我必須弄清楚這個字在日常語言中的多變含義。一直到我大三那

年認識了娉婷，我才真正注意，不再輕易使用。我幾乎不再使用愛這
個字，只偶爾用它來替代「欣賞」兩個字。我不曾注意到，這種改變
是在認識娉婷之後發生的。直到很久以後，我才知道，認識娉婷開始
了我人生經歷的重大轉變。我們在1951年初相識，1955年底結婚，
愛這個字多年以來在我們的生活中越來越顯著。我毫不猶豫地告訴別
人，我曾經愛過，也被人愛過。但我也承認，這個字仍然不時在我的
生活中激起漣漪。我現在知道，在新加坡的大學裏認識娉婷，為我開
展了一段漫長的旅程，把一個文學裏的陳腔濫調變成了我歷久彌新的
個人經歷。

我們相處愉快。我們的感受不太為人所知。以下是娉婷眼中的我：

———

我和廣武都不能算是「好」學生，就是說我們沒有經常上
課和用功讀書。因為大二沒有期末考，大多數人都在鬼混度
日，參加各種社團，演出戲劇和音樂會，享受大學生活。很
可惜現在沒法這樣做了。現在似乎是高分至上，競爭非常激
烈。廣武是出名的逃課大王，作業總是遲交。他的精力花在
學生政治上，在校園參加了許多活動。他為別的學生補習賺
了很多錢，特別是補習英語。他那時候已經表現出很會教書。

關於這個不守常規的學生，流傳着許多故事。我們的一
個華裔朋友賈加拉詹（他在印度家庭中長大）曾向我投訴，因
為廣武總不上經濟學課，所以他要跟賈加拉詹要蹺了的課的
簡短摘要。第二天考試，廣武得了60分，他只得了40分！

賈加拉詹當然很不舒服，但把這當做笑話講了出來。另一個
是關於文學考試的故事，廣武只得了7分。為什麼是7分？
每個人都不相信他只得了7分，畢竟他可以向其他同學講解
文學！講師解釋說，廣武沒有回答問題，只寫了一首詩，所
以他決定不給廣武零分，以免他成為殉道者。7分是表示他
沒有考好！我想廣武學到了教訓，從此沒有再犯這樣的錯。
所以你們可以看到，我們在大學真是在享受人生。廣武與很
多朋友在晚上討論馬來亞獨立後的未來，要使用哪一種民族
語言，創作哪一種文學，以及年輕一代如何掌控自己國家的
夢想。

————

娉婷希望告訴子女我們在馬來亞大學讀書的情況。以下是她的敘
述：

————

　　廣武別的一些朋友對政治的興趣更高。他們有些人可能
真是共產黨員。你要知道，那個時候的共產黨不像今天這樣
失敗的樣子。英國有一些劍橋大學的畢業生同情俄國，替俄
國人做間諜。英國外交官伯吉斯（Burgess）和麥克林（McLean）
替俄國人做間諜好多年，一直沒有暴露。負責監視顛覆分子
的情報組織馬來亞特別科（Special Branch in Malaya）注意到馬
來亞大學的左翼學生。中國民族主義往往被視為就是在支持
共產主義。華文學校的學生非常激進。毛澤東在天安門城樓

上宣告：「中國人民站起來了」。這是個意義重大的宣告，因為中國人民一百多年來受盡了西方的欺負，到處受到歧視。中國終於有了一個不向西方磕頭的政府，中國人感到極大的自豪，不管那個政府的政治信仰是什麼。

1950年代，新加坡特別科的科長是英國情報官科里丹（Richard Corridan）。可能是因為共同愛好英國現代詩，科里丹對賡武有好感，知道他不是共產黨員，雖然他的許多朋友是。這些朋友經常與賡武來往，討論政治，一起喝啤酒。不過，賡武從來沒有參加他們的秘密活動。科里丹借書給賡武看，一起討論文學，知道他只是這些共產黨員的朋友，不是同謀。如果他跟他的朋友在我入學前一起被抓，他的人生將完全變樣。我大三那一年，又有一批人被捕。他們是社會主義學會的成員，而賡武是學會的創始主席。學會出版的刊物叫《黎明》，被認為具有顛覆性。賡武那個時候已經決定轉而攻讀歷史，不再積極參加學生活動。

我將在第四部分提到，在我決定成為歷史學者之後發生了什麼事。在這裏我先簡單說一下，我的決定如何幫助我更加瞭解娉婷。

我不記得是否問過娉婷，她對我去從事學術研究有什麼想法。我們兩人都知道，從殖民地大學畢業後要攻讀更高學位，最好能取得英國大學的獎學金。我的教授坦率地告訴我，選什麼學科做研究不重要。只要是一所英國大學的學位，就是能夠在馬來亞大學教書最好的保證。

　　娉婷不同尋常的背景，讓我看到這個女孩最初沒有展示的一面。我越認識她，越覺得我們在新加坡相遇是個奇蹟。在我決定拿到榮譽學位後不去做事、繼續讀書時，娉婷表示完全支持。幾乎就這樣決定之後，她的母親與我父母見了面，一切問題都順利得到解決。大家同意，如果我拿到獎學金去倫敦讀博士學位，我們應該先訂婚。

　　以下應該讓娉婷說一下，她對於去歐洲是什麼感覺，我們這一代殖民地子民如何看待戰後英國逐漸放下帝國的負擔，我們在英國的生活如何讓我們嘗到一直嚮往的自由滋味，並從此牢牢抓住不放手。

———

　　我們為什麼去英國？部分原因是美國的學位不值錢，另一部分原因是英國或不列顛是我們的「母國」。讀英文學校的學生才有這樣的態度。在中國的中國人大都希望去美國，因為他們比較熟悉美國教會在中國設立的機構。這些中國人把美國視為麥加聖地。但是馬來亞和新加坡的學生自然地想去英國讀書。

　　那個時候，還沒有很多人移民英國，所以不至於引起英國人的警惕。凡是英國子民，都可以去英國居住。只要持有英國子民或受英國保護人士的護照就可以了，無須簽證，沒有任何限制。學校的課程讓我們對英國每一個郡的瞭解，比對馬來亞的瞭解更多。我們對東南亞鄰國一無所知。受英語教育的學生尤其如此。當討論獨立的時候，甚至有些檳城的社會領袖向伊麗莎白女皇請願，要求英國繼續統治，不要讓馬來亞獨立。受華文教育的人眼睛裏只有中國，對東南亞和世界其他地區一樣無知。

　　所以我們要繼續求學，自然是想去牛津、劍橋和倫敦大學。有些人去了更北方的曼徹斯特和愛丁堡，不過去前面三所學校的人更多些。要進這些學校並不容易，但馬來亞大學的學位是得到承認的，而我們大都成績不錯，入學不難。

　　賡武決定成為一名學者，雖然沒有錢，仍然多用了幾年時間勤奮學習。那個時候，大多數學生甚至不要榮譽學位，三年畢業後就去找事。賡武多用一年時間讀了碩士學位，然後又去英國讀了三年，才真正開始賺錢。

———

以下是娉婷敍述我們的分離和重聚，她的文筆比我好。

———

　　我們的戀愛談了四年。我們沒有想到在完成大學學業和找到工作之前結婚。我們決定在他去讀博士學位前訂婚，選定我21歲生日那天。我要先儲夠錢，過一年才去倫敦。我的弟弟快要中學畢業，要去上大學了。我不能指望母親繼續資助我。

　　賡武拿到歷史碩士之後，計劃到亞非學院讀博士，研究東南亞或中國歷史。他與本地學生不同，可以用中文做研究，英語能說能寫。他23歲時已經出版了一本詩集，寫了一篇關於孫中山的論文（後來成為他寫作和講授孫中山的基

礎）和一篇關於南海貿易的論文。這些都是他自己研究的成
果，因為馬來亞大學的歷史系裏沒有人懂中文、可以給他指
導！

———

　　我生命中遇到的其中一個難題，是要否在馬來亞找新居，還是選
擇研究中國和中國歷史，並且隨時準備搬到可以讓我有效地研究的地
方。這就像是要選擇究竟要像土生熱帶英國人那樣寫作，還是要找到
本地聲音來描述我們的見聞和體會一樣。正如我的朋友當時説的，
「多寫些蘭花，不再寫水仙花」。可是，另類聲音總是難以抗拒，我繼
續學業的決定把我帶回了水仙花的故鄉。

　　娉婷覺得這很諷刺，很有趣。但是，她總是實事求是地看待我的
生活，既給我鼓勵，又督促我做得更好。現在回顧，這正是那種説不
清的愛的最佳基礎。

大學畢業，與娉婷合影，1953年。

第四部

雙重視野

學海無涯

　　回過頭來說1949年，以及我在馬來亞大學的頭三年，那時候我不知道將來要幹什麼。我一度想過要用英語寫作馬來亞文學，隨即加入反殖民主義者行列，與社會主義者一起反對作為帝國主義侵略後台的資本主義。我參加了學生活動，學到很多，知道要仔細考慮周遭的一切事物。不過，我真正的興趣是要瞭解那些支配人民生活的條件，以及隨着時間遷移而發生的變動。從抵達校園的第一天起，我就不斷就歷史背景提問，因為我發現對自己願意認同的國家毫無所知。我向新認識的朋友提出問題，他們從哪裏來？自認是什麼身份？他們希望未來的馬來亞是什麼樣子？問題一個接着一個，我有學不完的東西。許多答案都追溯到過去，大都關係到英國和荷蘭對馬來各邦、印度、中國以及本地區其他地方的所作所為。

　　我忘不了的是，我不是在本地出生，而且剛從由共產黨統治的中國回來。本地正在實施「緊急狀態」，報紙上每天都是中國與蘇聯結盟、大肆插手朝鮮戰爭的新聞，顯然我應該知道要避開政治活動。為了瞭解時局，我搜尋一些關於馬來亞及其歷史的書籍。我們的歷史課本只談一些大問題，例如西方的崛起和如何成功地主宰亞洲。關於馬來半島各州以及海峽三個殖民地的事偶爾才會提到。

　　直到我大三那一年，我才發現普遍存在於大英帝國的這種態度其實為我提供了寶貴的背景，幫助我瞭解本地的時事發展。例如，馬六甲王國和柔佛王國為什麼終結？弗朗西斯‧萊特 (Francis Light) 的檳城與吉打蘇丹王朝 (Sultan of Kedah) 之間是什麼關係？英國與荷蘭的競爭如何導致新加坡崛起？霹靂州在《邦咯條約》(Treaty of Pangkor) 前後是什麼狀況？我讀到的歷史只不過是梗概，可是從歐洲長途貿易和擴張的角度觀察這些事件有它的優點。我由此看到，遠方來的武力以雷霆萬鈞之勢打倒了本地最強大的勢力。我從這些外國侵略的故事第一次瞭解到東南亞各國在強大的敵國海軍面前的脆弱無力。我不禁要問，這些帝國締造者的動機是什麼？本地人民如何回應？為什麼他們的傳統使得他們無法成功應對突發巨變？

　　我必須承認，這些故事並不是我決定要研究歷史的唯一原因。我很喜歡哈里森的世界史課程，從伊恩‧麥格雷戈 (Ian MacGregor) 關於葡萄牙先驅者與荷蘭人爭奪的講課學到很多。埃里克‧斯托克斯 (Eric Stokes) 詳盡地說明英國進入印度次大陸的理由，並沒有說服我，但他介紹傑里米‧邊沁 (Jeremy Bentham) 和約翰‧斯圖亞特‧彌爾 (John Stuart Mill) 的思想如何影響英國在印度的政策，對我很有啟發。我學到了不要忽視政治思想對歷史的影響，也為我榮譽學位那一年帕金森 (Cyril Northcote Parkinson) 講授的歷史課做好準備。

　　帕金森教授的幾次公開演講對我起了決定性作用。他說明個人在事件過程中的關鍵作用，引起我的興趣。令我最信服的是，他指出傑出的領導人可以塑造思想和制度，從而改變歷史進程。他經常說起過去的歷史如何影響當代事務，也給我深刻的印象。我雖然知道他是個徹頭徹尾的帝國主義者，但他思想開明，這從他對我榮譽學位論文中的一些挑釁觀點的評論中可以看出。

回想起來，我選擇歷史有兩個原因，一是我自己喜歡歷史，二是我在認識新馬來亞環境時學到的經驗。2004年，我在為吳明蘭（Goh Beng Lan）寫的一篇文章中談到這個問題，其中指出，人文學科一度曾包含「帝國前知識」和「社會科學前」兩類。對我來說，歷史也囊括這兩個面向。歷史是一個通向寬廣視野的窗口，與現實有關的所有過去的事物都包括在內。我在學習成為歷史學者時，一直關注的是與現實相關和互動的各種人物和事件的淵源。

我可能也是在大二那一年開始嚮往學術生涯。那年暑假，我留在新加坡，找到一份馬來亞廣播電台的兼職工作，從年輕的英國同事身上學到許多關於通訊、時事和人文方面的知識。那份工資足以讓我住在大學附近，去圖書館看書。那個暑假的兩個多月，以及以後每年的每個假期，我都盡量利用校園及其資源。這使我想到，像我這樣一個缺乏背景的人，卻又想歸屬於一個曾經各不相同的多元社會，大學校園可能是能夠讓我得到想要的自由的理想地方。

決定研究歷史之後，也使我認識到過去的事物如何影響到我不同時期的生活。我在《家園何處是》中談到母親關於她自己和家族來源的故事，使得我父親更加堅決地要求我一開始就學習中國古典文學。散文或詩歌裏面的英雄傳奇、明君賢相以及田園生活的優美閑逸，成為我生活的一部分。學校裏的老師，無論是來自賈夫納、卡林加、胡格里或拉合爾，都暗中抵抗英國的統治，儘管本地老師都是新加坡萊佛士學院的早期畢業生，他們用威廉森(J. A. Williamson)教科書教我們大英帝國歷史，讓我們幾乎從此厭惡這門課程。我從英國文學中讀到的英國歷史要有趣得多。

我在第一年歷史課程讀到埃及和巴比倫、摩亨佐－達羅(Mohenjo-daro)、耶路撒冷、雅典和羅馬、長安、喀喇崑崙和撒馬爾罕(Samarkand)。第二年的全球歷史敍述葡萄牙和西班牙水手如何把現代的西方帶到我們東南亞地區。令我耳目一新的是年表按先後順序排列的邏輯凸顯了事件發展的因果關係。雖然年表也是人為的，但與我熟悉的週期性中國歷史很不一樣。大三讀到十九和二十世紀歷史時，工業革命的影響和資本主義經濟學幫助我瞭解到，基於英國對進步的信念，印度的變革恐怕是不可避免的。

總之，這些課程打好了我們聽帕金森講課的基礎。他教我們班上的十個同學在撰寫一萬字的「論文練習」時如何運用一手資料。他鼓勵我們利用檔案文獻撰寫本地歷史，用二手和口述資料作為補充。萊佛士博物館和大學圖書館藏有殖民地辦公室的文件和大部分官方報告的微縮膠卷。本地出版的雜誌和報紙幾乎全部收藏，我們都知道要用批判的眼光閱讀二手材料。

我曾經讀過二十世紀初中國的改良派和革命黨在海峽殖民地活動的報道，於是開始搜尋殖民地文件中關於這些人活動的報告。在南洋和別的地方已經出版了許多關於孫中山及其追隨者的材料。我提出這個題目，寫出了研究大綱。帕金森十分鼓勵我，表示願意出錢讓我去香港搜尋更多資料。我感激地接受了他的幫助。我覺得這就是我一生學術生涯的起點。

　　帕金森關於文獻的課程是根據他自己使用殖民地檔案的經驗，他當時正在撰寫他的《1867–1877年英國對馬來亞的干預》。我們饒有興趣地看他教我們如何判別他正在使用的文獻真假，告訴我們在文件中撰寫意見和評論的殖民地官員是怎樣的人。前面說過，他還教一門政治思想課程。他毫不掩飾他是個保守主義者，以大英帝國為榮，但是他用詼諧的語氣宣揚帝國的貢獻，也推崇洛克和彌爾的自由主義。我至今記得他怎樣挑剔我的一篇關於平等和自由的文章，企圖說服我其實我沒有自己想像的那麼社會主義，因為我所用的論據仍然像個自由主義者。他對我的確是十分寬容慷慨，不但資助我去香港，還幫助我獲得英國文化協會獎學金，去倫敦攻讀博士學位。

⚬⚬⚬⚬

　　我在香港的四個星期獲益很多，也學到一點中國最近的革命歷史。香港是中國政治活動的中心，國民黨和共產黨都在這裏活動。這是一種不一樣的殖民主義，吸引了許多既不願在蔣介石的台灣又不願在毛澤東的中國大陸生活的中國著名學者。這個城市的歷史豐富，也正在創造着歷史，我忙着閱讀材料，也設法聯繫一些認識康有為和孫中山的人士。

　　我尤其想瞭解康有為，因為關於他的書籍不多，我想瞭解一些他在1898年出亡後的事。幸好他的一個學生伍憲子願意見我。革命黨人嘲笑康有為是個極端保守的保皇黨，不像他們那個富有魅力的領袖孫中山。關於孫中山的材料汗牛充棟，而康有為幾乎無人注意。我與伍憲子見面的收穫特別大，因為他答應給我寫下康有為在新加坡和檳

城的活動情況，使我得到以前不知道的關於他1900年至1911年的活
動狀況。我這篇原始報告翻譯成英文，作為論文的一個附錄。

　　孫中山與他早期的年輕戰友一共四個人被稱為「四大寇」，我想找
到他們的後人，特別是尤列曾經與孫中山一起住在新加坡，而且多年
來積極參加秘密會社的活動。但是我沒有找到任何人。（多年之後，
尤列的後人寄給我一本簡短的自傳，確認尤列是孫中山與秘密會社
的主要聯絡人）。不過，我見到謝纘泰的兒子。謝纘泰在澳洲出生，
是《南華早報》的創辦人之一，著有《中華民國革命秘史》（1924）。他
的兒子給我看了這本書，讓我知道孫中山早年在香港作為革命領袖的
另一方面。謝纘泰的後人認為，孫中山的追隨者一心要維護孫中山的
「國父」形象，拒絕承認興中會第一任會長楊衢雲有任何貢獻（楊衢雲
1901年在香港遭清政府派人刺殺）。雖然我知道不同的敘述是出於派
系成見，但由此也可以看出革命團體之間的激烈對立。這讓我警惕不
要過於相信對孫中山的讚譽推崇。

　　除了搜尋舊文獻，我還有別的收穫。最令我難忘的是見到了史學
家錢穆，他的巨著《國史大綱》是我極為欽佩的。這本書比我1947年
在南京讀的繆鳳林的歷史教科書要高明得多。我剛剛讀了錢穆關於中
國歷代政治得失的新著，很高興在見到時問起，為什麼對宋朝以後的
皇帝如此嚴厲批評。我去他剛剛創立的新亞書院拜訪。他在書院有一
個辦公室，裏面有客廳、臥室和小廚房。我勉強可以聽懂他帶着無錫
口音的普通話。他評述中國歷史，指出過去和當代的治理得失。雖
然我不是中國歷史學者，但他熱心地鼓勵我從外面的角度研究中國歷
史。這是我第一次看到一個傳統的歷史學者如何應對現代西方學術

界，也看到像他這樣的中國學者為了逃避政治和意識形態控制而選擇流亡海外意味着什麼樣的生活。

我還有幸住進香港大學梅堂宿舍，見到歷史學家顏德固教授（G. B. Endacott）。新到香港大學任職的哈里森教授把我介紹給顏德固，同時帕金森教授也請他給我提供協助。顏教授向我描述了一個不一樣的香港，那裏的大多數居民自認是中國人，積極參與中國的政治。住在香港大學不僅方便，而且使我非常羨慕圖書館裏豐富的中國藏書。山坡上的校園也異常美麗。我此後多次回訪，最後在1986年擔任了香港大學的校長。

與我此前去菲律賓、錫蘭和印度一樣，香港之行對我的思想和職業生涯產生了長期影響。我在前三次旅行看到天主教對菲律賓本土文化有着深刻的影響，而美國的混雜文化處境困窘。我也知道了佛教從印度外傳到錫蘭後的倖存狀態。我在德里的朋友大力向我推薦他們令人振奮的「印度的發現」，打造印度的未來。至於香港，這次旅行讓我再次進入中國人的生活，他們沒有國境的束縛，總是把中國視為尊敬和批評的對象。我在香港只有短短的四個星期，但遇到形形色色的人，他們以香港為基地在中國從事各種活動；這給我留下難忘的經驗。這個經驗使我回過頭來研究造就這些人的文明國家（civilization-state）。除此之外，還有那種置身全球意識形態冷戰前線的感覺，這不僅使得政治耐人尋味，而且殘忍兇險。

我有兩位叔伯在「解放」後移居香港，他們也有同樣的經驗。我父親的大表哥徐伯郊放棄了上海的股票生意，現在在香港鑒定來自中國的古玩，同時又幫助大陸當局收購最好的古玩，送回中國。他能夠發揮所長,因為他的父親徐森玉是個藝術史專家,也是上海博物館館長。

我父親的弟弟王琥文在一家進出口公司工作,公司在台灣和香港有分公司,但名義上總公司仍然在上海。就我所知,這三家公司依然有往來,從事各種貿易。這種情況在1954年仍然繼續,儘管台灣和中華人民共和國都限制所有自由,在冷戰的大環境下繼續打內戰。

新中國愈加插手地區的許多事務。朝鮮戰爭打了快兩年,談判一直在進行。中國在東北亞的軍事行動減輕了台灣和香港的壓力,讓數十萬中國人有機會在政治和心理上進行必要調整。同時,香港同馬來亞(包括新加坡)一樣,經濟上由於朝鮮戰爭的物資需要而大幅增長。我仍然清楚記得1947年內戰正酣時我在上海和南京看到的一片狼狽徬徨的情景,可是現在看到大批湧入香港的面孔似乎充滿了希望和期待。兩種不同的形象讓我更加關注如何把過去的歷史聯繫到當前的局勢。我自然覺得回顧歷史有助於我瞭解現狀。

回到新加坡之後,我設法尋找一些過去認識孫中山的人,包括孫中山從1900年到1911年在新加坡時曾經協助過他的人的後裔。他至少來過新加坡七次。我尤其希望找到陳楚南和張永福,他們是孫中山在新加坡時的堅定支持者,那時候才二十多歲。我沒有找到他們,但後來才知道是我不夠努力。關於張永福,我那時感覺有人不太願意談起他,但不知道原因何在。很久之後我才知道,那是因為他曾經支持汪精衛,而汪精衛是反對蔣介石的國民黨左派,後來在中日戰爭時期又與日本人合作。這兩個人非常瞭解孫中山,可惜我沒有機會同他們談話。幸虧張永福寫了一本《南洋與創立民國》,幫助我完成了我的論文。

遙遠的歷史

　　我的朋友和同事很難理解，我1953年的碩士論文，為什麼會從二十世紀頭十年轉變到撰寫大約在兩千年前開始中國在南海與日俱增的貿易利益。而且，為什麼我寫的論文涵蓋了一千多年的歷史？

　　我受聘為歷史系的助教之後，就開始思考我的論文題目。如果我要研究近代史，就只能大部分依靠西方和日本的原始資料。這看起來行不通；我不想主要依靠非中國來源的資料。不過，我仍然希望研究中國歷史，於是開始搜尋具有豐富中國來源資料的近古史題目。

　　我閱讀了許多古今中國歷史學家的著作，也讀了一些歐洲期刊，知道現代學者如何從早期的中國記錄找到材料，幫助他們重建早期東南亞歷史的關鍵部分。同時，歐洲學者利用考古、建築和碑文材料，闡明了那些深受古印度思想影響地區的文化。來自印度洋的美學遺跡與中國貿易帶來的產品交匯混合，尤其令人着迷。我覺得這樣不僅能使我整理各種歷史文獻，而且可以學到更多以馬來半島為中心的地區知識。由於這個題目能夠讓我進一步瞭解這個將成為我家鄉的國家，使得我更加樂於鑽研深究。

　　我在父親教我的典籍中、在南京的中國文學和歷史課程閱讀中，已經讀到一些關於早期南海貿易的中國歷史記載。其中大部分是經過選擇的出版文獻，與我從帕金森那裏學會使用的現代史的原始資料很不一樣。我讀到的關於早期東南亞的學術文章告訴我，需要對這些近古資料用不同的方法進行文本驗證，而我缺乏這方面的訓練。但是我從歐洲、中國和日本學者處理這些材料的方法得到啟發。我相信我可以從仔細閱讀他們的著作來向他們學習。我細心研究他們如何利用在別處難以找到的孤證來解釋中國與南海四周政體的關係。有時候，找出那些去中國貿易的印度和東南亞商人得以贏利的一些貨物清單和幾個地名，就很有幫助，學者可以據而整理出可信的記載。

　　我在閱讀貿易史時，忽然茅塞頓開，因為我發現了另一類南海故事。我讀了法顯的《佛國記》，知道他早在五世紀就周遊印度和錫蘭，是了不起的壯舉。在錫蘭兩年後，他乘商船前往蘇門答臘或爪哇；從那裏換乘另一艘船回廣州，被暴風吹到青島附近上岸。我由此讀了別的僧侶求法取經的故事，包括玄奘在大約250年後前往印度，然後從中亞回國；還有義淨記敘的從海路往返印度和中國的眾多僧侶。特別引人注意的是他們經常中途停留在室利佛逝（Sri Vijaya，蘇門答臘），在那裏的佛教中心學會梵文和巴利文，然後去印度的那爛陀（Nalanda）和其他聖地學習佛經。這些來自中國、朝鮮和越南的僧侶好幾百年來航行海上的行程，雖然不是直接與貿易有關，但證實了商業航行對於聯繫東南亞國家與南中國的重要性。我也由此能夠一窺冒險犯難從事長途海上貿易所需要的那種精神和知識。

　　我興奮不已，立刻告訴了我的論文導師帕金森，要用南海貿易做我的題目。我打算用一年的時間寫論文，從故事的源頭開始，深入進行探討。他眼都沒有眨一下，似乎認為這個題目可以由我獨力完成。他對這個題目毫無所知，但認為我應該知道自己在做什麼。他只提醒我，必須及時寫完，才能趕上1954年10月倫敦新學年的開學期限。那年8月我完成論文時，他正在休假，留下話表示，不需他過目就可以把論文送交了。那個年代的事就是那麼簡單。我的論文送審通過時，沒有趕上1954年的評議會，所以我的學位是在1955年缺席授予的。

　　我從來沒有想到，十九世紀在歐洲發展起來的漢學，會跟我的工作有什麼關係。對帕金森來說，我將是研究中國古代史的學者，題目是中國與其南方鄰國的海上貿易。我將在本章的後面寫出，我進入亞非學院之後，才知道漢學是什麼，而且邂逅到東方主義思潮。在這裏我只想說一下，我如何依靠閱讀學術著作，跨進了漢學的門檻。我很快認識到，要寫出古代貿易的故事，單靠我研讀歷史所學到的，還遠遠不夠。

　　中國的南海貿易可以追溯到公元前三世紀秦始皇派軍隊去征服駱越酋邦（今廣西南部和越南北部）。秦軍佔領了重要港口，再向南逼近林邑國（Linyi）和占婆（Champa）王國的邊境。另一支秦軍沿着西江南下，佔領南越王國的京城（今廣州），控制珠江三角洲。秦帝國瓦解後，留在南方港口的秦軍將領恢復了南越王國，這是第一個因鼓勵海上貿易而得繁榮興盛的中國政體。一個世紀後，漢武帝征服南越，控制了與南海和印度洋各國進行貿易的所有港口。南海貿易繼續擴大，幾百年來時興時衰，一直延續到今天，成為現代中國經濟繼續增長的必要條件。

南方沿海各地的漢族人口增加是促使早年南海貿易增長的最主要原因。北方戰亂連綿造成許多漢人家庭向南遷移，後來又由於不同的原因，自漢朝滅亡以後，許多人口繼續流向南方。我原來不曾注意古代中國的邊界在哪裏，說來慚愧，到後來才知道秦朝和漢朝已經擴展了長江以南的邊界。而且，由於北方草原的遊牧民族王朝在三世紀後入主中原，迫使漢人一批又一批移居南方。隨着時間的推移，移民家族與土著越人同化，有經營才能的人學會了航海技能，開始與南中國海對岸來的商人競爭。就這樣，這些南方的中國人終於成為東南亞經濟發展不可或缺的一部分。

我必須發掘出更多關於戰爭、貿易、宗教和遷徙的歷史。這些事牽涉到南方獨立王朝的興起，從吳、東晉，到在三世紀北方遊牧民族入侵後避難到南方的漢人門閥氏族建立的宋、齊、梁、陳王朝。南方各國都關注南中國海的政體，好幾次派人南航以評估其經濟重要性。這些航行的記錄特別重要，提供了一些缺乏自身記錄的古代地方的資料。

馬來亞大學的圖書館收藏了一些非常重要的期刊，包括：《法國遠東學院學報》(*Bulletin d'École française de l'Extrême-Orient*)；《通報》(*T'oung Pao*)；《亞洲學報》(*Journal asiatique*)；《泰東》(*Asia Major*)；《美國東方學會會刊》(*Journal of the American Oriental Society*)，以及皇家亞洲學會各分會的會刊。幸運的是，圖書館藏有張星烺和馮承鈞的中文

翻譯，以及好幾個研究中國與東南亞關係的日本學者的著作中譯，特別是桑原隲藏（Kuwabara Jitsuro）、藤田豐八（Fujita Toyohachi）和石田干之助（Ishida Mikinosuke）的著作。這些著作讓我瞭解到這方面的深厚學術基礎。我也因此明白，我還不能從事這方面的研究，因為這需要閱讀東南亞當地的幾種語言，還需要知道一些古典語言，例如希臘文、拉丁文、梵文、巴利文、波斯文和阿拉伯文。我只能閱讀中文、英文、法文和少許基本日文。我當然不可能像我閱讀的那些作者那樣從事原創性的研究，但我仍然可以寫出中國從三世紀到十世紀的南海貿易故事。

現在回顧，給我最多啟發的是兩位學者：伯希和（Paul Pelliot）和馮承鈞。伯希和是河內的法國遠東學院的漢學家。他的那份知識淵博的研究論文〈交廣印度兩道考〉（"Deux itineraires de Chine en Inde à la fin du VIIIe siècle"）發表在學院的學報（1904）上。這篇文章令我大開眼界，讓我知道如何詳細闡述 1,200 年前的文本。這樣子的學問是我從來不曾見過的。馮承鈞是伯希和在索邦大學（Sorbonne）的學生，他追隨老師的研究，翻譯了大批歐洲關於中國鄰近人民和地區的研究文章。馮承鈞自己的《中國南洋交通史》（1937）非常有趣，對我大有助益。我根據這本書安排了我的閱讀大綱，包括大量正史、杜佑開創的「十通」、「會要」以及司馬光的《資治通鑒》。我還穿插進去法顯、義淨和許多別的人的故事，因為他們會去印度遊歷與中國日益喜歡進口印度盛產的檀香木有關。

在新加坡，兩個本地學者給了我很大幫助，他們是《皇家亞洲學會馬來亞分會學報》的編輯卡爾‧吉布森–希爾（Carl Gibson-Hill）和

《南洋學報》的編輯許雲樵。兩個人都給了我寶貴的建議，告訴我如何處理各種古代印刷資料。另一個幫助我的人是陳育崧，他是個出版家，又是個中文書籍的收藏家。他讓我使用他的私人收藏，直到大學設立了中文系，首任系主任賀光中迅速建立了極好的典籍圖書館，讓我能及時加以利用。

在這個時期，我都是從歷史學者的角度來處理這些材料，但是我很快發現，我進入了一個不同的領域。那是所謂的漢學領域，使用的研究方法結合了中國和日本古籍學習的傳統，再加上從歐洲古典研究和聖經研究學到的方法。漢學也可以追溯到耶穌會士十六世紀末到十八世紀的工作。隨着伏爾泰和萊布尼茲等十八世紀啟蒙時期的學者越來越關注中國，法國和德國的學者開始擴大漢學初期的文獻學研究，把文學和歷史包括在內。到了二十世紀，漢學的範圍又逐步擴展到一些社會科學領域。

在中國，王國維等一些學者很快就發現漢學研究的價值，告訴一代中國人歐洲和日本學者的研究成果，可以對中國古代史提出新的見解。陳垣和陳寅恪是非常傑出的學者。1953年，我剛剛入行，對他們著作的深厚學術底蘊還不甚理解。不過，我知道他們的研究技巧有助於提高我的歷史寫作能力，是我應該追隨學習的楷模。

我還發現上海暨南大學對東南亞極感興趣。那裏的一些學者在戰前到了新加坡，特別是張禮千和姚楠。他們兩人創立了南洋學會，在日軍佔領前出版了《南洋學報》。該學報在戰後恢復出版，由許雲樵擔任編輯。這些學者與廈門大學的南洋研究所也有密切聯繫。這些先驅人物的著作讓我更有信心研究從秦漢到唐朝和五代十國的歷史。

　　我仍然覺得自己缺乏漢學背景。我父親教我中國古文和詩詞只是出於他自己愛好中國語言文學，但是沒有給我這方面的訓練。我跟他學到的，以及我1947年至1948年在南京學到的，主要是文學，偶爾有一些歷史。我知道的一點史學方法是我的英國老師教的，他們主要教現代史，很少涉及中國歷史知識。所以，我現在是把我學到的西歐歷史方法用於中國古籍，卻對所使用的古籍的起源、文獻的選擇和整理方式不甚了了。

　　不過，我自學的「學徒過程」就這樣開始了。幾乎一切都是從頭學起，儘管那是令人激動的一年，但是極為辛苦，我好多次懷疑是否能夠準時完成論文。我在下文還會說到婷婷對我的鼓勵，以及她如何幫助我做好準備去倫敦學習。我還要說服她和她的母親我是值得信賴的，希望大家同意讓我們在我1954年8月去倫敦前訂婚。

　　幸運的是，帕金森覺得我是個可造之材，相信我有能力克服我在學術方面的不足之處。他鼓勵我繼續去英國求學。我的父母無法負擔這筆費用，所以他大力支持我申請兩年的英國文化協會獎學金。博士學位至少需要三年才能完成，但他認為，到了倫敦之後，總有別的延長獎學金的機會。英國大學沒有關於課程的要求，取得碩士學位就應該學會了怎樣做研究，因此足以獨立寫出博士論文。就這樣，帕金森給我找到了獎學金，我已準備好啟程去倫敦。

爲什麼是十世紀

我申請亞非學院時，以爲自己會繼續研究中國人在南中國海的活動。我那篇關於南海貿易的論文快寫完時，聽說地理系的歷史地理學家保羅・惠特利 (Paul Wheatley) 已經在研究宋代中國與東南亞貿易的商品問題。他的研究重點是《宋會要輯稿》尚存文本中載列的許多商品交易清單。我覺得我應該轉向研究晚一段時期，就是在元朝征服南宋之後海上貿易大增的時期。明朝初期，永樂皇帝派鄭和率領艦隊七次遠征印度洋，導致馬六甲帝國興起。由於這幾次遠征，中國與該地區沿海幾個王國的關係達到新的高點。

我發現奧托・范德・斯普倫克 (Otto van der Sprenkel) 在亞非學院教書。他曾經在天津南開大學教經濟學多年，專攻明代經濟史。我聽說他曾經與幾個最優秀的中國學者合作研究明史，因此很想跟着他學習。不幸的是，等我到了學校，才知道他即將離開，前往澳洲國立大學。

我在亞非學院的歷史系註冊，系主任是西里爾・菲利普斯 (Cyril Philips)，以研究東印度公司歷史著稱。我拿的是馬來亞獎學金，因此由東南亞歷史教授霍爾（D. G. E. Hall）指導。霍爾表示，他很願意擔任我的導師，如果我在中國材料方面需要幫助，可以找學院裏別的專家。圖書館收藏的中國書籍和期刊極為豐富，中文系的系主任是著名的西門華德（Walter Simon），他專研中國和西藏文獻學，是歐洲漢學界的典範人物。

我在倫敦認識的第一個朋友是陳志讓，他已經寫完關於清朝十九世紀經濟政策的博士論文。論文已經交給斯普倫克審查，等待期間他在英國廣播公司的中文部找了一份工作。他告訴我，論文稿送交斯普倫克後，他已經等了一年。斯普倫克直到快要去坎培拉時才告訴志讓，可以提交論文了。志讓覺得應該把他的經驗告訴我，提醒我英國研究生指導制度存在的問題。

他接着告訴我，他正在研究袁世凱，在袁世凱擔任中華民國總統期間（1912–1916）開始了軍閥混戰時代。我對二十世紀的中國仍然有興趣，特別是共和國初期軍閥割據這一段。我在1947年至1948年目睹中國內戰的悲劇，很想弄清楚中國為何如此分裂，為什麼每個軍閥都聲稱一本愛國初衷，要為中國統一而戰。我尤其想知道，為什麼中國總是一再為了統一而使得人民做出極大的犧牲。而且，任何人如果統一了中國就會被認為是個偉大人物，不管他如何專橫和殘暴。我羨慕陳志讓要研究袁世凱的勇氣，這個人從孫中山手裏搶走了共和國，還倒行逆施要恢復帝制。

那個時候，我已經決心繼續研究中國的斷代史。我剛剛寫完南海貿易論文的最後一章，結束在960年，那是中國歷史上分裂最嚴重的五代十國（907–960）的最後一年。總之，我以前的論文研究止於中國

部分地區重新統一的前夕。我知道中國從870年代到970年代分裂的
嚴重程度，這種分裂與二十世紀初的情況十分相似。軍閥的問題令我
想到，正好可以乘機脫離像南海貿易這樣的邊緣題目，回到比較靠近
中國史主流的題目。

《三國演義》開篇的那句話「分久必合，合久必分」一直在我腦中
縈繞。這句話總結的歷史可以回溯到幾百年前漢朝滅亡，被三國瓜分
了五十多年。三國的每一個統治者都致力於重新統一帝國，最後只有
西晉幾乎成功。不過，部分統一的時期不長。到318年，立國在北方
的晉朝被大批從北方、西北和西方入侵的遊牧民族滅亡。入侵的軍隊
來自後來稱為滿洲、蒙古、「土耳其斯坦」和西藏的地方。接着的三百
年，爭奪持續不斷，往往都是打着統一全國的旗號。直到隋朝和唐朝
的開國者分別在589年和618年才真正達成統一，所有覬覦皇位的人
必須以統一全國為職志的想法已經深入人心。如果這是中國政治文化
的重要傳統，我覺得研究十世紀「軍閥」的想法應該有助於瞭解中國
歷史的核心問題。

我那時喜歡這個題目還有兩個原因。我在新加坡的所有研究都
是關於中國與其南方鄰國的關係，所寫的內容都只涉及三世紀到十世
紀遷移到中國南方的漢人。因此，我覺得我對北方政治權力的中心地
帶瞭解得不夠。其次，我注意到在中國南北方的衝突中，總是北方得
勝，包括共產黨1949年的勝利。儘管所有軍事領袖都聲稱希望結束
分裂、統一中國，但成功的總是北方的領袖。為什麼？為什麼三國被

北方的西晉統一,而在南方重建政權的東晉無法終止五胡亂華帶來的分裂和亂局?「中國」極端分裂的時期長達120年,至少有十六個不穩定的王朝。最終,秩序得到恢復是因為北方統一,接着出現南北分立的局面(420–581)。最後統一中國的是隋朝和唐朝兩個北方王朝的開國皇帝。

從此以後,中國人民得到的教訓是:分裂是悲劇,統一是每個人應該努力實現和維護的理想。順着這條思路,我決定如果不能研究二十世紀的軍閥,就研究十世紀的軍閥。我要設法瞭解,唐帝國如何被一群藩鎮分割,他們擁兵自重,無視朝廷,相互攻擊。藩鎮自行其是是造成唐朝滅亡的原因,使得漢族和非漢族競爭者逐鹿中原,分裂唐朝一百多年。我尤其希望瞭解,是什麼因素使得宋朝的開國者能夠在960年後率領中國北方的武力完成統一。

在那個時候的倫敦沒有人熟悉這個題目,也沒有人感興趣。我發現西方的文獻完全不提五代。只有一個西方學者專門就這個問題寫了一本書,他是艾伯華(Wolfram Eberhard),一個德國漢學家和社會學家,在加州大學柏克萊分校教書。《征服者與統治者》(*Conquerors and Rulers*)這本書在1952年出版。我覺得這本書很有趣,但全書比較偏重在五個王朝中建立了三個王朝的沙陀征服者,沒有回答我關注的重新統一問題。他對突厥王朝產生興趣是因為他曾經在安卡拉任中國史教授十年。這樣的角度雖然重要,但無助於解答為什麼大多數政治領導者對於分裂和統一的傳統始終念念不忘。因此這裏有一個重要但被忽視的問題,我現在很希望找出答案。

與漢學半途相會

我在亞非學院的頭幾個月都在考慮，如果放棄研究明朝與東南亞關係的原有計劃，我要寫什麼題目。陳志讓的實例告訴我，我可以研究中國近代史，但如果要繼續研究近古中國，必須知道在歐洲研究中國歷史的全都是漢學家。

我在新加坡閱讀伯希和的著作時就知道了其中的差別。相較而言，錢穆和陳寅恪這樣的學者是具備深厚中國古典文獻學底蘊的歷史學家。專攻中國歷史的日本學者也受過良好的古典文獻學訓練。我希望成為現代學者，但我正在一間英國大學鑽研十世紀中國，而那裏的中國歷史學家都是漢學家。我的處境有點古怪，我準備攻讀中國史的博士學位，但卻沒有任何漢學或中國史的訓練。讀了艾伯華的書之後，我知道一個漢學家可以成為著名的民俗學者和民族學學者，可以在安卡拉教歷史，也可以在柏克萊教社會學。但我不知道是否有哪一個歷史學者也是被公認的著名漢學家。

幸運的是，英國有兩個學者在這個關鍵時刻幫助我完成了不可能的任務。蒲立本（Edwin [Ted] Pulleyblank）和杜希德（Denis

Twitchett）都是在戰時入伍學習日語研究，破譯日本無線電通信的密碼，戰後接着研究中國古籍和漢學。蒲立本還有良好的歐洲古典研究背景，導致他回頭研究文獻學和語言學，儘管他在亞非學院是在漢學家西門華德指導下寫了關於唐朝歷史的博士論文。我在亞非學院圖書館裏找到他關於安祿山叛亂的論文，很受啟發。這篇論文介紹了安史之亂以後的割據情況，是唐朝終於滅亡的主要原因。我由此知道，雖然缺乏正式的漢學訓練，也可以寫唐朝以後的歷史。遺憾的是我未能直接受教於他。我到達倫敦時，他已經轉任劍橋大學中文講座教授。

　　幸好杜希德還留在亞非學院。他剛從日本回來，霍爾教授請他對我從旁指導。他曾在劍橋接受東方學研究的訓練，導師是捷克漢學家霍古達（Gustav Haloun），然後與日本研究唐朝歷史的學者合作好多年。他建議我閱讀仁井田陞（Niida Noboru）、加藤繁（Kato Shigeshi）和周藤吉之（Sudo Yoshiyuki）的著作，這些人對唐、宋史都提出了獨到的見解。我最關心的問題是：是什麼原因使得宋朝能夠重新統一中國？雖然這些學者的研究重點不在這裏，但他們的著作對於我瞭解這段分裂的時期大有幫助。他們是從傳統中國學術研究演變出來的「現代日本漢學」，但也吸收了歐洲東方學研究的精華。我按照杜希德的建議，開始磨煉我閱讀日文的能力。這樣我就能夠好好利用許多日本學者的著作，從而增加了我使用主要中文材料的信心。我開始覺得，我或者可以掌握一點相關的漢學知識，成為歷史學者。

一次幸運的機會更增加了我的信心。我以研究生的身份應邀參加1956年9月在巴黎舉行的青年漢學家會議。我在會議上見到了許多歐洲的漢學家，都是耳熟能詳的名字，我也曾讀過他們的一些著作。我得以有機會親耳聽到他們提出論文，與一些人見面交談。這次會議比較特別之處，是中華人民共和國政府接受邀請，派出四位資深歷史學家，就他們最近的一些工作提出報告。代表團由翦伯贊率領，他是北京大學歷史系主任兼大學副校長。大家認為他是中國史學界的官方代表。我很有興趣地聽到幾個歐洲學者提出質疑，挑戰他的馬克思主義中國古代史史觀，指出他把夏商周三代的社會分類成奴隸社會和封建社會的說法沒有說服力。另外三位代表是：夏鼐，他曾在倫敦學習埃及學，現在是中國的首席考古學家。大家十分注意他關於中國北方的最新發掘報告。第二位是周一良，他曾在哈佛大學多年，以研究從漢到唐之間的歷史著稱。第三位是張芝聯，他曾在耶魯和牛津學習，專研歐洲史，成為中國的法國史專家。我對周一良尤其感興趣，因為他的工作與我要研究九世紀和十世紀有關。

會議結束後我才想到，對這些中國學者來說這是極不尋常的時刻。就在四位學者去巴黎的前夕，毛澤東發表了「百花齊放、百家爭鳴」的講話。不到幾個月，開展了「反右」運動，不符合正統列寧主義思想的學者停止了寫作，不是下獄，就是受到懲罰。

在巴黎會議上，還有三位香港學者介紹他們的研究情況。他們是香港大學的羅香林，以及新加坡馬來亞大學新成立的中文系的賀光中和饒宗頤。他們為傳統的中國學術研究說話，以錢穆在香港創立的新亞書院為代表（我兩年前曾經在那裏見過錢穆）。不幸的是，中華人民共和國的四位代表大出風頭，大家忽視了香港代表的存在，因為歐洲人更關心中國大陸學者的遭遇。我能夠感受香港代表的挫折失望，但也理解為什麼大家密切關注毛派分子對馬克思之前各種形式的中國研究成果的攻擊。

來自法國、德國和荷蘭的幾個研究中心的歐洲漢學家參加了會議，他們代表着漢學的悠久傳統。我意外地遇到哈佛大學的美國學者史華慈（Benjamin Schwartz）。我讀過他的名著《中國共產主義和毛的崛起》（*Chinese Communism and the Rise of Mao*），但是不明白為什麼他是個漢學家。其實，他對中國古代哲學深有研究，對我現在關於唐朝和五代的研究很有興趣，因為他認為這個時期是儒家思想的轉折點。看到他之後讓我確信，條條道路通漢學，處於邊緣地位的我不會全無希望。

我深感榮幸自己是唯一參加會議的華裔研究生，會議的精彩討論既令我自慚，又感到振奮。同時，我記得當即察覺到就自己要研究的題目來說，準備太不夠了，不知道自己的學術專長會是什麼。我第一次體會到好的學術研究是沒有國界的，並從此終身奉為圭臬。

霍爾教授還有另一個學生邁克爾‧布萊克摩爾（Michael Blackmore）在使用中文材料研究早期東南亞歷史，他希望我能與邁克爾合作。邁克爾是我在新加坡就認識的朋友，曾經在劍橋受漢學訓練。跟我不一樣的是，他受到的是傳統訓練，要把歷史學和人類學的方法運用於研究關於雲南與東南亞之間的陸地邊界的一個具有爭議性的問題，就是要找出南詔王國的統治精英是西藏－緬甸人還是泰國人血統。我們是好朋友，我與娉婷結婚時他是伴郎。霍爾希望我與邁克爾一起研究，保持我對東南亞的興趣。對於我從東南亞轉去研究中國，他有點失望，但仍然擔任我的導師。他也請杜希德幫助我，但杜希德新任中文系的講師，快要完成他的博士論文，無法正式擔任我的導師。杜希德在倫敦時，我剛好在1955年至1956年有八個月住在劍橋，1956年至1957年回到倫敦時，他又去了劍橋與蒲立本會合。無論如何，他對我非常照顧，給了我極好的建議，讓我能夠在沒有完整漢學訓練的情況下仍然寫出中國史的論文。

在歷史系，遠東史的教授是威廉·比斯利 (William Beasley)，專研日本近代史。他也是我宿舍的舍監，很願意幫我忙。因為我想提高自己的日語，他給我介紹了羅納德·多爾 (Ronald Dore)；多爾靠着他的語言能力成為研究近代日本的傑出社會學家。我在多爾指導的班上認識了孔飛力 (又名孔復禮，Philip Kuhn)。我們一起學日語，成為最要好的朋友。他的學術生涯讓我們看到，具有社會科學背景的近代史學家可以用漢學來深化對古典傳統的瞭解。我開始領會到漢學的另外一個方面。

系主任西里爾·菲利普斯很希望我繼續以歷史作為我的主要領域。他是南亞史教授，南亞史與遠東史不一樣，有著名的印度學學者巴斯漢姆 (Arthur Llewellyn Basham) 擔任教授。巴斯漢姆有幾個學生專研古代史，其中羅米拉·塔帕是我在德里的聯合國會議上認識的。可是塔帕跟我不一樣，她受過印度學訓練，然後專研歷史。她毫無疑問將成為印度學學者和歷史學者。我羨慕她能夠在印度學和歷史學之間轉換自如。

　　菲利浦斯知道帕金森的著作，鼓勵我即使要繼續研究中國古代史，也要保持與近代歷史學的聯繫。我告訴他我欽佩的歷史學家是陶尼 (R. H. Tawney)、愛德華‧霍列特‧卡爾 (E. H. Carr)、彼得‧蓋 (Pieter Geyl)、亨利‧皮雷納 (Henri Pirenne) 和史蒂芬‧朗西曼 (Steven Runciman)。我最近還讀了泰勒 (A. J. P. Taylor) 的《1848–1918年歐洲爭霸戰》(*The Struggle for Mastery in Europe, 1848–1918*) 和劉易斯‧納米爾 (Lewis Bernstein Namier) 的《喬治三世登基時的政治結構》(*The Structure of Politics at the Accession of George III*)。他很高興看到我在繼續追蹤歐洲一些最好的歷史學家，接着勸我再多讀些中世紀史。我那時候並不明白他的意思。直到我1957年提交論文時才知道，因為我是歷史系的學生，學校不能給我漢學的學位，但由於我是在研究十世紀中國，卻可以給我中世紀史的博士學位。到那個時候，這其實已經無關緊要。中國根本沒有過自己的中世紀。我也從來不認為我是個中世紀史學者，我只是個中國史學者。

英國文學中的英國

　　我在倫敦的第一年，發現自己仍然喜歡文學。倫敦的街道意想不到地令人感到熟悉。我住在大學評議院大樓附近，從布盧姆斯伯里（Bloomsbury）到大英博物館，從蘇豪（Soho）到皮卡迪利廣場（Piccadilly Circus），到托特納姆法院路（Tottenham Court Road）上的舊書店，全在步行範圍之內。英國文化協會讓來自帝國各地的學者有充分機會滿足他們的文學和音樂愛好。這對我來說真是太誘人了，特別是因為我可以與遠在新加坡的娉娉一起分享我們共同喜歡的事物。

　　每個週末，文化協會補貼我們去倫敦城內城外旅行，我從不放棄去拜訪文學場所、歷史上著名的教堂和博物館以及主要音樂節日的機會。這是在愉快地接受文化教育，從哈代的「威塞克斯」（Wessex）、巨石陣（Stonehenge）、湖區（Lake District）和埃文河畔斯特拉特福（Stratford-upon-Avon），到漫步倫敦街頭。我向娉娉描述我的旅行時，她能感覺到我對這些地方和人物的興奮之情，而這些都是她在閱讀中耳熟能詳的。她不曾抱怨，但心裏一定在想，等她明年到倫敦後，還剩下多少可以讓我們一起共享。

　　我熱愛皇家節日廳（Royal Festival Hall），希望可以看那裏所有的演出。我去過的音樂會寥寥可數，都坐在最高的頂層座位。對於其他演出，我只能讀一些關於管弦樂隊、指揮和天才獨奏家的演出消息。文化協會給了我一次難得的款待，送我戲票去看威廉‧沃爾頓（William Walton）的歌劇《特魯伊魯斯和克雷西達》（*Troilus and Cressida*）的首演。我很欣賞沃爾頓在勞倫斯‧奧利維爾（Lawrence Olivier）的電影《亨利五世》（*Henry V*）和《哈姆雷特》（*Hamlet*）裏面的配樂，在怡保和新加坡看電影時覺得音樂很好聽。所以我非常榮幸能夠觀看他首次歌劇演出。這是我第一次看歌劇，老實說完全沒有看懂。後來我花了好幾年去欣賞莫扎特、威爾第和普契尼最好的歌劇，才學會欣賞歌劇的美妙音樂。即使這樣，我最喜歡的還是偉大的交響樂。

　　我別的運氣也不錯。從亞非學院旁邊的康諾特廳（Connaught Hall）出發，我經常去大英博物館。我從展出的器物的數量和類別，可以看出大英帝國的覬覦眼光：世界上哪些地方可以貿易，哪些地方該伸手控制。我雖然不能與英國人民一樣分享他們過去的光榮，但可以從另一個角度看英國擴及全球的勢力。料想不到的是，由於涉獵了英國文學史，使我對帝國主義減少了幾分嫌惡。把詩歌和小說聯繫到人物和地點，讓我看到英國文化溫柔的一面。我特別想起了立頓‧史特拉奇（Lytton Strachey）的《維多利亞時代名人傳》（*Eminent Victorians*），那是我在南京的中國籍英語教授樓光來十分喜歡的書。我從這本書知道了布盧姆斯伯里文化圈（Bloomsbury Group）。我在新加坡讀了這個圈子裏其他人的小說，比如維珍尼亞‧伍爾芙（Virginia Woolf）和福斯特（E. M. Forster）。我學了經濟學之後，變成了凱恩斯

（John Maynard Keynes）的信徒，並主張自由社會主義，這才發現凱恩斯也是這個圈子的一員。

兩年前，布盧姆斯伯里變成活生生的人物出現在我眼前，那是婷婷和我遇到的一個在新加坡服國民役的英國人。他在看守謙福路（Kheam Hock Road）上的旗杆大樓（Flagstaff House），距離婷婷家幾百碼遠。我不記得怎麼遇見的，但我們變成了好朋友。這個年輕男子阿德里安·古德曼（Adrian Goodman）竟然是奧托琳·莫雷爾夫人（Lady Ottoline Morrell）的孫子，凱恩斯、史特拉奇、伍爾芙和福斯特在第一次世界大戰前後固定在她布盧姆斯伯里的家裏聚會。位於羅素廣場（Russell Square）的康諾特廳距離莫雷爾夫人的房子和花園只有幾條街。阿德里安做了安排，讓我到倫敦後去拜訪他的母親，就是莫雷爾夫人的女兒。他的母親請我去喝茶，讓我參觀了幾百本初版書，上面都有那個年代最有名作家的簽名。

我在那些初版書裏發現亞瑟·偉利（Arthur Waley）也是那個圈子的一員。我始終不明白為什麼在新加坡時沒有發現他是這個圈子的人。我讀過他的中國詩英譯，包括《詩經》在內，很驚訝於有些譯詩竟然可以被當成英國詩來欣賞。我很欣賞他的《中國古代的三種思維方式》（*Three Ways of Thought in Ancient China*），他對儒家思想的批評簡潔有力，並認為法家與法律無關，他們只是一些腳踏實地的現實主義者而已。我尤其喜歡他翻譯的《西遊記》。

儘管艾略特和龐德（Ezra Pound）不是這個圈子裏的人，但艾略特跟這個圈子很熟悉，他的辦公室就在附近，而龐德翻譯過一些中國詩和日本詩，還批評了偉利的譯文。由此可見，英國文學圈子內彼此的關係何等親近。不用説，這種英國文學和音樂文化的確對我研究中國史的工作構成壓力。娉婷注意到，我似乎更喜歡這些不急之務，以至於遲遲未能決定我的論文題目。我無法向她解釋，我是進退維谷，一方面是英國所謂的「中世紀史」，而我完全缺乏訓練，另一方面是歐洲人所謂的「漢學」，範圍幾乎涵蓋了中國在十九世紀以前的所有研究。如果她知道實情，可能會大吃一驚。或許這就是為什麼我在不知不覺之中只告訴她我的文學探險之旅，卻隻字不提在題目上的掙扎苦惱。

其實，我在英國文化方面的縱情享受，並沒有影響我對漢學的探究工作。我發現亞瑟‧偉利沒有受過訓練，卻成為這個領域的標桿人物。我沒有這樣的野心，但也許我可以在缺乏漢學訓練的情況下對歷史學做出貢獻。我的導師杜希德對我寄予厚望。我有這樣的感覺，是因為我1961年出席他在亞非學院就任漢學講座教授的典禮，聽到他讚揚偉利，認為偉利在漢學領域獨闢蹊徑。這會不會就是杜希德讓我徑自決定我未來的學術道路的原因？

我沒有迷失在倫敦的聲色誘惑之中。我經常去大英博物館，讓我熟悉了附近的書店，包括共產黨的出版社勞倫斯和威莎（Lawrence & Wishart），在那裏可以找到中華人民共和國最近的期刊和雜誌。大約在我到達倫敦的時候，第一本《毛澤東選集》英譯本出版了，成為亞非學院裏非洲和亞洲學生的話題。我有幾個週末去馬來亞廳看新聞，遇到一些熟讀毛澤東著作的馬來亞人。我後來知道他們有些人曾經去東歐旅行，極少數幾個人還去了中華人民共和國。

我因此好奇中國如何開始徹底改造社會結構和文化價值，可是我更關心的是馬來亞的政治發展。我的朋友提供給我的新消息説，共產黨被趕進叢林深處，他們的叛亂顯然失敗了。不過，新加坡抵抗殖民政府的公民運動方興未艾，工會和學生加緊上街遊行。與此同時，各種打着勞工或社會主義旗號的政黨，在李光耀和馬紹爾（David Marshall）等人的領導下重新組合。我不清楚工會是怎樣分裂的，但聽說李光耀領導的小黨人民行動黨取得左翼工會的支持。我注意到我大學的朋友普圖基里、傑米特‧辛格（Jamit Singh）和悉尼‧伍德霍爾（Sydney Woodhull），以及社會主義學會一些別的成員，都在積極幫助人民行動黨。

我不斷向娉婷描述我拜訪的文學場所，答應她會留幾個重要地方等她來時一起去。娉婷寫信告訴我，她喜歡在聖安德魯中學（St Andrew's Secondary School）擔任六年級的英語老師。她順便提到工會和一些華文高中的動盪情況。特別是，她及時告訴我新加坡和聯合邦的華人族群都熱心支持新成立的南洋大學。帶頭支持的陳六使經營橡膠致富，一直希望效法他的親戚陳嘉庚在廈門的做法，建立一所偉大的大學。福建協會在裕廊捐出一大塊土地，把大學註冊為私人機構。娉婷告訴我，大學聘請了著名作家林語堂擔任首任校長，主要的教授職位都已經聘好。我認識一些參與其事的人，很關心事情的發展。為那些不能去中國上學的學生另外建立一所大學的確很有必要。我十分希望回去之後能夠加入。完全沒有想到，有一天我會捲入圍繞着大學的「神聖」使命發生的爆炸性政治風暴中。

娉婷終於知道了，我決定把研究題目從中國與東南亞的關係改為研究五代史。她無法理解，問我是否知道在做什麼。我向她解釋後，她表示仍然相信我。在我們的共同生活中，常常會發生一些我聲稱自已知道在做什麼的事情，使得她對我的信心受到考驗。我很幸運，在我們結婚的頭十二年裏搬了七次家之後，她依然對我保持信心。

第五部

成　家

倫敦皇家植物園（Kew Gardens），1955年。

重聚和結婚

英國文化協會的獎學金為期兩年，僅夠我去倫敦的旅費和生活費，對配偶沒有資助，所以娉婷不能同行。這意味着在我接受學術研究訓練時，要與娉婷分開好幾年。不過，娉婷很有辦法。她知道只要去工作存夠旅費，就能到英國與我見面。現在回想，我很懊惱自己既沒有辦法也沒有能力，才讓娉婷備嚐辛苦。我們一年多後就重聚，全是娉婷堅持努力的結果。下面就請她來講這個故事。

我在 1955 年 9 月與廣武團聚。到現在都還記得能夠去英國是多麼興奮。我和我的朋友蘇小姐（Ivy Soh）同行。我們買了意大利郵船的船票，在那不勒斯下船，轉乘火車經過巴黎去倫敦。廣武也是走同樣的路線，他覺得橫貫歐洲大陸的旅程很不錯。

廣武在維多利亞火車站迎接我們。我們已經分離了一年，久別重逢真是高興。就在他到處觀光、會見新朋友的時候，我卻蝸居在一個地方，動彈不得。不過，終於見面的確太好了，我們把我要留在倫敦的時間安排得滿滿的。他那時住在亞非學院的宿舍康諾特廳。他把我安排在附近的女生宿舍兩個星期，然後我再去劍橋大學哈默頓學院 (Homerton College, Cambridge)。

為什麼鄺武在倫敦，我卻要去劍橋？一部分原因是鄺武，另一部分原因是英國講師約翰·科普利 (John Copley) 和他的妻子凱特 (Kate)。這對夫妻聽說我打算去讀教育學的研究所，就鼓勵 Ivy 和我去哈默頓學院。我寫信告訴鄺武後，他也鼓勵我去，因為他那段時期要去劍橋收集一些論文資料。他告訴我，他可以留在劍橋，跟我在一起。

可是鄺武沒有弄清楚情況。倫敦大學規定，學位候選人在九個學期中至少有六個要住在倫敦。由於鄺武已經在劍橋住了一個學期，我們必須重新安排計劃。

不過，我們至少已經在同一個國家，所以就盡情享受在倫敦的時光。鄺武和我快樂地度過了那兩個星期，看了戲，聽了音樂會，還看了一場歌劇。那是個華格納 (Wagner) 的歌劇，我只記得一個高頭大馬的女人 (可能是個著名的歌唱家，我那時對歌劇毫無興趣) 穿着盔甲在台上橫衝直闖！我們還去拜訪了霍爾特姆 (Richard Eric Holttum) 教授，他曾是新加坡植物園的總監，最近從植物學教授的職位退休，在英國皇家植物園 (Kew Gardens) 有一個辦公室。他很高興看到來自新加坡的訪客，陪我們參觀了植物園。

康諾特廳的位置非常方便，可是那裏的食物實在令人不敢恭維。我在那裏吃了幾餐，從此不願再去！那裏的膳食，用你讀到的關於英國公共食堂伙食的任何老生常談來批評都不算過份。結果，廣武學會了烹調幾道簡單的菜。他知道怎樣煮飯（至少比我那時強），還會做他喜歡的紅燒豬肉。宿舍每一層有一個小廚房和幾個爐頭，大多數學生都有幾個燒飯菜的鍋。沒有冰箱，廣武就把他的飯鍋和菜鍋放在臥室外面的窗台上。一年的大部分時間都很冷，食物可以冷凍保鮮。我在倫敦的兩個星期，廣武做了幾次飯。

兩個星期之後，廣武陪着Ivy和我去了劍橋。我們是乘火車的，這一段路我以後走了許多次。

哈默頓學院那時候不屬於劍橋大學，但我的學位是由劍橋大學頒給。它後來成為劍橋的學院之一，授予大學部以及研究所學位。該校當時其實是師範學院。凱特·科普利認識該學院的校長，覺得那是個好學校。該學院有一個高中畢業後的兩年制課程。可是學院在1955年決定增設一個給大學畢業生的教育學研究生證書課程，研究生證書等同於劍橋大學資格，由該大學監督。我原來申請倫敦大學教育學院，但在獲得批准後改了主意，因為我覺得劍橋的生活會比較愉快。不過後來我覺得後悔了，因為這裏的課程過於輕鬆，能夠學到的東西比倫敦的少。

我在哈默頓學院第一次體驗到學院生活，很難想像那時候對學生有那麼多限制。劍橋的所有學院都對學生夜間外出設限，我班上的十個同學都是大學畢業生，覺得這種限制很可笑。我們必須晚上十點回宿舍，特殊情況下可以到十一點！這是個女子學院，固定的英國式膳食：香腸和土豆泥，煮得稀爛的蔬菜，甜點是重奶油布丁。我在第一個學期幾乎沒有吃過亞洲食物，劍橋沒有任何值得一提的中國餐館，而倫敦的中國餐館則太貴。尤其惱人的是，一小碗飯他們要價六便士或一個先令。這在那個時候算是高價，因為通常去餐館吃一頓全餐頂多才十個先令。我們發現印度餐館比較劃算，因為他們用大碗裝飯。劍橋很冷，我們年輕，胃口都很好。

廣武和我經常通信。那個時候郵差每天送兩次信，我有時候一天可以收到廣武兩封信。別的女孩對我羨慕不已！我們每兩個週末見一次面。不是我去倫敦，就是廣武來劍橋。我們會搭週六的早班車，星期天晚上回來。多半是我去倫敦，因為那裏可以逛的地方多。我們買不起戲院的好座位，只好買最高層的便宜座位，與劇院穹頂的「眾神」一起鳥瞰演出。我們毫不在意，因為我們可以聽到倫敦一些最好的音樂家，看到最好的演員。

我們最後終於受不了這樣的奔波，廣武建議我們結婚住在一起。他發現他如果到劍橋多住兩個學期，導師會裝作沒看見，第一個學期就快結束，而這個學年還有兩個學期。直到那個時候，我從來沒有想過要在英國結婚。我母親要我等到回新加坡才結婚，這樣她就可以給她的長女辦一個隆重的婚禮。可是，廣武的父母親這時候恰好退休到倫敦來度假，可以正式主持婚禮。

我寫信給母親，請她同意我們的婚事。她點頭同意着實讓我放下心頭大石，唯一條件是婚禮必須在衛理公會的教堂舉行。廣武的母親負責去選一個結婚的黃道吉日。我們決定選在第一個學期結束後的年底。廣武的母親儘管沒有宗教信仰也不迷信，但她拿着我們的生辰八字，遍查《易經》一類的中文書籍，選定了12月21日。我猜想她真的選對了好日子，因為我們已經快樂地結婚了六十四年，還希望能夠白首偕老！

我們從沒打算在英國結婚，分開的一年裏也沒有談過。可是一旦做了決定，這回又是娉婷輕而易舉地把事情辦好。我請她來説一下操辦的情況。

我同班同學聽到我要結婚都興奮異常。我請Ivy做伴娘，結婚禮服就穿一件長衫。我在學院借了一台縫紉機，自己做長衫。Ivy也縫了一件淡藍色的長衫，剛好匹配我的乳白色禮服。她的服裝和頭飾自然由我付費，但我很高興她能自己做長衫。那時候我們大多數人都要學會用縫紉機，因為現成的衣服不像今天那麼常見。我們開列了一份在倫敦的新加坡人／馬來亞人名單，也邀請了一些英國朋友。

我必須説一下在婚禮上牽着我的手把我交給新郎的人。廣武的父母親到倫敦後，見到一位泰州的老同學錢存典先生，他是中餐館的老闆。他曾經是國民政府的資深外交官，新中國成立後，他決定留在英國，接着娶了一位經營餐館的中國女子。他的餐館生意很好，所以我們請他為婚禮提供午餐。我們邀請了大約30位客人。

我這樣粗枝大葉地描述婚禮，你們一定覺得我太輕忽了。我能找到的藉口，就是我們搬了太多次家，文件亂成一團。我沒有一本婚禮相冊。我是從劍橋遠距離安排在倫敦的婚禮，所以許多事只能交給廣武。他負責找教堂，印發請帖等等。我們沒有錢，所以沒辦法找攝影師來拍照。我們在前往喜宴的路上，順便在一家照相館照了幾張相片。這些相片我們至今保存着。我個人的婚服照拍得很受好評，照片在牛津街的照相館櫥窗裏展示了好幾個月，我們的許多朋友都看到了。

我們在欣德街衛理公會教堂舉行的婚禮儀式十分動人，那裏是倫敦大學許多學生和教職員做禮拜的地方。婚禮之後招待朋友的午餐十分美味。多年之後，在1975年，廣武和我帶着三個小孩在路過時進去教堂，跟牧師提起，他居然在教堂記錄上找到我們婚禮的日期和記載！

對於這個可能是我們人生中最重大的決定，我必須多說幾句，談一下我對欣德街倫敦大學衛理公會教堂牧師的尊敬之意。我去拜訪了他，告訴他我沒有宗教信仰，但是對基督教略知一二；是我的未婚妻希望我們能夠在教堂舉行婚禮。他請我到裏面的房間說話，用溫和體

娉娉的婚服照在牛津街的照相館櫥窗裏展示了好幾個月。禮服是她自己縫製的。

貼的語氣跟我解釋了基督教婚姻的基本教義。我向他保證，我尊重基督教的信仰，我也認為婚姻是一輩子的事。他於是請娉婷和我一起去見他。他很高興看到娉婷熟悉教會的事務，對於娉婷解釋的為什麼與非信徒結婚也感到滿意。我一生從來沒有這樣親切地同任何宗教領袖談過話，非常感激他這樣友好地待我。

———

　　廣武多年來一直取笑我，不記得我們在托基（Torquay）度過一個星期蜜月的旅館的名字。可是，他自己也不記得！好多年之後，在1990年代，我們開車去托基度假找那個旅館，但是滄海桑田，我們還是沒有找到。

　　讓你們了解一下1955年的物價是多少：我們在旅館一個星期的租金是7英鎊，包括早餐和晚餐，午餐自理。而且，因為那個星期正逢聖誕節，租金還包括需要盛裝出席的聖誕大餐和舞會。我們白天到處閒逛，坐公共汽車去附近的市鎮購物和逛古董店。

　　廣武和我發現，許多家庭每逢聖誕節日都到這家旅館，與同樣一批人見面。也許我們太年輕，無法想像每年都去同樣的地方。這世界實在太大了，托基去一次也就夠了！不過，大家不難猜到我們是在度蜜月，對我們十分熱情親切。他們可能是第一次遇到一對中國夫婦！

　　我們日常遇到的普通英國人，對他們國家的殖民地毫無所知。經常有人問我們，才來英國不久怎麼會把英語學得這麼好，或者問我們來自印度哪一個地方。幾個月後，在從法

在托基度蜜月出席舞會，1955 年 12 月 26 日。

國橫渡英吉利海峽的渡輪上，一個住在牙買加的英國婦人用
洋涇浜英語跟我説話，她是以為「土著」聽不懂標準英語。
我在那時候已經不再奇怪，因為在這個日不落帝國，英國人
對我們的了解，比不上我們對他們的了解。

———

劍橋和倫敦

　　劍橋是我們的第一個家，雖然只住了不到七個月，卻是我們開始婚姻生活的一個可愛的地方。我們終於住進了自己的公寓，不再有在火車站匆匆道別的情景！

　　我們可以有計劃地在劍橋尋幽探勝，品味學院的古老庭院和有歷史意義的博物館。我們現在過着日常的家居生活：娉婷騎車去哈默頓學院或切斯特頓實用男中 (Chesterton Boys' School)，我每天早晨步行去大學圖書館。亞非學院圖書館的館藏分散在倫敦好幾處書庫，我們借書平均要等候三天；劍橋大學的圖書館不一樣，我在一個地方就可以全找到。碰巧的是，負責這裏東亞書籍的圖書館員多蘿西婭·斯科特 (Dorothea Scott) 1948 年曾是南京英國文化協會的圖書館負責人，是我的舊識。她樂意跟我分享在中國的往事，對我分外照顧，讓我能夠充分利用圖書館。

　　圖書館的兩個常客是伯蒂·戴維斯 (Bertie Davis) 和他的學生傅樂山 (John Frodsham)。兩個人都是研究文學的：伯蒂研究六朝和唐代的詩，傅樂山研究謝靈運的詩。我讀過他們的翻譯，欽佩他們解釋詩的學術功力。我不久發現,漢學家的圈子很小。伯蒂不久就要赴任悉尼大學東方學研究系主任;傅樂山後來到馬來亞大學的歷史系與我會合。再後來,我去了澳洲國立大學,傅樂山也來了,我們三個人的共同興趣相當接近。

那個時候,娉婷和我對李約瑟(Joseph Needham)十分敬畏。他剛剛出版了《中國科學技術史》兩卷本的第一卷,還宣佈在寫好幾本別的書,涵蓋了整個中國科學技術領域。李約瑟憑着他的想像力和科學知識,從浩瀚的中國古籍中發掘出這樣的寶藏,令我傾倒萬分。我們在校園的一兩次社交場合見過面,我後來去他的學院拜訪。他問我在忙什麼,我告訴他關於我南海貿易的研究,他當即展示他對熱帶中草藥的豐富知識。我記得當他建議我把研究出版時,我是多麼的洋洋得意。這樣的鼓勵是任何學術界的後輩夢寐以求的。

以下是娉婷對我們婚姻生活頭幾個月的生動描述:

去倫敦舉行婚禮之前,我們已經在劍橋找到一個公寓。那是在果園街一幢兩層樓排屋的地下,在基督公園(Christ's Pieces)旁邊。我們這排房子的對街,是一排可愛的茅草屋。可惜的是,茅草屋頂現在已經鋪上瓷磚。當然,這樣做有其道理,因為現在很少人會鋪茅草屋頂,而且茅草容易失火也使得保險費高漲。我們的女房東把地下的兩個房間和廚房改成一間公寓,原來的客廳變成了臥房,餐廳變成客廳和廚房,還有一間擴建而來的冰冷浴室。我們一週的租金是4英鎊,是當時的市場價格。

　　除了適應婚姻生活，我記得那一年的事情主要包括：學會購買食物、烹飪和享受做家務的「樂趣」，在切斯特頓實用男中實習教書，以及觀看第一流的板球比賽。我按照蔣彝（以筆名「啞行者」為人所熟知）作插畫的食譜學着做菜。我們後來在坎培拉又見到蔣彝，再次證明這個世界實在很小。

　　所有正在受訓的老師都必須實習教書一段時間，這是讓他們獲得課堂的實際經驗。年輕的老師一次面對40個學生可能會受到極大的震撼。你必須了解每一張面孔和背後的性格，記得他們的名字，在45分鐘內讓他們學到一些知識。你還必須知道，他們大多數人不喜歡坐在那裏，也沒有興趣學習莎士比亞或亞歷山大從馬其頓打到印度的事跡！

　　在英國實用中學（secondary modern schools）讀書的都是不希望繼續升學的學生。他們會多學一些實用學科，然後就去學一些可以在社會上找工作的技能。許多年來，英國的升中考試是大家最痛恨的考試。這個考試在小學結束時舉行，成績好的去文法學校，成績差的就去實用中學。一般認為，後者都是些不夠聰明的學生。所以實用中學的老師和學生都自覺低人一等。

　　我第一次踏足切斯特頓實用男中時，很詫異這些男孩竟然這樣不重視教育。他們大多數都期盼着離開學校去賺錢謀生。學校在每堂課結束時都要每班學生換教室，於是走廊堵塞，大家在一團混亂中找尋教室再安頓下來。六呎高的男孩衝到教室去搶座位。課桌和椅子有時候被弄壞，至少十分鐘才能安頓下來。我束手無策，眼看教書的時間被浪費掉了。課本和練習簿是免費的，所以男孩們毫不珍惜，四處亂扔。課本的封面很少完整無損的。在亞洲，上學被視為特權，大家高度重視教育；我完全無法理解這些男孩的心態。

我深感失望，幾乎就此放棄了教書生涯！學生不喜歡老師，大多數老師似乎也不喜歡學生。正是這個原因，當課程結束後，廣武和我搬去倫敦，我卻沒有積極去找教書的工作。幸運的是，我是學校裏面男孩們見過的第一個中國女子，大家覺得好奇。為了引起男孩們的興趣，我給他們介紹新加坡和馬來亞，解釋中國人的習俗。我甚至穿上長衫，帶了筷子和飯碗去課堂，展示中國人怎樣吃飯。我總算結束了實習，回學院時大大鬆了口氣。

我們婚姻生活的頭六個月非常愉快。廣武白天在圖書館做研究，晚上回公寓寫論文。劍橋非常冷，從歐洲大陸俄羅斯那邊吹來的寒流橫掃過東英格蘭。可是到了春天，空氣清新，學生開始在河上撐船。我們有時候也撐船去格蘭切斯特（Grantchester）喝茶。大學後面沿着康河（River Cam）的一段河岸稱為後院（The Backs），是劍橋最幽美的地方。我們沿河漫步，拜訪不同學院的小教堂，欣賞男童唱詩班的天籟之聲，享受着劍橋的學生生活。我們交了些朋友，在家裏款待他們，開始覺得像是夫妻了！偶爾我們去倫敦看廣武的父母，也看了一些戲，聽了一些音樂會。

我們去倫敦時，通常整天陪着我的父母，如果有時候去看戲或去音樂會，就乘晚班火車回劍橋。我了解到父親大多數時間都在大英博物館的圖書館裏閱讀關於文獻學的最新學術著作。母親就辛苦了，因為她不會說英語，只能一個人留在公寓裏。幾個馬來亞朋友有時候會來看她，經常來訪的一位名叫黃逸梵。介紹黃逸梵給母親認識的是母親在吉隆坡的一位好朋友邢廣生，她與黃逸梵曾經是同事。黃逸梵比母親大十歲。母親告訴我，黃家是有名的富裕家庭，黃逸梵離開抽鴉片煙的丈夫，在歐洲住了幾十年。中日戰爭結束後，黃逸梵失掉在中國的大部分財富，生活難以為繼。我同黃逸梵見過幾次面，在我們1957年8月離開倫敦前，母親叫我給她送去幾件禮物。我匆忙地見了她，卻不知道她患了重病。

我不久就把這件事忘記了。我那時不知道，她的女兒就是小說家張愛玲。我幾年之後才開始讀愛玲的小說。黃逸梵寫給邢廣生的信在2019年初發表，我才知道那次跟黃逸梵見面兩個月後她就去世了。我這才明白，黃逸梵的一生很不平凡，她想做一個現代女性，卻不見容於中國社會。母親在她的回憶錄中悲傷地指出，許多富裕家庭的後代都毀於戰爭和革命。她是在提醒我們，不要把美好幸運的生活視為理所當然。

我們去倫敦探望父母時，都會打聽一下在中國的家人的消息。關於王家和丁家親戚的消息不多，但母親談起她聽到有關中國的情況，她是在提醒我們，毛澤東很快就背棄了他的「新民主主義」的承諾。只要中共模仿蘇聯模式把中國改造得面目全非，她顯然永遠不會回國了。她又告訴我們，父親受聘到沃爾夫漢普頓（Wolverhampton）理工學院的馬來亞師範學院（Malayan Teachers' College）教書，位於布林斯福德宿舍區（Brinsford Lodge），不過父親的健康不佳，所以他們準備暑假時回馬來亞。她知道娉婷即將完成哈默頓學院的課程，我們不久會搬去倫敦，但他們在冬天到來前一定會離開。可是，蘇伊士運河危機推遲了他們的行程，他們的船必須繞過好望角。我們送他們離開後，去巴黎參加了我的第一次漢學家會議（詳情我已在前面提到）。接下來由娉婷講她的故事。

我們快要離開劍橋時，有一次去倫敦在西區哈默史密斯（Hammersmith）找到一間公寓。我們離開劍橋會先去巴黎開會，然後從巴黎回到倫敦就會搬進這個公寓。這個公寓也是改裝的，房子三層高，屋主住地下，有一間房，一樓和二樓的公寓各有一大間客廳／餐廳、臥室和廚房。房東和他的妻子很友善。他是波蘭來的難民，來英國後跟英國女子結婚。他名叫卡明斯基（Kaminsky），同他的妻子都在工作，只留下一樓前面的一間房和後面的廚房自己用。

那個暑假，廣武和我去巴黎參加青年漢學家會議。這是我第一次去巴黎，因為上一次從意大利去英國時只是路過，沒有停留。這是我們第一次一起參加會議，以後還有許多次，不過這一次有些特別。中國派了幾位代表出席會議，大家都很興奮。法國人全力以赴，要把會議辦好。會議也的確很成功。我們雖然住在比較儉樸的學生宿舍，但每天的法國食物很可口。會議很有趣，出席會議的許多年輕學者後來都成為名家。我們還被帶去盧瓦爾河谷（Loire Valley）旅遊，在博雷加德城堡（Chateau de Beauregard）晚餐。在進入宏偉的餐廳時，有一隊喇叭手吹號歡迎。餐點非常精緻，為這次成功的會議畫下完美的句點。

可是，在巴黎的地鐵上我開始感到很不舒服，不時會頭暈。我以為自己得了感冒，或者不適應法國的水土。回到倫敦後，我才知道懷孕了！我們不曾特別要避孕。那時候避孕藥還不普遍，大多數年輕夫婦都很早生孩子。這在新加坡/馬來亞很正常，因為可以找傭人幫忙，我的女性朋友都在分娩後繼續工作。我們沒有基於職業考慮推遲生育，因為沒有這個必要。事實上，我們大多數人從不曾想過不要生孩子！何況還有婆婆盯着在後面催促，希望早點抱孫子！

我很幸運，四次懷孕都沒有害喜，只會有幾天不舒服。我成了哈默史密斯醫院的病人，在那裏接受產前護理。我這才體會到國民醫療體制的缺點，就是要排長隊。我們跟醫生約好下午兩點，但要等三個鐘頭才見到醫生。我詢問為什麼不能準時看病，醫生回答我的臉色好像在說：怎麼會問這樣的問題。

總的來說，我對這個體制沒有怨言，特別是在我住院十天後抱着嬰兒新明回家時，發現不需付一分錢。

我懷孕期間，賡武正在努力寫論文。他想出一個辦法，用來解釋中國在九世紀和十世紀的混亂情況。杜希德來倫敦時，他們約好在酒吧見面，討論他的論文。我覺得杜希德實際上沒有看過全部論文！那段期間，賡武每天早晨開始寫作前就會咳嗽、打噴嚏。有時候，噴嚏一打就是連續20次。那時候沒有電腦，每個字都要手寫。有時候噴嚏打得太累，完全無法工作。我覺得他得了心理因素造成的疾病，由於論文寫不出來，就用噴嚏為藉口。不過，我們不久就懷疑，他很可能是對使用的紙張過敏。我們去找專家查明過敏的原因。經過各種測試之後，確定他患了花粉熱，而不是對別的東西過敏。抗組織胺藥在那個時候還不多見，而且會使人困倦，所以賡武不能在白天服用。雖然辛苦，他堅持寫下去。

———

嬰兒誕生

　　我們在1950年代的婚姻生活都是順其自然。我們原本完全沒有結婚生子的計劃，尤其是我還在讀書，兩個人都沒有工作。當娉婷告訴我她懷孕了，而且預定1957年4月分娩，我大吃一驚，完全沒有做父親的準備。她卻很是篤定，告訴我她將學會處理所有必要的事。其實我知道她毫無頭緒，在外國土地上，身邊沒有親人，如何做好母親的工作。她的準備工作就是買一本養育嬰兒的書。她的冷靜態度和學習速度總是讓我吃驚。我們搬到倫敦，她就在附近搜索有哪些店鋪和設施。那段時期，我急着想在那年8月獎學金結束前把論文寫完，然後去找一份工作。

———

　　這是我們生命中的大事，我們卻渾渾噩噩地度過。廣武的父母在1956年7月回了新加坡，而我對倫敦有哪些社會服務提供給像我這樣的孕婦卻一無所知。廣武和我都不懂如何養育嬰兒，而我在懷孕期間相當健康，體重也沒有增加，所以什麼都沒有做，只顧研讀一本育兒的書。因為再過幾個月就要回新加坡，我們買了一個手提嬰兒床，還買了一輛大型英國嬰兒車。

　　1957年4月9日早晨我開始陣痛。我們叫了救護車去哈默史密斯醫院。這是那時的做法，廣武陪着我去醫院，但在我準備分娩時就不得不離開病房，整天都見不到我。他與一些朋友在一起，等待嬰兒出生的佳音。他只能在下午五點的探視時間來看我，但嬰兒還沒有出生。我沒有太不舒服，就是等的時間太長。一直等到凌晨三點，新明誕生了。

　　我的折磨還沒有結束。那個時候根本不知道什麼是病人權利。我們必須遵守嚴厲刻板的護士的規定，遵照吩咐行動。除了探視時間，父親們不得進入病房；廣武完全不知道我的情況，因為醫院的政策沒有規定嬰兒出生時要告訴父親。新明在出生後幾乎立刻被帶走。他的皮膚是藍色的，因為在出生時被臍帶纏着頸子。護士把他帶去保育室觀察。凌晨四點，我被推進一間24張病床的病房，每張床尾有一個小床，裏面睡着一個嬰兒。只有我一個人沒有嬰兒！

　　我已經精疲力盡，需要睡眠，但整個病房在凌晨五點半起床，我完全沒有睡好。所有母親醒來後開始哺乳，只有我例外。我感覺糟透了，每個母親用憐憫的眼光看着我，以為我的寶寶已經死了，因為我的床尾沒有嬰兒床。護士也拒絕告訴我寶寶的情況，只是說醫生會告訴我。醫生到午餐時匆匆過來巡視，只說寶寶還需要觀察。我問他能不能看一眼寶寶，他說不行。這叫人不放心，但我不願小題大做，就不再堅持。換到今天，大概大多數母親不會善罷甘休。

　　我是病房裏唯一的華人，但護士不應該會以為我不懂英語，因為我已經跟她們說過話，說的英語不會比她們差。廣武那天要到下午五點才獲准來看我，他看見我淚流滿面，也禁不住哭出來，因為他沒有看見寶寶。我們都以為新明的情況很不好。廣武離開後，到了晚上八點左右，她們把新明抱來給我。第一次抱着他在懷裏，看着他一切安好，真是太滿足了！他是相當大個頭的頭胎，7磅6盎司，也是特別難得的寶貝，因為我們後來才知道，臍帶繞頸有可能損傷他的腦部。新明誕生時的這種精神創傷到今天還深深影響着我。

　　今天的醫院已經大有進步，不會把病人當作傻瓜和白癡。丈夫可以陪着妻子，即使嬰兒被送去保育室，母親也可以去探看嬰兒，不會一片茫然，擔心受怕。

娉婷和新明

　　我們的寶寶新明帶給我們極大的快樂。他是個標準的育嬰書寶寶，完全按照書上的進度成長。我們把他的小床放在窗戶旁邊，清風吹拂，頭上有床單擋着，他在客廳中在音樂陪伴下入夢，賡武寫着論文，我替他打字。論文找人打字要25英鎊，所以我決定自己打字，省下這筆費用。我記得我一邊打字一邊擔心，不知道他的論文題目有沒有選對，內容是否合適。現在要改換論文也來不及了，我們只剩下200英鎊，他必須完成論文，才能回新加坡去找工作。

　　我們也不是不停地工作。我們推着新明去散步，如果想去看電影或看戲，可以找朋友照顧嬰兒。我們在倫敦交了不少朋友。倫敦與劍橋不一樣，有許多亞裔。我不知道從馬來亞來的到底有多少人，但至少有好幾百。學生通常在馬來亞廳聚會，那是政府在布賴恩斯頓廣場（Bryanston Square）買的兩棟排屋，專供海外學生使用。那裏偶爾會供應東南亞風味的飯菜。那個時候，家常味道的飯菜可遇而不可求，最大的享受就是受邀去人家家裏嚐亞洲美食。

　　我現在回顧在倫敦的那些歲月，很震驚於英國制度對研究生如此缺乏照顧。如果你的導師願意讀你的論文，算是你有福氣。他們的想法就是，你應該知道做什麼，知道怎麼做。導師只是在你需要時給予指導。美國的制度過去和現在都很不一樣。大學安排了幫助你做研究的適當課程，導師在每個階段給予指導。在這種情況下，不太容易失敗。我們知道有些學生的英國博士沒有過關，就是因為建議或指導不足。這種情況太可怕，浪費了學生的時間，又毀了他的前程。那時獲得博士學位的人仍然不多。有人認為這是美國病，許多英國的著名教授都只有榮譽學位。不過，到1960年代，攻讀博士學位的人越來越多，競爭也日益激烈。

廣武大約在1957年6月交出論文之後，打噴嚏的毛病不藥而癒。我們開始準備回新加坡去。他申請去馬來亞大學的歷史系教書，獲得助理講師的職位。我們雀躍不已，因為回去有事可做了。廣武在亞非學院也找到一份教中文的工作，年薪是700英鎊，但是我們根本不予考慮，一心要回新加坡。杜希德知道廣武的論文要盡快審查完畢，因為我們的錢就快花完了，於是很快做了安排。廣武的口試在8月舉行，口試回家後覺得頗為樂觀。

第二天早晨，一個包裹寄來，上面寫着王廣武博士，裏面是主考蒲立本的一篇論文，他是劍橋大學的漢學教授。這是個非常溫馨的舉動。他是要盡快告訴廣武，博士學位已經通過了，而正式的結果還需要等一段時間才通知。我永遠不能忘記這個溫馨的舉動，也理解到身居高位的人的一個小小動作，可以帶給那些需要幫助的人多少快樂。我們兩人以後都經常幫助同事、學生和有需要的人。善行確實會流傳下去，結果會讓我們更加快樂。

我們的錢所剩無幾，8月底必須啟程回家。廣武的旅費由英國文化協會支付，我的旅費只好向他的父親借。我們借了1,700新幣買船票回新加坡。回家的旅程非常快樂，我們

交了許多朋友，大快朵頤，沿途四處遊覽，從南安普敦到新
加坡的三個半星期的旅程愉快地度過。

————

第六部

理想的工作場所

近鄉情怯

1957年8月31日,我們還在海上,馬來亞聯合邦獨立了。我現在是國際大家庭中一個主權國家的公民了。在我留學英國的時候,英屬馬來亞發生了巨大變化。兩年以來,我努力完成論文,也學習做丈夫和父親,但我關心着馬來亞走向獨立的進程。我注意到巴林(Baling)談判失敗,馬共拒絕了東古‧阿卜杜勒‧拉赫曼(Tunku Abdul Rahman)的大赦提議,也拒絕投降。那個時候,馬來亞已經準備要獨立了。我們記得東古在1956年訪問劍橋,很有信心地告訴那裏的學生,要準備好為國家服務。我們在新加坡下船時,東古帶領的馬來民族統一機構(巫統)、馬來亞華人公會(馬華公會)和馬來亞印度國民大會黨(國大黨)所組成聯盟已經歡欣度過新國旗升起、英國國旗降下的時刻。我有一種難以言喻的自豪感,儘管說不清是為什麼。

新加坡政治的色彩很不一樣。大衛‧馬紹爾領導的勞工陣線政府尋求獨立,但在安全事務由英國、馬來亞還是新加坡做主的問題上無法達成共識,馬紹爾只好辭職。我們聽說,馬紹爾的繼任林有福(Lim Yew Hock)願意接受殖民地政府的命令,逮捕左翼工會領袖,未經審判即羈押他們。這批人中有些是我在大學社會主義學會的朋友，包括普圖基里和伍德霍爾，他們也是人民行動黨的成員。我也看到，我在馬來亞大學的大部分校友都已經在馬來亞聯合邦或新加坡成為公務員或教師。少數人成為政治活躍分子，還有些人（特別是醫生和科學家）選擇在馬來亞大學做學術研究工作。新加坡現在是一個充滿政治變革呼聲的城市，殷殷期盼着獨立。

　　我沒有像密切關注馬來亞那樣地注意新加坡的政治發展，現在好幾個活躍的朋友遭到拘留，我只好找別人去瞭解情況。我找到兩個原來就認識的政治領袖。吳慶瑞（Goh Keng Swee）與我同時在倫敦攻讀博士，我們討論過新加坡在馬來亞的未來。他現在不厭其煩地給我解釋，新加坡的自治可能是加入聯合邦前的一個階段。拉惹勒南（S. Rajaratnam）是在他當記者時就認識的，他給我講解了那年即將舉行的市議會選舉。可是，我沒有完全聽懂他們的解釋，為什麼將在1959年全民直選的立法會至關重要。

　　可是，大學裏似乎也是同樣情況。在歷史系，帕金森教授已經因為他的帕金森定理而聞名於世，開始帶着管理大師和公共知識分子的光環走向國際社會。我以前的老師斯托克斯和麥格雷戈已經離開；前者去羅德西亞新成立的索爾茲伯里大學任歷史系系主任，後者去西非任教，但不幸很快就在那裏去世。我的新同事裏面有特雷貢寧（Ken Tregonning），他是在我去倫敦留學前加入歷史系的。我很遺憾沒有見到艾米麗‧薩德卡（Emily Sadka），她去了澳洲。接任的尤尼斯‧提奧（Eunice Thio）是我熟悉的學長。他們三人都專研馬來亞歷史，為帕金森開啟的研究項目注入新血。還有兩位在我回來之前加入：一位是楊國

倫 (Leonard Young)，他剛完成一本英國在華的外交的巨著；另一位是阿拉斯泰爾・蘭姆 (Alastair Lamb)，他的志向最為遠大，研究範圍從英屬印度關於中亞和西藏的計劃跨過沙漠和草原直達北京。他的興趣集中在十九世紀後半葉。只有我與眾不同，研究的是古代 (中世紀？) 歷史。

帕金森要我教的課程是1500年至1800年的所謂「近代早期」，聚焦於「遠東」史。這段時期比我剛剛寫完論文的中國十世紀要晚幾百年，但是鴉片戰爭以前的中國歷史要如何分期一直是個問題。一般認為中華帝國自秦始皇統一六國以來兩千年大致沒有改變。近代的中國歷史學者不同意這種看法，可是傳統史學，包括各朝代的正史以及宋、明、清三朝編撰的幾部編年體通史，顯然都支持「不變的中國」的想法。因此，在許多人眼中，十世紀的唐－宋過渡時期與十六世紀的明代中期不會有太大差別。

我認為不然，而且一開始就知道我要學習很多東西才得為人師。帕金森給了我充分的準備時間，我接着兩個月在圖書館裏搜索，把有關這三百年的中國和日本歷史，以及隨後葡萄牙人和西班牙人東來、接着是荷蘭人和英國東印度公司的歷史，看了個遍。事實證明，我對歐洲冒險家已經頗有瞭解。我還記得麥格雷戈的講課，只可惜當時沒有做詳細的筆記，也沒有好好閱讀他開列的書單。至於十七世紀明－清過渡期以及德川幕府興起令日本戰國時代戲劇性地結束，我清楚知道我這方面的知識有個大缺口。關於中國，我可以讀原始材料和現代學者的中文著作。可是對於日本，我大部分只能靠英文書。我把這種情況告訴了學生，承認我使用的日文書籍和論文有限。無論如何，閱讀給了我很大的滿足。學習這三百年的歷史擴大了我對中國北方以至滿洲、韓國和日本的瞭解，並令我進一步認識到東亞與現在稱為東南亞的地區之間的基本差別。

幸運的是，我不是唯一對古代有興趣的人。我發現阿拉斯泰爾‧蘭姆有着永不滿足的好奇心。他很想知道印度教和佛教對馬來半島的影響程度，就帶着一隊學生去吉打州挖掘古跡。我要求跟他們同行，因為我也想到我關於南海早期貿易的研究，那時的貿易已經從馬六甲海峽延伸到孟加拉灣。所以回新加坡後不到幾個月，我就第一次出發去吉打州的布讓區(Bujang district)挖掘古跡。我在下面還會談到這件事。

娉婷又回去聖安德魯中學教書，很喜歡那些非常聰明的學生專注地跟着她學習。下面請聽娉婷自己怎麼說：

我還在倫敦的時候，聖安德魯中學就寫信給我，請我回去教英語。我將負責六年級英語。我答應應聘，因為我們兩個人都需要工作，才能維持在新加坡的新生活。

我以前教過的學生中，有些人現在升到六年級，所以又成了我的學生。我在學校教書很快樂。想不到的是，不到兩年我就要離開了。

雖然我們在新加坡的頭幾個月有一大堆東西要買，但我們在三個月內就把錢還給了廣武的父親，從此不再欠債，直到1963年為了在八打靈再也(Petaling Jaya)蓋房子，才因房貸而又負債。總的來說，我們的收入相當好，逐步增加，花錢大手大腳，因為我們還年輕，不覺得要為錢傷腦筋。

　　馬來亞獨立之後，東古總理開始質疑，為什麼這個與國家同名的大學要設立在新加坡。我並不知道在我回來之前談判已經在進行，但是，事情顯然很清楚，在吉隆坡應該有一個馬來亞大學的校園，而且大家同意，1958年入學的大一學生就應該開始在那裏上課，直到吉隆坡校園招收自己的第一批學生。阿拉斯泰爾‧蘭姆自願去吉隆坡教第一批學生，因此，我回來沒有幾個月，就被要求去幫助蘭姆，在第一學期時每兩個星期飛去吉隆坡兩天，課堂設在向理工學院借來的大樓裏。這個任務相當辛苦，我經常不在家，使得娉婷的家務負擔更加沉重。她從來沒有埋怨過。她看得出來，對於建立一個新的校園我非常興奮，所以毫不猶豫地支持我；1958年底，我必須決定是否願意搬去吉隆坡，加入我們憧憬的未來馬來亞國立大學，她立即就同意了。

　　不過，1957年9月，我們的主要挑戰是如何在我們新加坡的第一個家安頓下來。我們在劍橋的那幾個月，我開始欣賞娉婷的能幹，把我們的生活安排得舒舒服服，尤其佩服她把倫敦的公寓整理得有條不紊來準備第一個小孩誕生（她在前一章已經娓娓道來）。更嚴重的挑戰接續而來，大學安排我們住在中巴魯（Tiong Bahru）醫學院的房子（現在的新加坡綜合醫院內）。那裏離娉婷的學校和我在武吉知馬的辦公室有好幾里路。我們每天辛苦跋涉，不久娉婷就覺得難以忍受。以下是娉婷向我們的子女描述在新加坡第一年的生活。

　　我們被安排住進麥卡利斯特路（Macalister Road）醫學院的兩房公寓。這一片公寓大樓都是三層樓高，沒有電梯。我們的公寓在三樓，所以每天要抬着嬰兒車和購物袋在長長的樓梯上爬上爬下。抱着嬰兒，實在太不方便。公寓相當寬敞，但是沒有書房。並排的兩個臥室外面有個大陽台。我們把第二個臥室改為書房，把新明的小床放在陽台上，用竹子編的布簾擋住風雨，暫時安頓下來。

　　我覺得回到新加坡安置新家的事很辛苦。我不僅回來不到幾天就開始工作，而且要訓練新的女傭照顧嬰兒。女傭就是常見的那種黑長褲、白上衣、以操持家務為業的女子，她很快就不用我操心了。新明非常討人喜歡，脾氣好、又健康，真是人見人愛。

　　找到女傭之後，我開始佈置新家。我們樣樣都缺，鍋碗瓢盆都要買，只有一套床單，還是別人送的結婚禮物。我們是在英國結婚，所以沒有收到什麼禮物。由於沒有在新加坡辦喜事，因此沒有禮俗上的紅包，一切都要我們自己付錢。錢真的不夠，我們必須精打細算。我只能在工作餘暇去買東西。我們在星期三抵達新加坡，緊接着我在星期一開始工作。我其實應該先請假一個星期，但學校不能等，我們也的確需要錢，所以必須在頭幾個星期把所有事情辦好。

　　我們總算買夠了初步需要的東西。我們也缺乏體面的衣着，因為要準備些熱帶衣服。廣武比較簡單，只需要多買幾件襯衫，找裁縫做幾條褲子。我買了一台縫紉機，開始縫製許多衣服，因為那時候還沒流行買現成的衣服。而且，我對服裝很挑剔，寧願自己做。

我們還必須買汽車。大學提供免利息的汽車貸款，但廣武只是個助理講師，只能貸4,000元買一輛小汽車。就着那個價錢，我們買了一輛雷諾小車，可是那不是個好車，多年來給我們添了許多麻煩。不僅如此，我的學校距離很遠，在大學的相反方向。那段路程通常要花我30分鐘的時間。我必須早上7點出門，因為學校7:30開始上課。我大約下午1:30上完課，才跟大家一樣回家吃午餐。

我是個盡責的母親，上完課以後，回到家大約1:45，與廣武一起午餐，下午陪新明玩，讓女傭小睡一會兒。我晚上還要改卷子，所以非常忙碌。我們也在家裏招待朋友，社交生活很活躍。我為廣武的學生準備茶和蛋糕，邀請朋友來家晚餐。所有這些工作，加上樓梯上上下下，使我的體重下降到98磅。我還急着想再生一個小孩，因為兩個孩子之間差大概兩歲比較好。

新明在一歲那天開始走路，可是他患了腹瀉，從胖寶寶變成了瘦寶寶。這也可能是因為他在長牙。腹瀉無法停止，讓我非常擔心，因為害怕他會脫水。醫生們不太幫忙，他們嫌母親們太煩人，為孩子的事大驚小怪。但我認為，如果小孩腹瀉了六個月，當然是件大事！新明的體重再也沒有恢復，直到現在都是個瘦子。當然，瘦總比癡肥要好些。

　　我不出預料地又懷孕了，但不幸三個月就流產。我覺得這是生活緊張、工作忙碌和擔心新明的健康造成的結果。我身體復原後不久，再次準備受孕。廣武向大學交涉，要求給我們一套底層的公寓。由於我曾經流產，大學同意在校園對面的杜寧道（Dunearn Road）上給我們一間公寓。公寓所在的一批建築物有一部分是給學生和教職員住的。這個地址使廣武方便了許多，也更靠近我母親，她就住在同一條街上。

　　我們在杜寧道住下來之後，又準備生第二胎。這一次我懷了新玫（琳昌）。不過，新玫到1959年7月才出生，而我們在同年5月搬去了吉隆坡。這就是為什麼，在我們結婚的頭幾年，我總是把搬家與嬰兒聯想在一起！

　　我們回新加坡不到幾個月，人民行動黨控制了市議會，王永元（Ong Eng Guan）當選為市長。他開始對市政實施激進的改革，並將在1959年選舉中取得引人注目的成果。我不曾注意新加坡市的政治變化，只參加了一些學生集會，在那裏聽到不同政黨領袖應邀來說明他們的政綱。在兩個城市教書，換了兩個新加坡的地址，準備搬家去吉隆坡，讓我們忙個不停。除此之外，由於我研究過孫中山和康有為，那些可以說得上是國民黨在馬來亞的「史前時期」，我應邀公開演講，並編輯《南洋學報》，把這本期刊變成雙語。

　　完全沒有想到的是，砂勞越電台（Radio Sarawak）請我去講了八次南洋華人的歷史，這也成為我未來研究的另外一個範疇。我對這個題

目並無研究，不知道為什麼會找到我，但我決定接下這個任務，因為
我可以藉此多瞭解一些在這個地區已經發展了好幾百年的華人族群。
我與一些中國商人和工人一起長大，知道大批中國旅居者定居下來，
形成了當地相當大的族群。而我在無心插柳下，畢竟已經成為這些馬
來亞華人族群的一分子。

　　我也知道，東南亞新獨立國家的政府越來越關注中國大陸和中
華民國台灣正在爭奪南洋華僑的人心，吸引他們的匯款來支持發展計
劃，使他們捲入美國和蘇聯集團之間的冷戰漩渦。特別是，華人在印
尼公開對立，介入蘇卡諾總統及其印尼共產黨支持者與右派民族主義
者對手之間的政治鬥爭。馬來亞也有同樣的爭論，但英國人控制住了
親中和親台的勢力。我在這個時候想起了1950年去馬尼拉時瞭解的
菲律賓華人的情況，同時又閱讀關於泰國、印度支那和緬甸華人的研
究。我正好藉此機會進一步瞭解情況，尤其想瞭解本地區華人的關係
和遷移的歷史背景。

　　我關注這個問題還有一個原因。就在我去倫敦前，我讀到毛澤
東特別提出的口號：「百家爭鳴，百花齊放」。中國派出四位一流學者
參加青年漢學家巴黎會議也與此有關。但是這段「自由」的時刻極為
短暫。到1957年中，毛澤東宣佈已經把右派「引蛇出洞」，發動了「反
右」運動。我很想知道，海外華人對於許多著名的知識分子和藝術家
受到懲罰有何反應。如果瞭解更多華僑歷史會有幫助嗎？

　　我開始準備講稿後，發現這是個很艱難的學習過程。我必須在白
天教完中國史和日本史之後，晚上閱讀到次日凌晨，我搜尋所有能找
到的海外華人歷史，特別是二戰前日文著作的中譯本，做了一大堆筆

記，然後寫成八次講稿。這是個重大的決定，因為講課很受歡迎，不久就出版為《南洋華人簡史》。這一本小書引起了很大的注意。我由此受到鼓勵，開始研究東南亞各地在後殖民時期建立民族國家的情況下，海外華人族群面臨的困境。

我還應該提到，我同意去電台講課，是因為遇見斐利民（Maurice Freedman），受到他關於南洋中國社會研究的極大啟發。他曾經實地調查新加坡的華人，寫了兩份著名的報告，其中關於華人家庭和婚姻的報告剛剛出版。他告訴我他的新作是關於中國東南部的宗族組織，令我印象深刻的是他只使用現成的出版材料，主要是在福建和廣東生活過的外國官員、旅行者和傳教士的著作，竟然就能完成這樣的研究。斐利民的老師是倫敦政治經濟學院人類學教授雷蒙德・弗思（Raymond Firth），他關於東海岸馬來漁民的研究已經成為經典。

他告訴我，從中國來的田汝康也是倫敦政經學院的學生，出版過關於砂勞越華人的書籍。他還介紹我認識弗思的另一位學生瑪喬麗・托普利（Marjorie Topley），她在研究新加坡華人的宗教體制。當我開始閱讀關於華僑的史料，才體會到斐利民的著作顯示人類學的方法有助於歷史學者的工作。這些方法幫助好幾個學者寫出關於東南亞華人的研究報告，補充了維克多・珀塞爾（Victor Purcell）的開拓性工作。我去吉隆坡教書之後，發現這些書籍從新的角度研究華僑和他們目前的困境，對我極有幫助。多年之後，斐利民擔任牛津大學人類學教授，組織了一次關於中國社會的研討會，他邀請我去萬靈學院（All Souls College）為任期一年的訪問學者。我發現其他與會者都是人類學家和社會學家，但我同他們密切合作，毫無窒礙。

不過，準備這一系列砂勞越電台的課程，意味着我與漢學的距離越來越遠。我知道我沒有繼續在亞非學院的研究。我希望把書教好，我需要抽出時間把我的論文整理出版，但我也覺得有義務在校園外公開講課，服務族群。朋友和家人、同事和學生輪番讓我覺得每天都有新鮮事發生。建國的活動照亮了地平線上的天空，引人神往。不久我就看到，馬來亞打敗了共產黨的叛亂，吸引了冷戰兩大陣營的目光，一邊是美國及其盟友，另一邊是蘇聯及其國際主義夥伴。

特別引起我注意的新事物是，在歐洲強權解體後，美國人承擔起領導本地區事務的責任。美國學者和新聞記者經常到學院訪問。他們主要分為兩類：一類人是中國學者，現在離開中國到本地區從事有關中國的研究，另一類人的興趣是建國問題，特別是那些來自面臨共產黨挑戰的國家的人。關於第一類人，斐利民給我介紹了施堅雅（G. William Skinner），他剛剛出版了關於泰國華人的書；另一位是研究印尼華人的唐納德・威爾默特（Donald Earl Willmott）。這兩個人都是人類學家，我對他們的研究方法很感興趣。至於第二類人，最有名的是加州大學柏克萊分校的施樂伯（Robert Scalapino），他專研冷戰擴大後造成的威脅。許多人到新加坡和馬來亞觀察英國人如何打敗共產黨。不過，也有人關心東南亞華人可能成為共產中國的代理人的問題，代表作就是艾力耕（Robert Elegant）的《龍的種子：北京與海外華人》（*The Dragon's Seed: Peking and the Overseas Chinese*）。艾力耕不久就放棄記者生涯，改行寫小説。那的確是他的專長。

還有一些人不屬於任何一類。其中一位就是歷史學家史培德（Stanley Spector），他研究十九世紀中葉清朝的高級官員，特別是滿清末年朝廷依靠其挽救王朝的最後一位漢人重臣李鴻章。史培德與別人不同，他先是到新加坡華語中學教書。我遇見他的時候，他是社會科學研究委員會研究員，研究在英國殖民統治結束後華人的處境。他專研海外華人的民族主義，探討本地華人是否可以藉此抵抗共產新中國的誘惑。他引起我的興趣是因為他說認識莊竹林，後者是中正中學的校長，曾在美國受教育，在我從倫敦回來前不久曾被特別科短暫拘留。莊竹林是個傑出的教育家，後來擔任南洋大學校長。史培德告訴我，他非常佩服莊竹林獻身教育的精神，這令我十分感動。史培德成為我的好朋友。兩年後我第一次訪問美國，到聖路易斯華盛頓大學拜訪他，應邀到他家裏小住。我將在另一章講述那段行程。

遷居吉隆坡

我們在新加坡總共住了20個月，娉婷佈置了兩個家，分別都住不滿一年。也許這就是我們四處遊歷生活的預警。可是娉婷從容應對。她很能幹，可以身兼數職，既是妻子、母親、家庭主婦、孝順的女兒和媳婦，又是六年級男孩的專職老師，還請學生來喝茶，請朋友來晚餐。

我們回新加坡的時候，沒有想到會搬去吉隆坡。新加坡從1941年12月開始就是娉婷的家鄉，她也期盼着我們在那裏定居。雖然我對新加坡的認同感比不上娉婷，但我越來越認為新加坡是馬來亞的重要部分，而我期盼成為馬來亞的國民。如果新加坡加入馬來亞聯合邦只是時間問題，現在何必搬去吉隆坡呢？

如何選擇要由我決定：最主要的理由是吉隆坡是國家首都，還可以幫助建立一個塑造新國家的新校園，有別於海港城市新加坡的校園，而且吉隆坡方便進入廣大的內陸地區，這些都是令人無法拒絕的誘惑。這與我早年在怡保的生活經驗有關，我覺得吉隆坡有點像怡保，只是規模大一些，位置重要一些。還有一個幫助我決定遷居的原因是,身為歷史學家,似乎恰好可以協助新的國家塑造新的歷史身份。雖然我準備教的是中國史,但我還有兩種經驗,讓我能夠在吉隆坡從事其他領域的研究。

第一個經驗是我1954年關於南海貿易的研究。我擔任歷史助教時,帶着馬來亞大學的學生去做義工,幫助吉隆坡國家博物館館長蓋爾‧西維金 (Gale Sieveking) 到巴圖市 (Kota Batu) 挖掘,那裏原來是柔佛王國首都老柔佛所在地。那是我第一次從事考古研究,認識到可以由此發掘中國與本地區的古代貿易歷史。看到在馬六甲陷落之後,馬來人對葡萄牙的反抗大約持續了200年,使我恍然需要知道的東西太多了。我於是撰寫了第一篇關於馬來亞歷史的文章〈老柔佛〉,在我去倫敦留學前發表在馬來亞大學歷史學會的《馬來亞歷史學刊》上。

第二個經驗是在1958年,如前面所說,幫助阿拉斯泰爾‧蘭姆帶領一批馬來亞大學學生去吉打州的布讓區挖掘古跡,夸里奇–威爾士 (H. G. Quaritch-Wales) 曾經在戰前就此做過報道,但他還沒有機會發掘。國家博物館在1955年請大學歷史系協助一連串的挖掘。可是吉打州的地點太多,我們必須先找出哪些地點最有助於瞭解古代印度影響的故事。而且,我們發現了一些陶瓷碎片,也希望找出更多從東方來的海上活動的證據。我額外獲得的報酬就是,我的第一篇發掘簡報發表在皇家亞洲學會馬來亞分會那一年的學報上。

那兩次發掘刺激了我對歷史上的內陸地區的興趣,它們聯繫上了我先前研究的古代中國貿易問題。我還覺得,這種發掘讓我不再完全依賴文字證據,不再依賴文獻和斷簡殘篇,腳踏在歷史發生的土地上,增加了我對這個我認同的國家的瞭解。

　　我現在記不清楚，什麼是促使我再次搬家的最主要因素。關鍵在於娉娉對於離開新加坡是什麼態度。她很喜歡聖安德魯中學，喜歡學生提出問題，詢問她這個地區的新國家如何才能擺脫殖民時期的枷鎖。後殖民時期的新加坡給她很多新的就業機會。而且，我們在杜寧道的新家離她的學校比較近，她的母親就住在附近，我的父母也距離不遠。如果她不願意搬家，我要怎麼辦？

　　她沒有一點猶豫。對於她來說，我的職業選擇是優先考慮。如果搬去吉隆坡有利於我的工作，她就跟着我走。我那時沒有想到，這次搬遷只是開了個頭。我以為這一生都會留在馬來亞，她也表示會與我在一起。誰也沒想到，這只是將來許多遷徙中的第一次，她為了讓我能追求事業，一再放棄自己的職業生涯。不僅如此，她總對我們的未來保持積極的態度，從來不曾後悔。以下是她描述這次搬家對我們的子女和生活的影響。

————

　　廣武希望搬去八打靈再也，參加建立新大學的工作。這是令人激動的前景，儘管我已經習慣了我的工作，而且還有一個新的機會去主持新加坡文化中心，但我仍然覺得應該搬去吉隆坡。我已經懷孕七個月，但身體健康，於是開始收拾行李，準備再次搬家。這一次我們多了些書和家居用品。大學願付我們的搬家費和旅費，所以我們除了生活上添些麻煩，不用花什麼錢。這一次我們有兩部汽車。我們買了我們的英國朋友約翰・巴頓斯（John Bottoms）的標致汽車（車

牌是BB1），他即將去亞非學院擔任講師職位。於是我開雷
諾，新明放在後座，廣武開着標致，裏面塞滿了家居用品，
啟程前往吉隆坡。我們後面跟着一輛貨車，裝着家具、書籍
和文件。這是我們第五次搬家。頭幾天我們住在吉隆坡的火
車站飯店，那是個漂亮的巴洛克式建築，房間寬敞，但裝潢
老式。

我們在吉隆坡的社交生活很忙碌。每一個人都歡迎新大
學的到來。各國外交官都在吉隆坡，他們有些人告訴我，在
大學教職員到達之前，他們找不到什麼人聊天！我們應邀出
席了各種外交活動，結識了大使、其他外交人員、外國商人
和地方顯要。

我們去了太多次雞尾酒會，我開始感到厭煩。我不會喝
酒，拿着一杯溫熱的橘子水走來走去，覺得無聊，腿也開始
酸痛。廣武和我於是決定只參加幾個有趣的朋友辦的酒會。
參加外交酒會的麻煩在於，剛剛認識一對外交官夫婦，他們
就被調走了，你又必須重新開始交朋友。

———

娉婷的筆調很輕鬆，講的卻是我們生活方式的巨大改變。我們都
年輕，精力充沛，周遭事物變化太快，我們都來不及思考這一切對我
們的長期生活有什麼影響。

在要移居吉隆坡之前，我們以為只不過是搬去同一國家的另外一
個城市。我們那時看到，新加坡即將擺脫殖民統治，向全國各地展
示，一個有效率的現代政府是什麼樣子。一個完全民選的議會的競選

活動非常激烈。我們在1959年5月中旬去吉隆坡時，大多數人認為李光耀的人民行動黨將贏得選舉。我們還聽到許多商界的外國僑民都怕親共的人民行動黨，準備一旦該黨獲勝就離開新加坡。兩個星期後，該黨贏得壓倒性勝利。我的朋友興奮異常，特別是當選總理的李光耀拒絕就任，除非其人民行動黨的主要同志獲得釋放。這就是我們期待看到的新領袖的獨立姿態。我們期盼着國家統一的那一天，期盼着國立大學有兩個校園。

我們到吉隆坡時，正在舉行州的選舉，隨即舉行馬來亞第一屆議會的全國選舉。大家都認為聯盟黨（由巫統、馬華公會和國大黨組成）會贏得選舉，而我注意到社會主義反對黨（工黨和人民黨）在一些城市選區有不少人擁護。我對國家政治來說是個新手，所以諮詢那些積極參與政治的朋友的意見。我要安排入住新居，又要幫助建立新的校園，沒有時間去搞清楚全國第一次實施民主將會是什麼情況。令人感到高興的是，過程很順利，聯盟黨和反對黨的領袖都彬彬有禮。有理由相信，馬來亞開了個好頭，我離家鄉更近了。

哪一個陣營？

　　馬來亞獨立了。新加坡即將取得自治地位。在我留學英國的三年期間，發生了一連串事件：在倫敦的馬來亞憲法談判；英法蘇伊士慘敗；關於印度支那命運的日內瓦會議；印尼萬隆會議；以及中國的「百花齊放、百家爭鳴」運動標誌着對毛澤東領導的中共自由主義幻想的終結。我意識到所謂的東南亞地區正在初具規模。

　　還不清楚的是，馬來亞在東南亞地區如何自處；英國仍然努力使這個地區變成比較容易管理的「遠東」，而作為第二次世界大戰勝利者的美國正在重新界定太平洋。我以前訪問南京、香港和馬尼拉的經驗提醒了我，對於東南亞地區要變成什麼樣子，很少有人理解。顯然美國最有發言權。我訪問科倫坡和德里之後，看到英國在本地區的影響力現在只限於馬來亞和北婆羅洲的殖民地。泰國的軍事政權顯然要看美國的臉色，而蘇卡諾的印尼是想團結亞洲和非洲的反帝國主義國家，共同對抗美國的霸權。

　　那麼，馬來亞所屬的東南亞地區是什麼情況？我現在要花些時間來瞭解發生了什麼事。1954年以來發生的最大變化，就是美國這個大國要在歐洲對抗蘇聯的共產主義,在「遠東」對抗蘇聯的中國夥伴。美國在西歐取得成功,組織了北大西洋公約組織(北約),也組成了類似的東南亞條約組織,總部設在曼谷。東南亞條約組織的成員只有菲律賓和泰國位於東南亞地區。法屬印度支那不在其中,而印尼和緬甸公然懷疑該組織的「新殖民主義」性質。我現在認識到,幾乎所有把東南亞視為中國和印度以外的重要地區的書籍和學術論文,作者都是歐洲人、美國人和日本人。東南亞地區內的學者都在忙着研究各自國家的發展情況,歷史學家尤其是這樣。這就是為什麼,1967年成立的東南亞國家聯盟(東盟)在東南亞地區很少引起注意,只有地區外的學者在認真研究東南亞地區的歷史。

我在倫敦的時候,讀到一些關於美國的共產黨同路人「失去中國」的辯論。我的朋友孔飛力生動地給我描述了麥卡錫聽證會如何試圖搜查出國務院裏面的共產黨同情者。我還讀到法國在奠邊府的慘敗和巴黎會議,又從專研印度支那和泰國事務的亞非學院老師那裏學到很多知識。我不知道馬來亞是要採取獨立立場,還是要加入兩個超級大國各自劃分的勢力範圍。可以清楚看到的是,馬來亞現在在大英帝國的亞洲剩餘版圖中佔據關鍵地位,也是與澳洲的重要聯繫樞紐。英國人挫敗了共產黨在馬來亞的叛亂活動,共產中國卻支持在本地區、特別是在印度支那和印尼的類似活動,這有可能威脅馬來半島脆弱的和平局勢。對馬來亞聯合邦的九個州以及兩三個英屬殖民地來說,似乎無可避免地需要依靠英聯邦武裝力量相當長的時期。

我在馬來亞大學學習了五年,在英國大學三年,學到了學術客觀性的價值。我也因此對想贏得政權的政黨持懷疑態度,不是因為那有什麼不對，而是因為我個人不喜歡政治裏面的黨派鬥爭。我已經說明，為什麼選擇去吉隆坡。馬來亞需要一個新大學，為我國的高等教育做一些事是我心嚮往之的。除此之外，還有另外一個相關理由。我現在經常在電台評論時事，身處吉隆坡有助於我從全國角度看問題。我還有一系列關於南洋華人歷史的講演；這使我關注本地區數百萬選擇成為新國家公民的華人的命運。我身處首都，可以更好地瞭解他們在這個國家的未來。

　　我重新學習馬來語文；吉打州的發掘之行也讓我進一步瞭解霹靂和雪蘭莪等其他河流州的興起歷史。我在牛津大學出版社的朋友阿斯拉夫（Asraf）不厭其煩地告訴我要去閱讀哪些馬來文學和當地的馬來文出版物。他也鼓勵我學習爪夷文（Jawi），以便閱讀馬來亞領袖發行的報紙《馬來西亞先鋒報》（*Utusan Melayu*）。閱讀馬來文使我能夠瞭解同事中經常以馬來文寫作的人的文章。蘇丹·達迪爾·阿里夏巴納（Sutan Takdir Alisjahbana）擔任馬來研究系系主任之後，他和我的兩個朋友賽義德·侯賽因·阿拉塔斯（Syed Hussein Alatas）和賽義德·侯賽因·阿里（Syed Husin Ali）鼓勵我從內部瞭解馬來社會，以糾正西方著作的偏見。這樣的教育過程使得我擺脫了我以前閱讀的一些激進著作，包括伊薩·哈吉·穆罕默德（Ishak Haji Muhammad）、布哈努丁·阿爾賀爾米（Burhanuddin Al-Helmy）和艾哈邁德·博斯達曼（Ahmad Boestamam）等人的著作。在一個多族群（基於種族）的馬來亞，我對君主政體的戒心少了，也越來越欣賞東古·阿卜杜勒·拉赫曼總理對族群差異的開放態度。

　　關於馬來亞政治在兩大意識形態集團的冷戰中的未來出路是什麼，仍然沒有答案。這個被別人稱為東南亞的地區顯然是分裂的。在我去吉隆坡之前，應邀與美國副總統尼克遜見面，他正在環遊這個地區，宣示美國不會重犯「慕尼黑的錯誤」，讓北越佔領南越。事實上，他表示美國將接過法國在印度支那的帝國主義重負，一場熱戰即將發生。

父親於1952年至1955年擔任華文學校聯合邦視學官時，我曾經短暫訪問過吉隆坡，但對這個城市並不熟悉。1958年我去吉隆坡講課，但很少有時間去逛一下以前沒有去過的地方。現在，我們的新家就在新校園旁邊的八打靈再也，幾步路就走到我在文學院的辦公室。新的大樓林立，但開設課程有許多事要做，我什麼地方都沒有去。娉娉要多走些路才到她位於城中心的學校，還要採購家裏需要的東西。

以下由娉娉寫給我們的子女：

———

　　大學在大學路上新建了幾棟房子給教職員居住。我們住的是一棟全新的兩層樓房子，有三個臥室和一個女傭房間。我們僱了兩個女傭，一個馬來人看小孩，讓小孩可以學馬來語，另一個是華人，負責管家和烹飪。

　　八打靈再也那時候居民不多，新的建築主要都在聯邦公路的一邊。校園大都是紅土，大家意氣風發地參加新校園的建設工作。新的大樓一棟棟建起來後，校園初具雛形。

　　我又一次要趕快安置新家，然後回去工作。我一直在想，為什麼總是匆匆忙忙！我們還在新加坡的時候，一個朋友告訴我，吉隆坡有一所男校聖約翰中學（St John's Institution）在找老師。我寫信給校長，他立刻把工作給了我，也是教六年級的英語。那是喇沙修士會（La Salle Brothers）主辦的一所天主教學校。他們知道我有孕在身，到學校不久就要請產假，但是仍然聘請了我，因為他們急着在找英語老師。

吉隆坡跟這個地區的其他城市一樣，大部分街道上都是熱帶店屋。不過，這裏的一些政府大樓的建築很不一樣。火車站最為宏偉，阿拉伯式的巴洛克風格，具有穹頂和其他建築特色，是一個非常古怪而迷人的火車站。高等法院和秘書處等其他建築物也都堅固雄偉，是殖民地建築的典型代表。

馬來亞政府也開始建造新議會大樓和國家清真寺，當作一個獨立國家的象徵。火車站附近還有個傳統的運動場，是英國的每一個殖民地城市都具備的。這樣的運動場新加坡也有，用處很多。運動場的一端通常是俱樂部會所，或者兩端都是，一個是板球隊的，另一個是社交或其他用途。因此，運動場是英國人戶外社交生活的中心。好比雪蘭莪俱樂部（Selangor Club）就使用吉隆坡運動場一端的空間。星期日的活動是觀看板球比賽，然後在俱樂部午餐。在二戰前，本地人是不准加入俱樂部的。二戰後，少數幾個本地人可以經過選舉加入。英國人離開後，俱樂部不得不邀請本地人加入，否則就要倒閉。雪蘭莪俱樂部和湖泊俱樂部是外籍人士的兩個主要娛樂場所。

———

娉婷從來沒有在馬來屬邦生活過，所以我大多數週末都開車帶着她去小鎮和村莊遊玩，逛一下與新加坡郊區不一樣的風光。我感到寬慰的是，她很快就適應了當地的情況，準備好生產我們的第二個小孩，也是我們的第一個女兒。這一次就不再是倫敦那樣冷漠無情的情況了。在吉隆坡，她住進最好的醫院，由著名的產科醫生德里克·萊韋林–瓊斯（Derek Llewellyn-Jones）親自照顧。

1959年，吉隆坡有幾十個高級專員公署和大使館。有幾個國家表示願意協助建設校園。我忘記了細節，但是記得紐西蘭派遣了專家來農學院，澳洲協助建立了工學院。英國文化協會和美國新聞處有很好的圖書館，在大學自己的藏書還沒有建好前很有用。我們歷史系獲得一個傅爾布萊特（Fulbright）年度訪問教授的資格，以支持系內美國研究的教學。第一位來訪的教授是索爾·帕多弗（Saul Padover），他以撰寫托馬斯·杰斐遜（Thomas Jefferson）的傳記著稱。他着手介紹自由主義理想，認為這是美國如此傑出的原因。另一方面，他的到來給我們開啟了一個新的窗口，讓我們可以獲得遠比英國慷慨的美國資源。

誠然，我很早就獲得了這種慷慨的援助。我以前見過亞洲基金會的約翰·薩特（John Sutter）。他剛剛在康乃爾大學寫完關於印尼的博士論文，很想讓我們的新大學與基金會的東南亞計劃合作。他去過上海，那時候我正在南京。我們交談過對國民黨政府最後時日的想法。他注意到我是研究中國的歷史學家，但從沒有去過美國，於是想到請我為基金會寫一份報告，談一談美國的幾個主要亞洲研究中心。還在「東方主義的」英國學習時，我曾經讀過美國社會科學學者關於近代和當代中國的研究文章，於是答應他可以試一試，因為我自己也很想瞭解美國關於亞洲的研究情況。

出乎意料的是，幾個星期之後，他提議我去美國旅行四個月，並問我想去哪幾個中心訪問。我徵求系主任約翰·巴斯汀的意見。我在

1959年5月才上任，經常飛回新加坡給大二的學生上課，明年也要為
吉隆坡的大二學生上課，於是他請副校長給了我1960年頭四個月的
特別假。我十分感謝他的支持。

　　在我報告這次旅行之前，先請娉娉說一下，她對我剛帶着她來到
一個新地方、接着就外出四個月的想法。她現在帶着兩個小孩，在吉
隆坡只有她的一個弟弟可以求助。

————

　　　從1960年1月到5月，我必須單獨照顧兩個小孩四個
　　月。廣武獲得亞洲基金會的補助金，去美國訪問四個月。我
　　們沒有錢可以同行。即使錢有了，還有兩個小孩的問題。我
　　知道這次旅行對他的職業生涯很重要，他將訪問許多大學，
　　發表一些演講。我們才離開新加坡，在吉隆坡不認識幾個
　　人。我的一個弟弟在這裏，但他有自己的工作和事情，我無
　　法依靠他。我又一次陷入沒有親人可以幫忙的處境，我們的
　　父母親都在新加坡。我只能硬着頭皮頂住！
　　　那個時候冷戰已經如火如荼。美國人必須重新思考外交
　　政策，因為中國建立了共產黨政府。越南分裂為二，美國人
　　已經到了南越，幫助法國人抵擋他們認為的共產主義洪流。
　　美國人也活躍在東南亞其他地方，試圖影響年輕人，防止其
　　他骨牌倒下。所以才會設立獎學金和補助金，邀請具有潛力
　　的年輕人訪問美國。廣武就是這樣獲得邀請的。

————

　　這次旅行的確擴大了我對現代學術研究的視野，對我的職業生涯有很大幫助。我是來自東南亞的青年學者，對美國學者的研究工作瞭解不多，但就如約翰‧薩特所説，我可以對美國學者提出一些關於東南亞地區民族主義和意識形態鬥爭的有用看法。幸好我家裏有位賢妻同意我去旅行。她具有令人難以置信的能力和決心，尤其是對我有信心。我在那四個月不斷給她寫一些輕鬆的信，報告我的行蹤，她也教我放心，家裏一切如常。這讓我能夠盡量把握住學習的機會，也讓別人知道我的研究工作。

第七部

全球化？

進入冷戰

關於這次美國之行，我很猶豫該説多少。對我來説，那主要就是個學習之旅，熟悉一下美國大學的工作。這樣的旅行在今天是稀鬆平常的事。美國的高等院校聲譽卓著，大多數學生知道到那裏學習的潛在優勢。可是，我翻看了我去美國前關於美國大學的筆記以及那次旅行的記錄之後，決定在此寫出一個比較全面的記述。我看到的是一次跨太平洋的權力轉移，可以從我觀察到的知識創造的發展過程看到轉移的軌跡。還有一個要詳細分享的原因是，我以後才認識到，這是美國接管英國從十八世紀末開始的全球海洋強權計劃的最後階段。在那個時候，正好可以看到哪些是美國研究亞洲問題的比較活躍的學者，包括從英國、歐洲和亞洲來的學者。他們在多大程度上代表了戰後英美或英語世界的融合？

我始終沒有弄清楚為什麼亞洲基金會的約翰‧薩特要我寫一份關於美國的亞洲研究現狀的報告，為什麼他認為我是拿補助金的適當人選，讓我能夠接觸到美國最好的一些大學。我不相信我的報告中有什麼是基金會還不知道的；也許基金會希望知道的是我對所見所聞的反應，以及我在報告中顯示的政治傾向。薩特很容易就可以發現，我有好幾個大學時的好朋友是政治犯，他們最近才被新加坡新成立的人民行動黨政府釋放。我只能猜測，他雖然瞭解我有如此背景，仍然覺得值得一試，於是就很快讓我成行。

我在啟程之前，回顧了我對美國的瞭解，發現在我以前的生活裏，對英國和美國的態度完全是兩回事。在安德申學校，美國很少被提到，那只不過是勇敢的英國殖民者在充滿敵意的印第安人中定居的地方。那些使十三州脫離大英帝國的反叛者很少人提到。可是在我自己的華人家庭裏，我知道的關於美國人的事就要多很多。例如，華文小學的課本告訴我，美國的國父華盛頓從不説謊，林肯解放了黑奴。太平洋戰爭時，美國人是好人，站在中國人一邊，我的母親對飛虎隊很有好感，談到從滇緬公路運來的美國援助使中國得以堅持抗戰。戰爭結束後，羅斯福總統支持中國成為聯合國安全理事會的五個常任理事國之一。

在南京時，這些正面形象被政治化了。我的許多同學不喜歡美國插手中國政治。他們認為美國軍隊支持腐敗的蔣介石政府，壓制人民比較擁護的反對黨。我在馬來亞大學學習時，課程裏很少提到美國。我讀了美國學者魯珀特・愛默生 (Rupert Emerson) 的《馬來西亞：直接和間接統治研究》(*Malaysia: A Study in Direct and Indirect Rule*, 1937)，但是他所説的「馬來西亞」是荷蘭人和英國人控制的大馬來亞世界。我還記得許多英國老師傲慢地批評美國外交政策過於天真；英國工黨的支持者公開批評美國領導人自吹自擂的資本主義意識形態。喜歡美國的反殖民主義立場的人，看到美國在越南戰爭中支持法國殖

民勢力，也開始動搖。當然，有更多人主張中立，反對新建立的民族
國家迫於美國壓力在冷戰中選邊站。

　　我個人接觸到美國事物都來自英國正規教育之外。我記得流行電
影，例如那些由童星莎莉‧譚寶（Shirley Temple）參演的、《湯姆歷險
記》（*The Adventures of Tom Sawyer*）和《亂世佳人》（*Gone with the Wind*），
此外還有描述美國在歐洲和太平洋勝利的戰爭片，以及快槍對決的
西部片。有兩部展現美國戲劇魅力的電影：根據亞瑟‧米勒（Arthur
Miller）原著改編的《推銷員之死》（*Death of a Salesman*）和田納西‧威廉
姆斯（Tennessee Williams）的《欲望街車》（*A Streetcar Named Desire*）。至
於美國文學，我們的課外讀物包括以下作家：沃爾特‧惠特曼（Walt
Whitman）、愛倫坡（Edgar Allan Poe）和羅伯特‧弗羅斯特（Robert
Frost），還有在歐洲成名的艾略特、艾茲拉‧龐德、亨利‧詹姆斯和
歐內斯特‧海明威。我見到的第一位美國作家是1950年在馬尼拉作
家工作坊遇見的小說家華萊士‧史達格納。

　　在見到薩特之前，我在新加坡和倫敦見過哪些美國人？馬來亞
大學和亞非學院除了有幾個好奇冒險的學生，沒有專業學者。我
在德里見過史蒂芬‧施韋貝爾，他是聯合國學生協會（UN Students
Associations）的代表；我在倫敦與孔飛力一起上日語課。不過，我見
過的研究亞洲的唯一知名學者是哈佛大學的史華慈，他是我在巴黎
的一個會議上認識的。我1957年回到新加坡之後，才發現更多的美
國學者來過，其中有兩位關於馬來亞的研究很重要：吉恩‧哈納罕
（Gene Hanrahan）的《馬來亞的共產主義鬥爭》（*The Communist Struggle
in Malaya*, 1954）和白魯恂（Lucian Pye）的《馬來亞遊擊共產主義的社會

政治意義》(*Guerilla Communism in Malaya: Its Social and Political Meaning*, 1956)。馬來亞獨立之後，對這個問題感興趣的人更多了。

　　我搬去吉隆坡之後，來校園訪問的美國學者和官員有幾十個人。那個時候，我已經在閱讀關於本地區鄰國的書籍，理解美國人早已從菲律賓向外擴張，尤其在越南、泰國和蘇卡諾領導的越來越敵對的印尼展開活動。緬甸獨立但沒有加入英聯邦之後，美國人也在那裏插了一腳。相對來説，美國人覺得英國人可以控制馬來亞和新加坡，所以沒有在這裏明顯地插手。英國旗在馬來亞降下後，美國人似乎才大批進入。至少，這是我看到的情況。這是我第一次認識到，對於如何管理戰後的海洋世界秩序，英國和美國有一個共同的綱領。

關於新世界的報告

　　1960年的頭四個月，我訪問了十四所美國大學。我因此得以比較每所大學如何應對戰後亞洲的變動。我也得以更好地瞭解，美國在與東亞和東南亞的關係中關注哪些方面。我最重要的結論是，雖然少數幾個學者對亞洲極感興趣，但大多數美國大學並不重視亞洲研究。他們都是在模仿著名的歐洲大學，以推廣歐洲的學術自豪，但也希望自己能夠青出於藍。對他們來說，雖然亞洲在太平洋的西邊，從歐洲的角度來看仍然是「遠東」。是在對日作戰以及「失去中國」之後，他們才看到，冷戰從多個方面威脅到後帝國主義時代的美國利益。就算是這樣，正如亞洲基金會所察覺的，美國也絲毫不瞭解那些因為歐洲帝國主義而肇建的東南亞新興小國，都必須自謀生路以免再次受人控制。

　　約翰·薩特同我商量，問我希望訪問哪些大學和會見哪些人士，建議我在哪個地方停留多少天。他知道亞洲研究協會 (Association for Asian Studies) 4月初將在紐約開會，仔細地安排了我去紐約之前在西部和中西部停留的時間。他考慮周到，讓我有幾個週末在不同城市觀察美國的政治制度、文化和社會。我看了他替我安排的行程表之後，才體會到他是多麼細緻認真，而且效率極高。

我於1960年1月啟程，5月中結束行程。我搭乘泛美航空公司的飛機（現在已經停業），首站停在夏威夷。這段航程幾乎花了兩天時間，沿途短暫經過馬尼拉、威克島和中途島。當今的旅客或已不復記憶，不過後面那兩個島讓我想起了不久前的太平洋戰爭。我1945年在怡保求學時，看過一部《中途島之戰》的紀錄片，描述美國人在珍珠港事變後如何打退日本海軍的攻擊。我當時震驚於太平洋如此廣闊，美國人竟然跨越重洋，使他們的國家成為本地區的重要角色。美國人使太平洋成為「美國的內湖」，有北大西洋的幾倍大。對我來說，這次航程是衡量美國實力擴充的一把尺，它取代了殖民地學校深植在我腦海中以紅色標識的英屬殖民地地圖的形象。這是我接受再教育的強有力開始。

我在美國的行程排得很滿。我不打算描述在美國看到的每一件事，主要只談兩個方面。第一，亞洲研究的狀況，以及對這個領域可能產生的影響。第二，我遇到的傑出人物，其中有些人改變了我對過去和現在的理解。

在夏威夷只是短暫停留。那裏的大學很希望成為東西方之間的橋樑，準備成立一個由中央資助的機構，從亞洲和太平洋找來學者和學生，使他們瞭解美國。可是，我兩個月後到了華盛頓才知道，國會即將提供資金給東西中心（East-West Center），以拉近東方人民與美國的距離。那裏的大學有一些日本研究項目，我遇到的主要學者是一個研究日俄戰爭的歷史學家。我沒有遇到任何教東南亞課程的人。

　　西雅圖的華盛頓大學在亞洲研究方面要強得多，遠東和俄羅斯研究所的研究重心是中國。我在新加坡見過史培德，他是華盛頓大學早年畢業的中國史博士，所以我對那裏的情況略有瞭解。我記得詢問過他的導師梅谷（Franz Michael）的情況，我在教明清鼎革之際的課程時使用的主要課本就是梅谷關於中國滿族統治起源的研究。史培德還告訴我，梅谷有一個關於太平天國之亂的宏大計劃，史培德在該計劃中研究促使太平天國滅亡的一個重要人物。

　　遠東和俄羅斯研究所的主任是英國人戴德華（George E. Taylor），他殷勤接待我，請我去他家裏晚餐。他知道我曾在倫敦讀書，請他的夫人特別為我準備了約克夏布丁。戴德華曾在美國和中國學歷史，對太平天國之亂尤感興趣。他因此提議太平天國之亂的研究計劃，請梅谷率領一批學者進行研究，在我到西雅圖之前已經出版了好幾本好書。我很感激戴德華的款待，他的中國研究計劃內的高質量出版物，尤其是計畫中的研究生，給我留下深刻的印象。儘管那時不久前有兩位頂尖學者離開：一位是返回中國的張仲禮（經典著作《中國紳士》〔The Chinese Gentry〕的作者），另一位是去了哥倫比亞大學的魏復古（Karl August Wittfogel，契丹遼朝權威研究的合著者，也是《東方專制主義》〔Oriental Despotism〕的作者），那裏的研究團隊仍然很強大。美國之行結束時，我知道華盛頓大學和哈佛大學是西方世界研究近代中國的兩個經費最充足的中心。

　　遠東和俄羅斯研究所關於十九世紀的一項傑出研究成果是蕭公權的《中國鄉村：論十九世紀的帝國控制》（Rural China: Imperial Control in the 19th Century）。蕭公權也論述康有為的儒學，指出康有為對近代思想的貢獻，這使我很着迷。另一方面，康有為的外孫羅榮邦（後來成為研究中國早期海軍史的先驅）正在那裏編寫康有為的傳記。羅榮邦聽說我在香港見過康有為忠誠的追隨者伍憲子，跟我長談了幾個小時，闡述他如何看待他外祖父的歷史地位。

這是我第一次訪問一個西方大學，看到那裏集結了那麼多知名的中國學者。我認為很特別的是，除了蕭公權、羅榮邦、張仲禮、施友忠（研究太平天國的思想）和語言學家李方桂之外，其他人都來自歐洲，比如戴德華來自英國，梅谷和衛德明（Hellmut Wilhelm，他的《易經》八講已經是經典）來自德國，大多數人都研究近代史。歐洲的院校沒有一個在研究中國時結合社會科學和漢學方法。我的第一個想法是，西雅圖的這個研究所給創新的「區域研究」方法開了個好頭。

我接着去了加州的灣區，在那裏停留了大約三個星期，第一個星期在舊金山，其餘兩個星期在加州大學柏克萊分校。我先去拜會了亞洲基金會的辦公室，然後去了史丹福大學，被胡佛圖書館收藏的了不得的當代中國文獻所震撼，包括關於中國共產黨和馬來亞共產黨如何打游擊戰的文獻。我那時突然想到，如果我是到加州而不是到倫敦讀書，就可以研究二十世紀中國的軍閥時期，而不必研究古代史。我對英屬馬來亞的嚴重偏見，我在1948年離開南京的經驗，加上我自己的無知，讓我忽視了美國。我翻看胡佛圖書館收藏的文獻目錄，心中頗感遺憾。我不禁想到，即使在中國也很難在哪一個圖書館內找到這樣特殊的收藏。我那時剛剛開始研究海外華人，對那裏關於東南亞華人社區的收藏也感到震撼。這是我第一次看到這種收藏。

因此，研究當代中國的學者被吸引到史丹福來就不足為奇了。我在倫敦的時候，跟蹤瞭解過麥卡錫對美國學者的一些攻擊，讀過羅伯特‧諾斯 (Robert C. North) 關於俄羅斯和中國共產黨的書。我從他的書得到很多啟發，很高興在這裏與他見面。我問他，東南亞的共產主義比較接近俄國式還是中國式。他說，胡佛圖書館關於這個問題的收藏比較弱，他正在收集更多文獻進行研究，但覺得中國的影響力可能會大些。

我到歷史系見到了克勞德‧巴斯 (Claude Buss)。到那時為止，他是我見到的唯一對東南亞有興趣的學者。巴斯曾在菲律賓服務，參與了美國在該地區的規劃工作。他請我給他的學生講一講東南亞。我談到馬來亞是個新國家和多元族群的含義，以及馬來亞與我所知道的印尼的比較。之後，巴斯問我是否願意到史丹福任教。我告訴他，我已經承諾在馬來亞開展歷史研究。不過，他在冷戰期間對東南亞的興趣給我留下了深刻的印象。

我繼續在柏克萊的國際學舍住了一段時間。第一天早餐的時候，我居然看到我以前的教授帕金森，他告訴我，他正在美國就他發現的帕金森定律進行巡迴演講。當天晚些時候，我遇見另一位以前馬來亞大學的教授保羅‧惠特利，他最近才到柏克萊的地理系任教，邀請我去他家晚餐。我們相識是因為對中國的古代海上貿易有共同的興趣。他關於宋史記載的商品買賣清單的研究和我的南海貿易研究都發表在皇家亞洲學會馬來亞分會學報上。我很感欣慰，馬來亞大學與柏克萊的距離沒有那麼遙遠。

我在柏克萊圖書館還發現了大量世紀之交以來的地方華文報紙，其中除了當地新聞之外，還有許多關於康有為的保皇會和孫中山的同盟會的報道，這些足以印證我在新加坡和香港看到的資料。報紙上還記載了加州《排華法案》的後果以及舊金山地震摧毀唐人街大部分地區的情況。這使我更能體會唐人街和北美華人的經歷，促使我在研究南洋華人時要擴大視野。

　　柏克萊大學的研究領域要比華盛頓大學和史丹福大學平衡一些。它在中國古代史和近代史方面都有知名的學者，對東南亞也越來越感興趣。甚至有一個學生的碩士論文是研究中國共產黨對東南亞華僑的政策。我在柏克萊遇到的第一位漢學家是薛愛華（Edward H. Schafer），他對唐朝的物質文化和商品貿易幾乎是瞭若指掌。我在撰寫碩士論文時，忽略了他寫的《閩帝國》（*The Empire of Min*, 1954），其中提到閩人如何歷史性地開展了在東海和南中國海的貿易關係。我也不知道，他1947年的博士論文是詳細研究廣州的南漢末代皇帝劉鋹（958–971年在位），那是南海貿易的另一個主要參與者。他告訴我，他讀過我關於南海貿易的論文，給我看了他的卡片索引，上面都是唐朝和五代期間（七世紀至十世紀）與外交有關的各種資料，令我感到非常慚愧。他談到即將完成的關於唐朝舶來品的研究，接着要寫的唐代的南方意象，包括南中國海對岸的世界。此外，我聽說他率領同事，拒絕參議員麥卡錫的委員會提出的要求，不在學者忠誠誓言書上簽字，因而廣受尊敬。

　　我希望見到艾伯華，他對五代時期北方突厥皇帝的著作對我的研究很有幫助，可惜他出城去了。不過，我見到兩位年輕學者，他們的工作我覺得非常了不起。一位是艾伯華的同事弗朗茨·舒爾曼（Franz Schurmann），他以研究蒙元史成名，而他的語言能力使他能夠研究成吉思汗的蒙古大軍在現代阿富汗的後裔。令我驚訝不已的，是他現在正在撰寫關於當代中國政治和毛澤東的意識形態的書。另一位是約瑟夫‧列文森 (Joseph R. Levenson)，他關於梁啟超的研究促使他撰寫下一本關於儒教中國及其現代命運的書，我剛剛買了他的第一本書並開始閱讀。他聽說我從馬來亞來，就請我與他的妻子一起午餐，因為她的妻舅是英國軍隊的高級軍官，正在馬來亞「緊急狀態」下作戰。這是英美兩國在東南亞地區分享權力最好的說明。我遇到的一些學者的多才多藝令人歎為觀止。

柏克萊與西雅圖不同，對東南亞的叛亂活動有一些興趣，但只把它當做對抗中國和蘇聯的一個戰場。我記得拜訪了政治系的施樂伯 (Robert A. Scalapino) 和蓋伊‧鮑克 (Guy Pauker)，他們在鼓勵研究生研究印尼。不過，柏克萊似乎不像康乃爾大學，並不打算建立一個主要的東南亞中心。

我並不是只顧工作，沒有玩樂。我在舊金山有兩個週末被人帶去看灣區的美麗風景，北到紅木公園和納帕谷的葡萄園，南至太平洋沿岸，從聖克魯斯 (Santa Cruz) 到蒙特利 (Monterey)。還有人帶着我晚上去參加年輕人喜歡的爵士樂和文學聚會。

經約翰‧薩特建議，我隨後特意選擇了三個地點，都是新近開始認真研究亞洲問題的院校：亞利桑那大學圖森分校 (University of Arizona in Tucson)、科羅拉多大學博爾德分校 (University of Colorado in Boulder) 和聖路易華盛頓大學 (Washington University in St Louis)。前面兩所大學是我閱讀了一些新出版的書知道的。我知道研究明史的著名歷史學家賀凱(Charles Hucker)從芝加哥大學轉去亞利桑那大學設立了亞洲研究計劃。我在教明朝歷史時用了他的書，很希望能見到他。至於科羅拉多，我熟悉史麟書(Earl Swisher)的《中國對美國野蠻人的管理》(*China's Management of the American Barbarians*)，這是供美國學生使用的第一本中文文獻集。我很想跟他聊天，談談他戰前在廣州嶺南大學教書的情況。至於聖路易，我希望再見到史培德，他是我在新加坡的老朋友，現在主持一個新的亞洲研究中心。他也對馬來亞華僑面臨的問題有所瞭解。這所大學在他到來之前與亞洲毫無聯繫，我很想知道現在新中心的進展如何。

這三所大學的亞洲計劃不算強，三所都要我給他們的學生演講。我在每一個地方都按照薩特的建議，談了東南亞的歷史和政治。我演講的重點是馬來人民如何重塑島嶼世界，特別是如何用不同的人口建立國家。湊巧的是，我到達亞利桑那時，一個當地法官判決該州禁止異族通婚的規定違憲。這條違憲的條款規定：「白種人與黑人、蒙古人、馬來人或印度教徒的婚姻是無效的。」因此，馬來亞的兩大族群馬來人和華人，都不得與白種人結婚。

我的演講算是適逢其會。學生提出的問題包括：菲律賓與印尼和馬來亞兩個新國家之間的差別；在這些國家中活躍的華人是些什麼人。在科羅拉多，異族通婚法在幾年前已經失效，所以我可以沒有顧忌地談到馬來亞的歐亞混血者和其他異族通婚情況，其中許多人已經遷移去了英國、澳洲和荷蘭。在聖路易華盛頓大學，有人提醒我，就像所有南方州一樣，異族通婚在這裏可能是個禁忌問題，所以我迴避了這個話題。這也提醒了我，美國是個多麼複雜的國家。

　　我雖然在三個星期內演講了六場，但在這三個城市休息得很愉快，然後就啟程前往芝加哥和東北部的主要亞洲研究中心。在亞利桑那，賀凱帶我去諾加萊斯（Nogales）玩了一天，不需簽證走到市鎮的墨西哥那一邊，讓我可以吹噓一下到過墨西哥。他也帶我去了墓碑鎮（Tombstone），讓我想起幾年前看過的兩部與墓碑鎮有關的電影，《俠骨柔情》（*My Darling Clementine*）和《龍虎雙俠》（*Gunfight at the O.K. Corral*）。我去拜訪了當地的墓地，那裏埋葬着一些華人，包括鎮內無數槍戰中一個被意外槍殺的廚師。讓我感到驚訝的，是中國在十九世紀開放之後，中國人的足跡遍及世界各地。

　　我乘坐先鋒航空公司（Pioneer Airlines）的飛機，花了一整天時間從圖桑經過阿爾伯克基（Albuquerque）到博爾德，加深了我對狂野西部的印象。這片土地乾燥而崎嶇不平，低空飛行的飛機一路盤旋在群山之間。在海拔一英里高的博爾德市，稍一勞累就常常氣喘吁吁，但還是無阻我在講課時說一些馬來亞笑話。

　　我在聖路易與史培德一家相聚時覺得更為輕鬆。他們住在猶太社區，史培德雖然不再是猶太信徒，但給我介紹了正統猶太教的食物和習俗，他們的魚餅凍味道不錯。每天晚上，他會在夜色中用小提琴演奏讚美詩般的猶太音樂。那音樂令我十分感動。他在參加太平洋戰爭前，原來想成為小提琴演奏家，後來卻轉行研究中國史。他的小提琴仍然拉得非常出色。他在聖路易交響樂團有朋友，帶我去聽了兩次音樂會。我在他家不僅休息得很好，而且使我對美國移民的過去有了新的認識。

　　芝加哥之行就比較緊張。我拜訪了顧立雅（H. G. Creel）和柯睿格（Edward A. Kracke）領導的「東方主義學者」。顧立雅堅信，沒有對古典思想和制度的正確認識，就無法瞭解中國。柯睿格聽說我曾跟隨杜希德學習，詢問我哪些事對晚唐五代儒學來說至關重要。兩個人都鼓勵我在教學和研究方面堅持漢學。

可是，我在西雅圖和灣區以及在芝加哥看到的美國關於近代中國的新學術研究，給我留下了深刻的印象。我見到鄒讜（他的父親是孫中山的忠實擁護者鄒魯），聽他解釋正在中國開展的大躍進運動。他的深刻見解令我大開眼界；他也告訴我，要瞭解中國的局勢，光靠漢學是不夠的。對我來說，必須回答社會科學提出的新問題，才能瞭解兩次革命如何改造中國以及將會帶來什麼改變。我還注意到芝加哥大學有幾位研究南亞和東南亞的學者，而社會學家愛德華‧希爾斯（Edward Shils）和歷史學家博納德‧科恩（Bernard S. Cohn）關於印度次大陸的工作給研究傳統社會帶來新的視角，這是東方學做不到的。

我還很高興有時間拜訪了兩個人，他們的研究不至於讓我想起困難的方法論問題。一個人是唐納德‧拉赫（Donald F. Lach），研究十六至十八世紀的歷史學家（正是我在馬來亞大學教的課程的時期），他致力於探討亞洲思想和制度對現代歐洲發展的影響。我們交談之後，我決心把他提出的問題納入我教的課程，此後二十年都不斷追蹤他的文章。另一個人是研究古代中國的優秀學者、芝加哥東亞圖書館的館長錢存訓。他的哥哥錢存典是我父親的同學，曾任外交官，在我倫敦的婚禮上牽着娉婷的手交給我。我原來只是禮貌性拜訪，不料變成一場關於紙張和印刷術發明之前中文書籍歷史的討論會，是我前所未聞的。在我們道別前，他告訴我，他的妻子姓許，許家與我們王家有親戚關係，因為他妻子的姑姑嫁給了我的叔祖父。

東岸研究中心

　　兩個月後，我到了美國的東海岸。令人不解的是，華盛頓沒有關於中國和東南亞歷史的主要研究中心。我根據建議參觀了約翰·霍普金斯大學高級國際研究學院（SAIS），見到一位世界事務專家馬吉德·哈杜里（Majid Khadduri）。我聽說他通過吉隆坡的馬來西亞社會研究所（Malaysian Social Research Institute）支持關於馬來世界的研究。他很客氣，告訴我高級學院研究全球事務，東南亞應該是一個值得關注的地區。我還被帶去霍華德大學（Howard University）見了伯納德·法爾（Bernard B. Fall）。他是知名的越南問題專家，給我介紹了他對當前越南戰爭的見解，但是霍華德大學並沒有計劃要研究東南亞。

　　亞洲基金會希望我能夠瞭解一些美國的主要機構，安排我參觀了最高法院，在訪問國會大廈時聽到英國首相哈羅德·麥克米倫（Harold Macmillan）在參議院就民權問題發表演講。接着是去喬治·華盛頓的故居弗農山致意。我放棄了參觀史密森尼博物館的機會，希望多花一些時間參觀國會圖書館。這裏的中文藏書是世界上最好之一。我集中看了歷史部分，心裏期盼有一天能夠到這裏來做研究。我也是林肯的崇拜者，不願意錯過參觀一些美國內戰遺跡的機會。我在週末租了一部汽車，開車去了蓋茨堡（Gettysburg）和哈珀斯費里（Harper's Ferry），第二天去了弗雷德里克斯堡（Fredericksburg）。

我抽空聯繫了馬來亞大使館的朋友，拜訪了拿督尼克·卡米爾（Datuk Nik Kamil）大使和他的副手東古納·穆罕默德（Tungku Ngah Mohammad），瞭解馬來亞與美國關係的最新消息。他們很樂觀，告訴我美國即將提供更多資源，使東南亞免受共產主義影響。他們特別提醒我，城裏的黑人很多，使我不免好奇他們在這裏的生活情況。我有一次難忘的經驗，一天晚上，我從大使館區的街上走進一家戲院，看了一個南方白人巡迴樂隊的表演。出乎意料之外的是，那是幾個年輕的白人男子模仿珀兒·貝利（Pearl Bailey）和艾拉·費茲傑羅（Ella Fitzgerald）等黑人女歌手。聽眾全是黑人，卻似乎很欣賞表演，覺得模仿得好。這樣的表演是我從來沒有聽說或看過的。我猜想這種表演後來被認為是不正確的，於是不再演出。

我的下一站是紐約。我知道美國東北部有許多名校，這將是我這次旅行最有意思的部分。在這次旅行的前幾個星期，遇到的學者也給我介紹了許多，他們很多人都是從這些學校出來的。我知道在哥倫比亞這樣的大學可以看到什麼人，但是以紐約為基地，我必須選擇還要去看哪些人。在亞洲基金會東道主的建議下，我選擇了普林斯頓、耶魯、哈佛和康乃爾。後來回想，我其實還應該去賓夕法尼亞大學。但是，我必須在賓大和普大之間二選一，我選了後者，是因為胡適擔任過葛思德圖書館（Gest Library）館長，也因為我知道牟復禮（Frederick W. Mote），他與我同一時間在南京讀大學。而且，牟復禮已經開始籌劃成立一個專門研究明史的中心，時間涵蓋1500年至1800年的前半期，正好是我在馬來亞大學要教的那段時期。

接下來的四個星期，我不斷吸收新知識，其中大部分都令我耳目一新。這四個大學的確是實至名歸。它們趁着美國超級大國四處插手的大潮，成為學術活動的樞紐，決定建立其範圍覆蓋後帝國時代亞洲的卓越中心。我在西雅圖和柏克萊就聽説，福特基金會為當代中國研究提供的新資金正在激勵新一代的研究生。我在每一個院校，特別是在哥倫比亞和哈佛，都看到這方面的證據。

這次旅行的主要目的是瞭解中國和東南亞研究的現況，所以我盡量避免被其他事務分散注意力，包括紐約的其他大學院校的情況。我到紐約時，亞洲基金會的東道主安排我見了福特基金會和洛克菲勒基金會的重要官員，鼓勵我告訴他們此次旅行的所見所聞，包括我對小型院校的印象以及這些院校可以做些什麼。我向他們說明我原來希望在哪些方面多些瞭解，以及在這次橫跨美國大陸的旅程中學到了什麼。我假設他們比我更瞭解每個院校的細節，只是想知道在一個從新獨立國家的新大學來的年輕人眼中，美國的亞洲研究是什麼情況。不管怎樣，我在離開紐約前把我的旅行初步報告交給了亞洲基金會的代表。

實際上，總的來說沒有什麼神秘可言。現在回顧，每個院校都有關於這一段歷史的記錄，而且幾十個直接當事人都寫了報告和回憶錄。我在這方面沒有什麼可以補充的。因此，我只說一下我個人遇到的一些難以忘懷的事情。我將分別評述中國研究和東南亞研究。

就中國來說，我的訪問正逢學術研究的主要過渡時期，從以漢學研究為主轉變到區域研究方法，用社會科學來幫助研究近代和當代中國。哈佛顯然在中國研究的各個方面引領風氣，它在費正清（John King Fairbank）的領導下起步很早。但是，哥倫比亞和耶魯都朝着同一方向在後面緊追。相較來說，令我驚訝的是，西雅圖的華盛頓大學也很快走上現代平台，使用社會科學方法。加州大學柏克萊分校也是一樣，在施樂伯的政策咨詢下，積極響應美國在西太平洋的新承諾，更加關注東南亞。我也感覺芝加哥已準備好加緊進行社會科學領域的研究，就像對印度的歷史和社會方面進行的研究。克利福德·格爾茨（Clifford Geertz）到芝加哥任教清楚地證明了這一點，他是研究印尼的著名文化人類學家。普林斯頓比較謹慎，我到那裏訪問兩次，每次回來都認為，牟復禮到那裏任教，顯然表示普林斯頓不會比別的學校落後太遠。

我也訪問了耶魯兩次。耶魯決定從史丹福聘請芮沃壽（Arthur F. Wright）和芮瑪麗（Mary Wright）前來任教的確是件大事。芮沃壽着重漢學傳統，將確保繼續以漢學為主，芮瑪麗將領導近代史研究。他們兩人聯手，將開啟從整體的觀點研究中國。我在訪問史丹福時已經聽說他們轉校的事，大家都在感歎他們去了耶魯。我覺得耶魯比較特殊，原因是它仍然希望成為研究東南亞的另外一個主要中心，任命了哈里·本達（Harry Benda）進行籌劃。我在新加坡和馬來亞大學見過本達好幾次，覺得他是把耶魯帶入新領域的最佳人選。看到他為完成這項艱鉅的任務而努力不懈，令人感到鼓舞。

康乃爾同耶魯一樣，很早就開始為中國提供教育機會，它的許多中國校友成為中國政府和學術界的領軍人物。它從來沒有歐洲漢學傳統的負擔，那裏的社會科學家比其他大學更早開始研究近代中國。我見到了那裏主要的歷史學者畢乃德(Knight Biggerstaff)，他的著作是我熟悉的。他對當代中國有豐富的個人經驗。據我所知，在麥卡錫參議員的委員會指控他親共之後，他努力為自己洗刷污名。我不知道這件事對康乃爾大學校園的中國研究是否有影響。我1954年在倫敦亞非學院讀書的時候，康乃爾已經被認為是美國研究近代東南亞的領頭學校，但其中國研究的聲譽已經落於人後。我在康乃爾見了喬治‧卡欣(George Kahin)和勞里斯頓‧夏普(Lauriston Sharp)，聽他們談到研究東南亞的計劃。我確信他們的研究中心將是我們這一代人無法比擬的。

對我來説，由於我來自東南亞又研究中國史，我相信同時學習東亞和東南亞是有優勢的。根據我研究南中國海早期貿易的經驗，我知道中國佔了南中國海海岸線的三分之一，其餘部分都在東南亞。這就不斷提醒我們，中國政府忽視東南亞地區的政治變動，會給中國帶來很大的麻煩。因此，我對康乃爾取得的成就以及耶魯和柏克萊大學正在努力的事情表示欽佩。密西根大學後來顯然也朝着同一方向發展，很遺憾沒有將之列入我的訪問名單。

我必須説，與美國對東亞(主要是中國和日本)的興趣相比，東南亞研究只是在整個屏幕上的一個光點。當我參加4月中旬在紐約舉行的亞洲研究協會會議時，這一點十分明顯。關於東南亞的專題討論會很少，但是我趁機見到一些活躍的學者，例如本達、施堅雅、約翰‧卡迪(John Cady)、諾曼‧帕默(Norman Parmer)和羅伯特‧范尼爾(Robert van Niel)，以及他們後來在該領域出人頭地的一些研究生。當我聽説施堅雅即將離開哥倫比亞返回康乃爾時，這就證實了我的看法，在東南亞研究方面康乃爾顯然是不二之選。因此，我非常期待一個星期後到伊薩卡 (Ithaca) 訪問。

這是我第一次參加亞洲研究協會的會議，覺得它很有價值，不僅可以發現正在開展的新研究，還可以瞭解從「東方主義」轉變到社會科學的過程中正在發生的事情。尤其重要的是，我得以結識一些來自這個大國不同地方的學者，那些地方我可能永遠不會去訪問。事實證明，這也為我訪問哈佛打下了基礎。例如，我遇到了兩個哈佛大學的研究生：孔飛力，他是我在亞非學院跟着羅納德‧多爾學習日語時就認得的；芮效衛 (David Roy)，他和牟復禮與我都是同一年在南京讀書。這兩個人在南京時我們未曾見面，因為他們在金陵大學，我在國立中央大學，不過，見到這三位之後，讓我感覺在這個新的亞洲研究領域，我並不完全是個局外人。

參加會議的另一個好處是見到了太平洋國際學會 (Institute of Pacific Relations, IPR) 的比爾‧霍蘭 (Bill Holland)，他是紐西蘭人，我一直欽佩他為促進跨太平洋知識所做的努力。我讀到麥卡倫參議員的委員會攻擊太平洋國際學會為親共組織，很是震驚；又很高興得知，霍蘭、該學會和《太平洋事務》期刊即將在英屬哥倫比亞大學找到新家。無巧不成書，我在劍橋大學的博士審查委員蒲立本也去了那裏。這一遷移再次提醒我，儘管英美兩國之間存在明顯的歷史差異，但在後帝國時代的世界事務上，兩者具有一個廣泛的共同視角；隨着冷戰的進展，這種視角將變得更加強大。

我在哈佛的朋友可能會說，把哈佛放在最後是為了使我的美國之行以高潮結束。哈佛之行當然是難忘的。我很遺憾沒有見到出行在外

的費正清，但看到了史華慈。四年前我還是研究生時，史華慈在巴黎
會議上鼓勵我從事五代史的研究，儘管他是以研究中國共產主義聞名
的著名學者。他告訴我，他正在撰寫有關嚴復的書，嚴復向傳統儒家
介紹現代歐洲的主要思想，而史華慈很想知道清末儒家對嚴復的著作
有哪些不同的想法。在我主持關於十世紀早期虔誠的儒家人物馮道的
研討會時，史華慈提出一些問題，有助於我重新思考我的一些假設。
周策縱的《五四運動》剛剛出版，他不但來了研討會，還在會後給我
講述了上一代儒家應對五四運動的各種方式。這兩個人都使我感到後
悔，當初決定研究古代而不是近代歷史，錯過了多麼好的指導。在我
與研究近代中國的最優秀學者白魯恂、瞿同祖和劉廣京交談時，這種
想法就更為強烈了。

　　在哈佛的兩週收穫豐富。其他值得提出的重點還包括楊聯陞的課
程，錢穆的演講，以及我在哈佛燕京圖書館的珍善本收藏中度過的時
間。最有意思的是，我遇到了即將成為下一代領導者的一批傑出研究
生：孔飛力、芮效衛（後來在芝加哥）、余英時（在耶魯和普林斯頓）、
易勞逸（Lloyd E. Eastman，在伊利諾伊）和楊格（Ernest Young，在密西
根）。他們興高采烈地帶我逛校園，在波士頓到處尋找便宜但健康的
中國美食。我與孔飛力，芮效衛和易勞逸相處的最後一個晚上，讓我
真正覺得這是哈佛對中國研究的最大貢獻。

　　我還要重申，哈佛之行不只是拜訪研究中國的學者。研究日本
的也有好幾位學者，賴孝和（Edwin O. Reischauer）對唐代中日的早期
關係以及對瞭解近代日本做出了非凡的貢獻。關於東南亞的研究，
有人告訴我哈佛沒有任何發展計劃。可是，我敬佩魯珀特・愛默生

（Rupert Emerson）對我們理解東南亞地區殖民主義所做的貢獻，敬佩他關於英屬馬來亞和荷屬東印度群島的著作。我聽說過他的最新著作《從帝國到民族國家》（*From Empire to Nation*），並很高興有機會請他坦率地評論馬來亞民族國家的未來。他是謹慎地樂觀。我還有一個額外的收穫，就是見到了史蒂芬·施韋貝爾，那個在德里主持聯合國學生大會的美國學生領袖，現在在哈佛法學院教書。我們在一起度過了一天，他強調國際法對於保護後殖民時代較小的國家的重要性，以及為什麼對東南亞政治的研究不能忽視這一點。他堅決相信遵守法律是確保新世界秩序和平的最好手段，這令我很感動。多年後，我得知他成為國際法院的一名法官，並最終成為該法院的院長，並不感到驚訝。

我最後要說的是，我雖然盡責地在每一站詢問關於亞洲研究的情況，卻對美國的政治體制越來越好奇。約翰·甘迺迪（John F. Kennedy）剛剛開始了總統競選活動。他不僅是年輕的天主教徒和戰爭英雄，也是哈佛校友。當我在舊金山時，有人拿他與加州的尼克松比較（尼克遜曾在新加坡與我們談話，說美國準備與越南共產黨作戰）。我不相信一場熱戰是不可避免的，想知道甘迺迪會說些什麼。我那時太天真，以為民主黨人不會那麼好戰。

在回顧我四個月旅行的收穫時，我意識到，當我到達美國東海岸時，我有時會忘了關注美國的亞洲研究情況，轉而追蹤一種特殊的民主政治公開顯示的奧秘。我對民主的瞭解來自英國的議會制以及從書本上讀到的起源於古希臘的民主。幾個月前，我在新加坡和馬來亞都看到了這種形式的民主。但我完全沒有想到民主會是我1960年代初在美國連續好幾週看到的樣子。當我離開美國時，我發現這種民主是唇槍舌劍加上戲劇表演和足球決賽的混合體，令人上癮。回到吉隆坡，我繼續關注美國的競選活動，當白修德 (Theodore White) 出版他的第一本《總統的產生》(*Making of the President*) 時，我從頭到尾把它看完。這可能不是亞洲基金會提供給我補助金的目的，但是這次旅行無疑使我在接下來的五十年裏看清楚了，美國的最高理想是一回事，煽風點火的政治言論往往又是另外一回事。

　　多年之後，1967年，在參加芝加哥和安娜堡的會議之間，我看到報道說，中央情報局 (CIA) 為了打擊共產主義宣傳，資助了全世界許多文化和教育組織。到那時，冷戰的性質已經變得清晰起來，我在政治上不再那麼天真。我已經知道中央情報局在歐洲、古巴和拉丁美洲幾個國家的活動。我們的鄰居香港和台灣是明顯的目標，我們還瞭解了中央情報局在西藏、老撾和越南的活動，以及它最近在印尼的成功舉動。讀到中央情報局是亞洲基金會的後台，我並不太驚訝。亞洲基金會成立於1954年，表面上是由私人資助的基金會。從1960年的旅行回來之後，我與它再也沒有什麼關係。基金會對我不再有興趣；它已經完成了任務，讓我瞭解美國的大學在研究中國和東南亞方面做了些什麼。但是，令我感到驚訝的是，文化自由大會 (Congress for Cultural Freedom) 也是由中央情報局建立，許多我敬佩的作家和思想家都支持該組織，包括卡爾‧雅斯貝爾斯 (Karl Jaspers)、伯特蘭‧羅素、貝內德托‧克羅齊 (Benedetto Croce) 和阿瑟‧庫斯勒。我曾經是文化自由大會《邂逅》(*Encounter*) 期刊的定期讀者，竟然從未想到它是中央情報局的幌子，很感不安。儘管這並沒有使我完全憤世嫉俗，但無疑證實了我們在政治上是很容易受騙的。

娉婷眼中的美國

．

　　三年後，娉婷應邀就美國的一些英語教學中心提出一份報告。
她也想多瞭解一下美國是如何教授英語的。她在以英語作為第二語
言的老師職涯中很有晉升的機會。她去了美國共39天，所以我不必
像她在1960年那樣要處理家務四個月。她的興趣比我的實際一些。
她看到了美國的另一面，比我更接近基層生活。四年後的1967年，
哥倫比亞大學的富路特 (Luther Carrington Goodrich) 問我是否願意去
紐約，同時菲利普斯請我去亞非學院任教，而傑克‧克勞福德 (Jack
Crawford) 又邀請我擔任澳洲國立大學遠東歷史系主任，令我感到
驚訝的是，這個時候娉婷強烈地反對去美國或英國安家。但是她願意
和我一起去坎培拉。1963年她從美國回來時，就暗示過對美國社會的
某些方面有所保留，但總的來說，她喜歡在美國學習英語教學，並發
現她的專業關係網對她的工作很有幫助。幾年前，她寫下關於那次旅
行的文章給孩子們看。

1963年4月，我突然接到邀請為夏威夷大學撰寫一份報告。約翰尼·亨德里克森（Johnny Hendrikson）曾在吉隆坡的馬來亞大學擔任動物學教授，專門研究吉蘭丹（Kelantan）和丁加奴大海龜的遷徙模式，他後來到夏威夷大學擔任教務長（Vice-Chancellor）。在夏威夷大學，Vice-Chancellor的意思不是校長，而是教務長。因此，他實際上相當於英國體制下的學術院長。

亨德里克森對英語作為外語或第二語言的教學很感興趣，因為夏威夷到處都是亞裔美國人，這一學科於是變得重要起來。許多外國學生去美國深造時需要英語強化課程，而美國在該學科的發展方面領導潮流。語言學家開始撰寫有關英語的性質之類的文章，我自己也花了很多時間研究和教授該學科。

有人向我提起，是否可以在參觀美國各大學及其設計的英語教學課程之後，為夏威夷大學寫一份報告，建議夏威夷大學可以做些什麼來改善英語教學。碰巧的是，我4月有幾個星期的假期，所以同意為亨德里克森做這份工作。我自然很高興受到邀請，就花了不少時間安排住處和聯繫人，充分做好準備。我最後列出了一些大學，包括加州大學洛杉磯分校（UCLA）、加州大學柏克萊分校、密西根大學、哈佛大學和拉德克利夫（Radcliffe）學院以及哥倫比亞大學。我只有幾週時間，不能做太多事情，因為我需要在每個地方至少停留兩天，找人談話和考察課程。夏威夷大學每天給我20

美元。這在那個時候是綽綽有餘的，因為旅館每天大約8美元，一杯咖啡只要25美分。我從來沒有想過要人出錢，因為我把這次旅行視為學習之旅！

　　我在美國大陸的第一站是洛杉磯。我拜訪了加州大學洛杉磯分校的英語系，與很多人交談。我也旁聽了一些課程。我發現許多人都想學習英語，因為英語已經開始成為世界通用語言。這將是商業和技術以及娛樂使用的語言。

　　我發現了一些很有意思的事。在從美國西岸到東岸的旅程中，我遇到的是同一批人，他們都參加了有關語言教學及其問題的各種會議。許多會議都是大型會議。語言教學成為一個行業，學者們從一個會議到另一個會議，彼此之間學到的東西可能不多，而是建立關係網（這個詞在1963年並不存在！）並互相聯繫。我到達紐約後，在各種活動中仍然遇到相同的一批人，我已經與他們成為朋友，參加這些會議感覺十分自在。我發現他們大多數是婦女，許多人處於學術界邊緣，都在努力尋找工作，特別是終身職位。婦女可以進入的領域仍然受到限制，那個時候從事商業和金融活動的人很少。教學是成千上萬婦女的傳統職業。即使在美洲和歐洲也是如此，更不用說亞洲了。

　　我回到吉隆坡，為夏威夷大學寫了報告。夏威夷好像落實了我的一些建議。後來，亨德里克森因為不喜歡行政管理工作，就去了亞利桑那大學，回到他的初戀，去研究大海龜的遷徙模式。

馬來西亞

　　娉婷相信我的美國之行有助於我的學術生涯，她的判斷是對的，但是我們倆人都沒有想到這將很快擴大我的活動範圍，佔用我更多的時間。我回到家開始新的學年。現在，我們在吉隆坡有自己的一批大二學生，我開始教授1500年至1800年的東亞這門課程，同時繼續在新加坡教同樣的課，每兩週去新加坡校園兩天。從美國回來後幾個星期，我收到了耶魯大學芮沃壽邀請，去參加當年晚些時候在紐約舉行的關於儒家人物的會議，因為他聽說我在哈佛做了關於馮道的演講。馮道是一位異於常人的傳統儒者，他身處動蕩混亂的時代，卻忠心侍奉好幾個靠武力篡位的君王。幾百年以來，儒家的哲學家和歷史學家認為他毫無節操，不知廉恥，這讓我感到震驚，也想瞭解為什麼他自認是個有操守的儒者，為什麼他的同時代人也這樣稱讚他，以及為什麼在他死後一個世紀，他的批評者開始認為他是違反儒家規範的奸臣之尤。

　　我記得我們14個人在會議上花了五天時間，共同剖析五世紀至二十世紀11個儒者的生活。提交的論文和隨後的討論使我認識到，要理解儒學在中國歷史上的作用，是個很複雜的問題。這次會議令人難忘，不僅是因為我的漢學同事承認我是他們中的一員，還因為我驚訝地發現，與他們一起工作竟然如此自在。

大約在同一時間，我收到邀請，在1961年以洛克菲勒研究員的身份到亞非學院工作一年。這筆補助金提供給來自東南亞的三名歷史學家，讓他們可以利用倫敦的資源進行東南亞地區的研究。另外兩位是菲律賓大學的奧諾弗雷·科爾普斯 (Onofre Corpuz) 和印尼大學的努格羅霍·諾托薩桑托 (Nugroho Notosusanto)。我在馬尼拉見過科爾普斯，在新加坡見過諾托薩桑托，並期待再次見到他們。但是，我們到達的時間不一樣，所以在倫敦見面的時間不長。我是第一個接受該獎學金的人，在這一年中致力於研究明朝早期與東南亞的關係。諾托薩桑托沒有住多久，就回到雅加達鑽研印尼軍隊的歷史，而寫了一篇關於菲律賓官僚機構的出色論文的科爾普斯在我就要返回吉隆坡之前才抵達倫敦。

我們三個人都由霍爾接待，因此我被確定為研究東南亞的歷史學家。那一年，我遇到無數來自馬來亞和新加坡的朋友，覺得倫敦是研究這兩個地方的樞紐。但是，當我訪問歐洲的大學時，卻發現幾個主要研究中心的重點集中在中國和日本，關於東南亞的研究極少，我在那裏被視為漢學家。當時我沒有意識到這一點，但是這種模糊的身份跟着我回到馬來亞。我發現自己被視為歷史學家還是漢學家，取決於在與誰說話。往往歷史學家視我為漢學家，而許多漢學家卻認為我只是一個歷史學家。甚至有時候，有人以為我是某種社會科學家。這給了我一種介於兩者之間的奇怪感覺，這種感覺一直伴隨着我多年。

　　我花了一年的時間來研究卷帙浩繁的《明實錄》，尤其是明太祖朱元璋（洪武帝）和明成祖朱棣（永樂帝）。鄭和到西洋（印度洋）的七次探險使我着迷，並特別注意到中國皇帝與鄭和所訪問國家的統治者之間建立的關係的性質。這導致我寫了幾篇文章探討那個時期朝貢的慣例和含義，並且出於我對馬來亞的興趣，探討永樂皇帝及後續皇帝與馬六甲蘇丹建立的特殊關係。這是成果豐碩的一年，加深了我對歐洲人到來之前中國與東南亞關係如何演變的理解。

　　也正是我在倫敦的那一年，我對馬來亞民族主義的含義有了更清晰的認識。當我應邀在皇家中亞學會講話時，我談到「馬來亞民族主義」，並發表在該學會的學報上。我在其中指出：

> 如果我們在這一階段制定一個定義，那麼可以說「馬來亞民族主義」有兩個組成部分：馬來民族主義是核心，外圍是馬來人－華人－印度人團結一致的理念。這也許不是許多馬來和非馬來政治人物希望看到的方式。有一些馬來領導人將馬來亞民族主義與馬來民族主義等量齊觀，只要可能就使用「馬來人」而不是「馬來亞人」。許多自稱「馬來亞人」的華人和印度領導人認為這是一種全新的政治身份，在任何情況下拒絕承認它類似於「馬來人」。但是不能否認的是，現在的馬來執政集團給馬來亞民族主義帶來強大的活力、專心致志和領導地位。這些馬來人得到了華人和印度人的支持，但他們從來沒有放棄對領導權的主張或權利。

　　我知道這個定義是在五十多年前提出的，目的是描述在東古宣布「大馬來西亞」之前的馬來亞。我對砂勞越州和沙巴州的土著（伊班族，Iban）、馬蘭諾族（Melanau）、穆魯特族（Murut）、卡達扎恩族

（Kadazhan）、蘇魯克族（Suluk）、巴瑤族（Bajau）等將扮演的角色並不完全瞭解，當然也不認為新加坡會離開新的聯邦。但是，回想起來，我對馬來國家領導層的關鍵看法仍然是正確的。馬來領導層現在其實更為強大，可以控制最終可能出現的任何兩黨聯盟。

娉婷對倫敦之行記得最清楚的就是她再次懷孕了。我的母親聽說娉婷想跟我一起去倫敦，就勸我們把女兒新玫留下來由她照顧一年。我們認為這是個好主意。她喜歡新玫到溺愛的程度，所以毫無疑問，新玫會受到寵愛。兒子新明跟着我們，因為他已經到了可以去上預備學校學前班的年齡。以下是娉婷關於這次訪問的回憶：

　　我們在1961年1月去了倫敦，因為廣武獲得了一年的洛克菲勒獎學金。這個獎學金授予亞洲有前途的年輕學者。那時我大約懷孕六個月，儘管這是我們再次乘船前往英格蘭，但身體感覺很好。這次我們乘坐的是丹麥貨船 *Selandia*，這是一艘客貨船，只有約80名乘客。因此，在到達南安普敦之前，我們幾乎有四個星期在一起玩耍、聊天、吃飯，彼此變得非常熟悉。我們那一桌坐了很多談得來的人，所以過得很開心。我和新明的船票是我們自己支付，因為基金會只支付廣武的船票錢。我記不清楚我們的船票錢是怎麼來的，可能馬來亞大學提供了一些補助。

　　我原本打算去倫敦大學教育學院學習英語作為第二語言的課程，準備在1960年9月自己去倫敦，把孩子留給廣武和傭人，但在發現我又懷孕後把計劃取消了。因為嬰兒會在4

月出生，那時課才上了一半，所以我不可能把課上完。儘管這個女兒不在我們計劃之內，但新蘭的出生給我們帶來了極大的快樂。我並不後悔沒有去上課，因為我後來不得不在潘泰山（Pantai Hill）馬來亞師範學院（MTC）解決這個課題，自己通過實踐學到了同樣的知識。

我在倫敦讀書的妹妹玉婷（Dorothy）到南安普敦的碼頭來接我們。最初，我們住在羅素廣場的一家酒店，然後通過倫敦大學的住房部門在倫敦北部的穆斯韋爾山（Muswell Hill）找了一間公寓。房東是一位從捷克斯洛伐克來的猶太人，他在希特勒大屠殺期間逃往中國。戰爭結束後，他到了英國。因為當時只有中國人接納猶太人，所以他對中國人心存感激。他不在乎我即將生產，很高興把公寓租給我們。

我們的公寓包括一間大客廳／飯廳、兩間臥室（一間位於公寓的後面）、一間廚房和一間浴室。玉婷在這一年與我們共住，住在後面臥室，大小剛好住一個人。她以前一直和朋友們合租公寓，所以很高興能和我們在一起。

新明睡在客廳的沙發床上。白天這就是我們的沙發！這間公寓比較狹窄，但是我們沒有太多行李，只有幾箱衣服。公寓應該是配備家具的。在英國，這意味着沒有冰箱（在亞洲，冰箱是必須有的），但玉婷帶來了一個小冰箱，而且居然是可以使用的！衣服可以到附近的洗衣店洗。廚房不大，但足以放一張小桌子吃飯。無論如何，商店就在樓下面向大街，所以我就將就過活了。

　　賡武撰寫了關於明朝與東南亞關係的一系列文章。這對他來說是一個新領域，卻是他因研究海外華人問題而聞名的開始。說到底，他幾乎是偶然地掉入這個研究領域。他原來的論文是關於中國九世紀和十世紀的五代史。

　　1962年初，我回到馬來亞大學時，當選為文學院院長。我同意就職，因為我知道我很幸運，在兩年內兩次離校遠行（先後去了美國和英國），現在該是我分擔管理職責的時候了。歷史系招收了大批學生，系主任約翰·巴斯汀支持我擔任院長，只要我能夠按照計劃繼續教學。這是非常艱巨的任務，我需要全力以赴。但是，無論是教書還是為同事提供行政服務，我都不斷學到新的東西，令人興奮。我必須承認我幹得很起勁。現在回顧，我回校後在兩件事上花費了大部分時間。首先是大學決定在馬來研究系和印度研究系之外增加一個中文系。另一件事是由一系列事件引發的，導致日趨衰微的大英帝國同意讓治下的五個不同政體合併成為一個新的馬來西亞聯邦。

　　馬來亞大學原來希望聘請劍橋大學的鄭德坤來領導新的中文系，但他只同意擔任客座教授一年。身為院長，我被要求擔任負責人，直到找到適當人選為止。我具有一些漢學背景，因此我負責招募新的教職員，為1963年的學生入學做準備。在鄭德坤的幫助下，我們編寫了新課程表，聘請了第一批教師。在鄭德坤離開之前，我們從新加坡找到已經成為中國數學和科學史學家的物理學家何丙郁（Ho Peng Yoke）來擔任中文系的教授和系主任。然後，我成功地說服了來自漢堡的另一位客座教授傅吾康（Wolfgang Franke），他既是漢學家又是歷史學家，接替我擔任代理系主任。何丙郁第二年到任。中文系有了個好的開端。就我自己來說，我這次學到的漢學知識，比在倫敦亞非學院第一次接觸漢學時要多得多。

　　至於第二件事，我們更加關注的是如何鞏固我們關於馬來亞民族國家的觀念，而不僅僅是關注一個擺脫了英國控制的政體。我在馬來亞獨立後居住在吉隆坡，這提醒了我，關於公民身份的不同期望仍然有待解決。這些期望與個別領導人所採取的極端立場不同。例如，一方面，馬來民族主義與印尼政界理想的《大印度尼西亞》（Indonesia Raya）關係密切，所以伊斯蘭國家的想法就被擱置了；另一方面，馬來亞共產黨的解放思想即將在叢林中被擊敗。在這兩種極端想法之間，政治領導人仍有很大的談判空間，以決定哪一種公民身份最適合那些選擇將馬來亞當作自己國家的人。長期以來存在着的兩種立場，一方面有人認為由馬來人領導的與華人和印度人結成夥伴關係是在馬來西亞分享權力的唯一途徑，另一方面有人認為應該盡可能縮小種族差異。對於後者來說，我們的領導人越早注意民生利益，縮小貧富差距，對未來的發展就越好。但是大多數人認識到，種族差異將是難以避免的。

　　現在需要決定的是如何處理一個殖民地國家留下來的架構，那是由各種官僚機構和封建特權組成的獨特聯合體，首先需要強大的中央控制力量。儘管當時人們對聯合體瞭解甚少，但它的核心是民主權利的理想，要確保人民最終能夠決定自己的命運。

　　我對民主的體會是膚淺的。我只在1955年的英國看到工黨在歐內斯特‧貝文（Ernest Bevan）的支持者和休‧蓋特斯凱（Hugh Gaitskell）

的支持者之間分裂。回到新加坡後，我在離開前看到人民行動黨的作為。我及時趕到吉隆坡校園，看到三個月後舉行的馬來亞大選。儘管每次選舉都順利舉行，但哪一個黨會獲勝並無懸念，因此我很少關注那些將會決定選舉勝負的細節。直到1960年我訪問美國，在我訪問的每座城市看到甘迺迪和尼克遜的競選活動時，我才知道民主可以產生持續的興奮和真正的懸念。現在回顧，我顯然認為獨立必然會帶來民主。我只是沒有預見到，民主是一個非常難以管理的制度，必須對自由做出堅決的承諾，才能真正代表人民的意願。

我在吉隆坡的朋友熱心地帶我四處觀看競選活動，尤其是我在倫敦馬來亞廳認識的老朋友薩爾馬林加姆（Tharmalingam）或穆罕默德·塔米茲·阿卜杜拉（Mohd Tarmizi Abdullah）。我跟着他們亂逛，很快意識到我對於種族本位的族群政黨有一種天生的抗拒感。我覺得它們的排他性無助於培養民族意識。正如預期的那樣，三個社區聯盟政黨贏得了勝利。但是，令我感到鼓舞的是，它們僅以微弱多數贏得了普選。不是基於種族的政黨雖然表現不佳，但它們的表現讓我充滿希望，希望它們能夠不斷改進。泛馬來亞回教黨（PMIP）的表現比在以前的選舉中好，這使我遲疑了一下，但當時我感到它將永遠是一個地方和地區性政黨，對那些試圖建立新國家的人來說不會有吸引力。我對民主的信念沒有削弱。我仍然對政治發展有興趣，但我主要的興趣是教授我的新課程以及幫助新大學起步。我感到樂觀，認為假以時日人民將學會建立一個民主的、不以族群為基礎的的馬來亞國家，我也樂於為這個國家在教育方面貢獻自己的力量。

調查報告

1961年5月27日，東古·阿卜杜勒·拉赫曼提出了「大馬來西亞」的構想。娉婷和我當時在倫敦，他對新加坡改變了主意令我驚訝。現在新加坡要與砂勞越、文萊和沙巴並排而立，不知道人民行動黨領導人會怎樣考慮成為馬來亞人的問題。新加坡與那三個州有什麼共同點？我還不夠瞭解，不知道問題的關鍵在哪裏。另外，我正在努力完成關於中國明朝與東南亞關係的研究，只能花部分時間去瞭解發展情況。但是，在接下來的幾個月中，我看到吉隆坡和新加坡的一些領導人正在規劃建立一個更大聯邦的輪廓。到1962年初，在我們返回吉隆坡的前夕，我驚訝地發現婆羅洲北部的三個州已經表示願意加入。看起來「大馬來西亞」即將成立。

這不是學術問題，而是瞭解什麼是「馬來西亞」的問題。我發現我的同事跟我一樣感到困惑，不知道這個新的國家如何呈現。許多人會同意我新加坡國立大學的同事陳大榮 (Tan Tai Yong) 後來所說的：「矯揉造作的複雜演習……人為的政治創作」。當我被選為院長時，我認為文學院是介紹這個新國家的最佳場所，於是提議組織一批論

文，說明這個國家所具備的基本狀況。我發現地理系的特里・麥基
（Terry McGee）特別熱心，於是我們在兩個校區分別找人。我們最後
一共找到27個人，同意調查所涉各州的現況，從而幫助我們重新想
像一個不一樣的馬來亞。吉隆坡有17人，新加坡的姊妹校區有3人，
還有7人正在訪問我們大學或以其他身份聯繫到我們。在最後一組人
中，英聯邦歷史學家羅賓・溫克斯（Robin Winks）正從耶魯大學到我
校客座，還幫助我們找到了國際出版商。我們給自己定了一年的期
限，這是一個雄心勃勃的截止時間，因為我們想配合官方計劃，到
1963年8月31日（國慶日）成立大聯邦時出版。

　　作為這本書的編輯，我對婆羅洲的三個州除了從書上讀過一點之
外，瞭解甚少，自己覺得說不過去。我徵詢一位撰稿人、砂勞越博物
館的湯姆・哈里森（Tom Harrisson）的意見，請他協助我去婆羅洲走
一趟，讓我更好地瞭解新國家的東部情況。我在新聞報道中讀到一些
消息，包括馬來人和華人領袖的嚴重質疑，馬來西亞團結諮詢委員會
（Malaysia Solidarity Consultative Committee）的聲明，以及科博爾德委
員會（Cobbold Commission）的報告。

　　可是就在我出發前，1962年12月發生了文萊暴亂（Brunei
Revolt）。幾週後，蘇卡諾總統宣布了他反對馬來西亞成立的對抗運
動（Konfrontasi）。我按原來計劃於1963年2月出發，在砂勞越旅行了
三個星期，在文萊一個星期，在沙巴兩個星期。在砂勞越，新聞辦公
室的阿拉斯泰爾・莫里森（Alastair Morrison）帶着我拜訪了該州第一、
第二和第三省的當地領導人。他還安排我長途開車去文萊。在那個高
度警戒的城市，文萊博物館的工作人員帶我到各處參觀，然後帶我去

了塞里亞（Seria）石油城。一切都很平靜，我們的對話僅限於生活方式和文化。在沙巴，我的時間只夠去訪問東海岸的山打根（Sandakan）或去內陸旅行。我選擇了後者，沿着帕達斯河（Padas River）到達丹南（Tenom），然後去建寧歐（Keningau）。

　　整個旅程令人振奮。我之所以計劃這次旅行，並不單純是為了政治，而是想直接見面聊天瞭解情況。事實證明，只有在砂勞越，才有人公開地對馬來西亞的辯論表示有興趣，當地的共產黨在印尼共產黨同僚的支持下，反對英國的殖民統治。文萊還沒有從叛亂中恢復過來，沒有人願意談論任何政治話題。在沙巴州，我未能見到卡達山杜順族（Dusun [Kadazan]）的領導人唐納德・斯蒂芬斯（Donald Stephens）（他不在哲斯頓〔Jesselton〕）。我只見到無精打采地表示支持的州官員。總的來說，我的印象是，大多數人感到滿意，因為科伯爾德委員會已經知道了他們的關切，如果州的權利得到某種保證，並且各州以平等地位加入馬來亞，他們就願意接受聯邦。我很高興知道這一點。我一路看到太多新的東西，使我無法完全搞清楚情況。除古晉以外，我特別感興趣的是原住民的土地利用，以及對於布魯克王公（Raja Brooke）家族、文萊王室和北婆羅洲公司所帶來的馬來人和華人的獨特混合，原住民如何看待他們自己與這種混合之間的關係。

　　在古晉，阿拉斯泰爾・莫里森特別給我幫助，把我介紹給馬來人和達雅人（Dayak）等族群領袖。不過，最願意與我交談的是砂勞越人民聯合黨（Sarawak United Peoples' Party）的領導人，他們公開反對東古的計劃。王其輝（Ong Kee Hui）和楊國斯（Stephen Yong）批評該計劃的某些方面，認為它似乎要將砂勞越置於馬來亞的控制之下。他們說，他們已經向委員會提出他們關切的事項，並希望最後的協議能夠反映出他們的擔心。他們得知我們正在編輯一本書，準備將新馬來西亞介紹給更多讀者，便要求我清楚地說明這一點。我還遇到了一位朋友黃順開（Wong Soon Kai），他是我新加坡馬來亞大學醫學院的學長。他冷靜地分析了民眾分裂的情況，並認為整個計劃在他們還沒有考慮是否獨立之前就突然丟給他們。因此，他們只能指望英國人會給他們公正的待遇。

現在回顧，我想做的事情太多了。我以後又去過東馬來西亞和文萊好幾次，每次訪問後，我都意識到我的第一次訪問，對於三個州的人民怎樣考慮加入馬來西亞的問題，幾乎一無所知。比如說，我對文萊的訪問並沒有讓我預見到文萊蘇丹會退出聯邦。退出的決定給我的大多數撰稿人造成麻煩。我不得不請他們收回論文，修改所有提到文萊的地方，包括重新繪製幾張表格和圖表。我們的出版商很能體諒，但該書的出版因此推遲了將近一年。我在這本書上花費了十五個月的痛苦時光，自己發誓說從此不要再參與當代事務。

我等到1963年9月新的聯邦成立後才寫導言，於是被當時的歡慶氣氛沖昏了頭。結果，我寫的導言比第一次從婆羅洲回來時的實際感覺要樂觀得多。例如，

> 總而言之，我們希望本書中的研究將對東南亞這個充滿希望的新國家提供足夠全面的瞭解……。在這個多種族民族主義的發展過程中，加入馬來西亞的新州也將發揮重要作用。新加坡已經顯示出足夠的成熟，可以在一個以華人為主的城市培養出多種族的忠誠感情。它當前的任務是證明這種忠誠感情在馬來西亞其他地方的重要性。砂勞越和沙巴州尚需面

對考驗，但是有跡象表明，它們都將培養自己的多種族忠誠感情。這些忠誠感情是否能夠與大陸發展的忠誠感情融合無間，在很大程度上取決於新的國家領導層的智慧。

蘇卡諾總統的對抗運動不久就變成暴力行動。馬來西亞迅速採取行動，向聯合國求援，以獲得國際承認。關於新國家的報道無處不在，使得這本書受到廣泛關注。聯邦慶祝活動之後，新加坡選舉中的政治鬥爭，以及1964年的馬來西亞選舉，更加引起了人們的注意。此後，新加坡發生了致命的種族騷亂，破壞了聯盟和人民行動黨領導人之間的信任。除了其他一些行動加劇了人們對種族間緊張關係的擔憂，吉隆坡和新加坡的正式談判也未能解決一系列敏感的經濟和行政分歧。儘管出現了上述情況，加上有些評論者也對這本書提出質疑，但我記得仍然為自己的結論辯護：

> 嚴格而言，馬來西亞的概念是一個政治決定，目的是為東南亞的民主制度找到比較長久的位置。人們預料到，這一概念已經遭到國際共產主義的反對。實行議會民主失敗了的印尼也反對。馬來西亞仍然必須解決多國體制和多元社會產生的問題，也不能否認這些問題確實很嚴重。但是，全世界的民主國家都在祝福馬來西亞，並確認馬來西亞在東南亞可以發揮歷史性作用。我們現在預期馬來西亞將秉承現代歷史上最美好的一些理想：自由、民主代表制以及法律之前人人平等。這些價值觀應該永遠傳承下去。

現在回顧，我意識到自1949年以來自己一直渴望成為馬來亞的公民，我1963年寫的文章就是在確認我對新成立的馬來西亞的信念。我知道，關於新加坡州與國家中心關係的細節仍在談判中。但是，我毫不猶豫地發表了如此一廂情願的聲明。當時，經過多年辯論和對抗之後，我越來越希望，最好的結果就是馬來西亞能夠把新加坡包括在內。因此，我們的書才出版一年，馬來西亞領導人在 1965 年 8 月 9 日宣布，同意與新加坡分離，令我異常震驚。根據我在砂勞越和沙巴與人交談的瞭解，我也認為，這同樣令他們震驚，因為他們指望着與新加坡一起加入大馬來西亞聯邦。

第八部

家庭根源

祖孫三代

　　許多年前，一位英國朋友被人問到他七十多歲時的健康狀況，他苦笑着回答説，一個人應該仔細挑選父母。如果真能這樣，我挑選的是最好的父母。我在前一本書裏談到我的童年，提到我的父親和他出生的世代書香之家，還包括母親對我父親及其家族的描述。我在前一部分談到對於英語 "love" 這個字的疑問，認為英語的 "love" 翻譯為中文的「愛」字並不完全恰當，而且可能引起誤解。我們通常用「愛」來形容母子之間的關係，它既是責任，又是關心。父子之間的關係是用「嚴」來形容。這暗示着一定程度的距離，強調父親的權威以及兒子應該服從父親。另一方面，兒子應該對父親盡「孝」。

　　在我成長時期，母親的愛溫潤無聲卻顯而易見，父親沉默寡言，但從來不嚴厲，他只在説起自己的父母時才使用「孝」這個字。我不知道是怎麼回事，但我和父母之間從來沒有提到「孝」。回想起來，似乎「愛」這個字已經籠罩一切，父親和母親對我都是既盡責又關心，只不過母親的愛表現得比較親切，父親的比較含蓄。多年之後，我瞭解到「愛」的確就是盡責和關心的 "love"，我的父母親之間就是這樣的愛。

　　我在《家園何處是》一書所說的童年情況在後來的歲月裏沒有改變。從來沒有人告訴過我該如何生活。我的父母只要求我做到兩點：讀好書，做好人。在母親眼裏，父親就是個典型的好人。他教我讀古文，使我能夠與中國人的過去聯繫起來。有了這兩點，我應該能夠找到自己的生活方式。這不是實際的指導，但是儘管他們有時候會有疑慮，擔心我會偏離軌道，但他們還是對我充滿信心，讓我決定什麼事該做、什麼事不該做。他們不動聲色地讓我做好準備，去面對一個他們越來越陌生的世界。他們明智地感覺到，世界將繼續變化，我將不得不自己學習如何找到自己的位置。我們這樣的三口之家在中國人裏算是新奇。他們意識到這一現實，設法適應現代生活，一如許多居住在城市和國外的一代人已經開始接受的那樣。

　　我離開家到新加坡讀書後，再也沒有和他們住在一起了。我在大學放假時去怡保和吉隆坡探望他們，通常要住兩週左右。當我父親提早退休並在大英博物館從事研究後，他們到英國待了一年，我和他們至少在同一個城市住了兩個月，直到娉婷到了倫敦，然後與我一道搬去劍橋。我們搬回倫敦的時候，他們正準備啟程回馬來亞。1957年我們返回新加坡時，我們很高興他們選擇在新加坡生活和工作。我們大多數週末都相聚在一起。不到兩年，我們搬去了吉隆坡。我的父母也有搬到吉隆坡的計劃，但是我父親當年被任命為柔佛州新山 (Johor Bahru) 寬柔中學的校長，這意味着我們再次分開。我們在八打靈再也蓋新房子時，娉婷計劃加建一個套房，以便我父親退休後和我們一起住。但是沒有等到他們來，我接受了澳洲國立大學的聘請，搬去了坎培拉。

　　我在這裏暫時結束我們家無法三代同堂生活的故事，先説一下我們1968年以後在澳洲的情況。我的父母認為，我先後搬去吉隆坡和坎培拉對我的職業生涯有好處，毫不猶豫表示贊成。他們覺得等我父親退休後，我們自然會生活在一起。奈何事與願違。在我們去坎培拉之後，1969年5月13日吉隆坡發生騷亂，國家政策緊急轉變，使我不想再回馬來亞大學。到1971年，我和娉婷決定留在澳洲國立大學工作。那時我父親已經退休，父母到坎培拉來看我們，一方面參加在那裏舉行的東方主義學者會議 (Congress of Orientalists)，另一方面也瞭解住在那兒的感覺。不幸的是，我父親得了重感冒，最後幾天都躺在床上。我母親認為坎培拉的生活不適合他們，於是他們打算留在柔佛。第二年，我們要去英國三個月，安排孩子們和他們在一起，到父親的寬柔中學上學。我的父母非常高興，但是令大家悲痛不已的是，就在孩子們在那裏的時候，父親因心臟病發作棄世。他被安葬在柔佛，母親希望繼續留在柔佛一段時間，四年後才來和我們同住。

　　娉婷和我很少有長遠計劃，但我們所做的少數計劃之一，就是準備等父親退休後父母來與我們同住。這樣，我們就是三代同堂。多年後，娉婷寫下我們在新加坡和吉隆坡的生活，她希望讓孩子們瞭解我的父母。

———

　　爺爺和奶奶（廣武的父母）發生了什麼事？他們從倫敦返回新加坡，住在華文學校教師招待所的宿舍裏。像在中國為員工提供住房一樣，新加坡的華文學校也這樣做。房子不是很好，但是如果需要找地方住，可以在這類招待所租一兩個房間。爺爺和奶奶定居在這樣的招待所裏。他們有一個女傭，也住在同一招待所，在公用廚房為他們做飯。爺爺沒有在倫敦大學獲得碩士學位，因為他從未真正註冊過。他可能認為這不值得花時間或太麻煩。賡武從沒問過父親為什麼在倫敦沒有完成計劃。在傳統的中國父子之間，交流總是很尷尬。母親在父子之間傳話，像今天這樣的兒子與父親公開討論問題，在當時並不普遍。實際上，現在的父子之間仍然存在着這樣的問題。女兒覺得比較容易與父親交談。

奶奶和爺爺有一個想法，他們退休後將經營一家書店。爺爺的錢很少，而且這些年沒有多少積蓄，所以在我看來這不太可行。他也是最不會做生意的人。如果客户是他的朋友，他很可能就不收錢，只能蝕本賠錢。奶奶對經商也是一無所知，所以這似乎是一個不可能的夢想。

1958年底，柔佛州新山市寬柔中學董事會想聘請爺爺擔任校長。當時，大家都知道這個學校的學生思想激進，老師士氣低落，財務狀況很糟。這當然不是一份很有吸引力的工作。奶奶認為爺爺應該去試試，但爺爺覺得學校的問題太多，他可能做不好。經過深思熟慮之後，他決定還是去柔佛。這將是他做出的最佳決定。

爺爺重新改造學校。首先，他以身作則，將自己的工資從800元削減到700元。然後他拒絕涉身錢財事務，把財務完全交給有關行政部門處理。王氏家族向來不經營商業，他們在錢財方面十分誠實。他把課本招標這類事務都交給財務主管，沒有人可以說他經手過錢的事。一所學校會有很多錢。如果你要腐敗，僅僅學校用品的回扣就可以讓你發財。試想一下，每種教科書都需要訂購數百本，回扣的機會非常誘人。但是爺爺給學校建立了誠實和正直的文化，所以他十年後離開時，學校不僅為新增加的學生建造了更多教室，還存下250,000元的結餘，這在那個時候是一筆很大的款項。

爺爺還改善了課程，設法招聘更好的老師。華人老師的薪水低於政府學校的老師。他們沒有終身任期，通常都是一年合同。不難想像他們因此士氣低落。究其原因，是因為學校不知道學生人數是否會保持穩定。學校是私人機構，運營資金依靠學費，除非學生留下來並付清學費，否則第二年可能發不出教師的工資。爺爺不僅穩定了學生人數，還把入學人數翻了一番，從而使學校蓬勃發展。今天，學生人數已達數千，學校搬到了新校址。

到爺爺1969年退休時，他的確可以為自己的成就感到自豪。儘管他當過華文學校的視學官，非常受人尊敬，但大家覺得他不過就是個公務員。換句話說，他只是個執行英國政策的人。那些政策不是他制定的。但是作為一所獨立學校的校長，他可以建立自己理想的學校，而他成功地做到了。

1972年2月在為他守靈時，我永遠不會忘記他以前的一位學生對我說的話。他說，爺爺把他從「流氓」（相當於幫派成員）變成受人尊敬的公民，有一份好職業。爺爺鼓勵他所有的學生成為好人。這位年輕人然後說，爺爺作為教育家的

貢獻是了不起的「成就」,這將是他來生的福報。聽到爺爺受
到他以前的學生和同事這樣推崇,我非常感動。在他生命的
盡頭,他留下了令人追思的成就。

我們蓋房子

今天很難想像，一對年輕夫婦工作不到八年就可以自己蓋房子。我們之所以做得到，是因為馬來亞大學的政策是鼓勵當地的教職員自己蓋房子，並給他們提供低利率的住房貸款。這樣一來，空出來的大學住房就可以分給新任命的外籍員工。加上幸運的是，特別是在像八打靈再也這樣的新城鎮，土地很多，而且便宜。政策生效後，我們查看城鎮中正在開發的新區，找到了一塊適合我們的土地，面積足以讓我們蓋一座大房子，另加一座等父親退休後父母過來同住的房子。這塊地位於小路盡頭，可以保障隱私。娉婷這一次又是一切成竹在胸。

從英國回來之後（1962年），我們兩次搬家：一次是在八打靈再也衛理公會小學後面的一所臨時房屋，然後是剛建成的新宿舍科學巷（Lorong Ilmu）的一所大學房屋。那個地區毗鄰新的大學醫院，房屋環繞成馬蹄形。房間很寬敞，有四間臥室，後面是僕人的房間，花園還有待開發。我們是第一

批租户，不得不自己栽種些花木，佈置得像個花園。當時的
大學宿舍配有「基本」家具。也就是說，起居室和餐廳配備
了木製家具，臥室有床和床頭櫃。書房有書桌和椅子。我們
必須自己購買床墊、窗簾、冰箱和其他需要的家具。我要說
的是，大學對員工非常慷慨，因為房屋完全由物業處維修，
我們不需要自己找工人來修理。我們還為書房買了一台冷氣
機，後來手頭寬裕了些，為臥室也買了一台。當時認為冷氣
機是奢侈品，我們通常使用吊扇攪動濕熱的空氣。我們習慣
了高溫，住得挺舒適的。

　　1962年，馬來亞大學開始為員工建造私人住房。大學正
在考慮採用一種貸款制度，以鼓勵員工購買自己的房屋。當地
同事大多數願意這樣做，因為這意味着他們能夠擁有自己的房
子。我知道爺爺和奶奶等爺爺退休之後，希望來與我們同住。

　　爺爺和奶奶對於退休和學者的生活仍然是老觀念。爺爺
的想法是，他可以幫助賡武做研究，兩人一起寫書。這樣的夢
想在舊中國可能行得通，但是現在的學者不再是隱士，整天坐
而論道或吟詩填詞。賡武是一個喜歡活動的人，他既是學術
領袖和行政管理者，又是學者。我認為爺爺並不真正瞭解他自
己的兒子。無論如何，賡武從來沒有用過研究助手。他總是
喜歡自己做研究，因為他不相信任何人能過濾他要看什麼，或
幫他詮釋什麼是重要不重要。迄今為止，他從未僱用過研究助
理。爺爺退休之後不可能依靠參加賡武的活動過日子。

　　爺爺仍然在工作，儘管他在寬柔中學擔任校長的工作相
當困難，但他樂於面對這種挑戰。他是一位出色的校長，在

華人社區深受尊重。他使學校達到了很高的學術水平，並大大增加了學生人數。因此，學校董事會一直敦促他繼續工作，他同意並一直工作到65歲左右。

我想出一個辦法，讓爺爺退休後跟我們一起生活，但不住在同一座房子裏。我決定設計一棟房子，讓祖父母有自己單獨的住處，就是現在通常説的與主屋相鄰的「祖母套房」。八打靈再也仍在開發中，由市政府改組成的公司急於出售土地。他們推薦了一方上好的地產，有一大塊平地，但低於路面。土地東邊與一個舊橡膠莊園接壤，前面有一條像山溝的斜坡，有半英畝大小。我們那裏非常隱逸，只在左邊有一户鄰居，面向斜坡。我們可以在這塊地上造一座非常漂亮的房子。我委託我們的朋友曾文輝（Chen Voon Fee）和他的建築公司 Design 4 提案設計一個有四間臥室、一個大書房、客廳、餐廳、户外露台加上祖父母的套房的大房子。爺爺和奶奶的房子不能太小，我希望他們會對新家感到滿意。

Design 4 提出了一個非常宏偉的計劃，主入口位於一樓，從樓梯走到地下就是客廳和餐廳。大廳右側就是一條寬闊的樓梯，通往樓下的主客廳。車房後面另外有樓梯直達祖父母的房子。房子很寬敞，超過1,000平方英尺，裏面有客廳和飯廳、大書房以及一間帶浴室的臥室和獨立廚房。他們也有自己的女傭房間。

我們有一個多種族的朋友群，大家用英語交談。奶奶不懂英語，因此與這些朋友見面會覺得不自在。我們常常招待朋友，所以朋友來的時候，祖父母在哪裏吃飯呢？他們不知道我們招待什麼人，因此我們不能使用同一個客廳和飯廳，更不用說廚房了！這樣的安排，他們可以有自己的傭人，自己做飯，招待自己的朋友。這房子在地下跟我們有一堵共用牆，牆的兩邊就是他們的客廳與我們的起居室，整個房子都在同一層，可以通向花園。這是個美麗的房子，即使在今天看來也算寬敞。

於是，我們啟動了這項大工程，真是令人興奮。我已經幫爺爺和奶奶在八打靈再也建造過一間他們投資的房子，是大學附近的一個小平房，因此我看得懂建築師的平面圖。我們那時已經住過許多房子，所以知道自己喜歡和需要什麼。總的來說，我覺得空間寬敞最重要，因為有了足夠的空間，以後就不需要擴建了。我們已有三個孩子，不打算再生了。我們為兩個女孩準備了一個大臥室，女孩長大後可以把房間一分為二。我們的書房在臥室旁邊。大多數人的書房遠離睡房，我們不同，因為已經養成了工作到很晚的習慣，尤其是廣武，把書房放在臥室旁邊，讓他可以在工作一天之後輕鬆地上床睡覺。我們結婚之後一直就是這樣。

籌備工作就緒之後，1964年中開始動工。幸運的是，廣武說一切由我做主，他只要求有個大書房。建築師對此表示感謝，因為夫妻之間經常會有衝突，給出相互矛盾的指示。我們最終的設計很宏偉，房子正面景觀開揚，與對面的房子隔着巨大的空間。右邊草地連接到森林保護區。房子的前面有一個大露台，我們經常在這裏招待朋友。

　　碰巧我們的房子完工時，我最小的弟弟學能（Henry）和他的妻子Helene因租約到期而不得不搬家。我們倆都認為，不如先讓他們住在那個房子裏，因為廣武的父母仍在柔佛。這就像有了個大家庭，孩子們就近有個阿姨和叔叔。他們和我們一起住了三年，相處非常愉快，直到他們決定自己蓋房子，我們也準備去澳洲。孩子們也受益匪淺，他們有事時除了找父母和傭人，就喜歡去找他們的科學家阿姨。我們的兒子新明如果有問題是我們無法回答的，就會去找他的阿姨。學能和Helene那時還沒有孩子，對我們的孩子寵愛有加。孩子們下午通常會待在阿姨的客廳裏，因為在我們家看電視是有時間限制的。

　　這種大家庭同住的方式對我們所有人都非常有益，我因此感到，如果有足夠的空間，每個人有足夠的隱私，傳統的大家庭是件好事。這樣的安排自然會避免今天的小家庭對父母造成的壓力。

　　我們大約在1965年5月搬進去，在那所房子裏只住了三年多一點時間。我知道，我們搬去澳洲之後，不可能再有這樣的房子了。我們直到去了香港，才住進一所更豪華的房子！我對那所房子很有感情，因為是我們自己建造的，我付出很多心血。所以我犯了一個錯誤，決定不賣掉它，希望三年後回來再住。事後看來，這個想法不切實際，隨後發生的事件也證明我錯了。

八打靈再也的新房屋，建築師曾文輝按照娉婷的規劃設計。

定　居

　　我們在倫敦的那一年，兒子新明的教育開了個好頭。四歲那年，他去了馬斯韋爾山（Muswell Hill）的預備學校學前班，讓老師教他讀和寫。我仍然記得在倫敦的時候，他讀出電視上的面霜廣告，使我們吃了一驚。我們回吉隆坡後，他還要等一年才能上學。他一直要找書來讀，我們也盡量滿足他的要求。我們可以看到他的學習生活有了一個良好的開端。當我們開始定居後，娉婷把她擔心的事記錄了下來。

————

　　那時的幼兒園很少。孩子們七歲開始上學，所以要等很長時間才能讓孩子接受正規教育。有一些私立幼兒園，其中一個是由一對姐妹經營，她們是爺爺和奶奶的朋友。我們把女兒送到那裏，直到她們可以上小學。新明已經知道如何閱讀，而且記憶力很好。他開始上學的時候，發現又要從頭學習ABC，就拒絕上學。幸好女校長認識我們，認為新明已經在閱讀兒童百科全書了，卻把他放在一個沒有人會認字的班上，實在很荒謬。她把他帶到另外一班，新明於是安心上學。

　　因此，我們過着繁忙的生活，家庭強盛健康。賡武致力於歷史系的發展，也參與大學的治理工作。我在忙着提高學生的語言水平，除了一些小病痛和一般的家庭問題，我們的生活穩步向前。

　　週末時候，我們會帶孩子們開車兜風，去遊樂場等地方玩耍。放假時，我們去東海岸的吉蘭丹和丁加奴。有一次，我在馬六甲為老師開辦假期課程，賡武週末開車帶孩子來跟我見面。我們住在馬六甲招待所。英國人在馬來亞的每個城鎮建造這樣的招待所，這是值班官員住的旅館。招待所主要由海南人經營，由於歷史原因，海南人通常經營咖啡店和幾種餐館。這些招待所很便宜，公眾也可以入住。建築物相當迷人，小別墅風格，有寬闊的遊廊和一間餐廳。房間很寬敞，通常是套房，有一個大客廳和一間帶浴室的臥室。

三兄妹在丁加奴 (Trengganu)，1967 年。

在我擔任院長時，我們的歷史系講座教授約翰‧巴斯汀突然宣布辭職去倫敦，令我們所有人感到驚訝。馬來亞大學仍然遵循英國的慣例，每個系只有一名講座教授擔任系主任。替換約翰的人也必須擔任歷史系系主任。我一直安於繼續研究中國與東南亞的關係，並對關於東南亞地區海外華人的新課題感興趣，也繼續擔任教授東亞歷史的講師。我當然不認為我可以申請這個系主任的職位。我的朋友和同事卻鼓勵我至少要成為候選人。

1963年8月，我被任命為講座教授。因此，我覺得我應該回歷史系全職教書，並專心發展該系。我擔任院長只一年就提出要辭職。經過歷史系教員和大學同意後，我接受了任命，馬上回去擔任系主任。

歷史系系主任的工作很有挑戰性，在我負責歷史系發展的五年時間，我珍惜其中的每一分鐘。大學規模不斷擴大，大批學生選擇讀歷史。我們的教職員人數仍然很少。我和阿拉斯泰爾‧蘭姆於1959年加入歷史系。阿拉斯泰爾教南亞和中亞史，並對印度早期的影響力和群島的考古工作有濃厚的興趣。約翰‧巴斯汀邀請了我們新加坡的兩位同事戴維‧巴塞特（David Bassett）和瑪麗‧特恩布爾（Mary Turnbull）加入，教授東南亞歷史的不同時期。布萊恩‧皮科克（Brian Peacock）是國家博物館的東南亞地區考古學家，與阿拉斯泰爾密切合作。

我記得，歷史系還聘請了一位教授歐洲史的人，另一人是我們的第一位印尼專家。我在劍橋遇到的傅樂山被聘為另一位中國史學家。他研究的題目是1875年至1878年中國第一任駐英大使郭嵩燾的日誌，因此被要求教授中國近代史。在他之後還聘了一位中俄歷史專家，一位政治思想史學家，還有一位是教馬來－波利尼西亞歷史。

　　幾年後，儘管歷史系不斷成長，有些人也另求發展。因此，我們不僅要招聘新教員，還必須找人替補那些離開的教員。我設法讓威廉‧羅夫（William Roff）和安東尼‧里德（Anthony Reid）加入我們，羅夫教馬來穆斯林歷史，里德專注於馬來群島的近代史。歷史系還很幸運地得到來訪學者的幫助，為學生提供不同的歷史觀點，包括倫敦亞非學院和耶魯大學的學者；此外還有五名傅爾布萊特訪問學者，其中兩名開設美國歷史課程，另外三名專門研究印尼、泰國和緬甸。到了這個時候，對東南亞地區感興趣的歷史學家和政治學家成了常客，我們邀請他們與學生座談。我相信學生們特別高興見到阿諾德‧湯因比（Arnold Toynbee），聽他闡述如何把東南亞納入他的世界文明史觀。

　　我們還開始從馬來亞大學的新加坡校友那裏招聘人才：兩名講授馬來亞—新加坡歷史，一名講授經濟史，另外兩名研究荷屬東印度群島和近代印尼。然後，我說服邱家金（Khoo Kay Kim）和羅林斯‧邦尼（Rollins Bonney）研究十九世紀的馬來各州當作碩士論文題材。他們的兩項研究非常出色，被牛津大學出版社出版，隨即很快加入教員行列。此外，我們還矚目從其他大學畢業的本地學者，邀請了扎納爾‧阿比丁‧瓦希德（Zainal Abidin Wahid）和詹姆斯‧孔基利（James P. Ongkili）（均來自昆士蘭大學）、加州大學洛杉磯分校的梁文勇（Stephen Leong）和哈佛的吳清德（Goh Cheng Teik）加盟。我們規劃未來，為自己的畢業生爭取獎學金，一個去柏克萊研究美國利益在亞洲的興起，另一個去倫敦研究外交史，還有一個關注亞非問題，去了尼日利亞的伊巴丹（Ibadan），研究撒哈拉以南非洲。在我離開之前，三個人都回到歷史系任教。我曾希望說服其他幾位有前途的學生研究馬來各州的歷史，但他們最終選擇去做公務員。

我們也開始吸引國外的研究生，包括來自澳洲、印度、香港、紐西蘭和東非獲得英聯邦獎學金的人。有幾個繼續在別的大學從事學術研究。我對印度的拉吉‧瓦西爾（Raj Vasil）、肯尼亞的詹姆斯‧艾倫（James Allen）和紐西蘭的邁克爾‧斯坦森（Michael Stenson）的研究題目特別感興趣。他們都研究馬來亞／馬來西亞的歷史，並出版為學術專著。歷史系自己擁有一批聰明的年輕本科生，很快變得生氣蓬勃，我在歷史系度過了十年，從來沒有沉悶的時刻。

到1968年我離開時，我敢說我們歷史系不僅已經多樣化，講授的課程範圍廣泛，而且在馬來西亞和東南亞歷史方面是最強的科系之一。我們的主要興趣仍然是東南亞歷史，而且培養在馬來西亞歷史方面的研究能力，逐漸佔據核心地位。我們還開設課程，讓學生深入瞭解與馬來西亞始終相關的其他地區，尤其是南亞和東亞、西方（歐洲和美洲）以及亞非新國家。外交部門認為我們的畢業生表現優秀，當時的外交部常任秘書長加沙里‧沙菲宜（Ghazali Shafiee）鼓勵我在歷史系內設立一個部門，使學生除了學習東南亞地區及其他地區的近代歷史，還具備政治和國際關係的基本知識。我相信歷史是一門優良學科，能培養具備歷史知識的畢業生，幫助他們更好地為國家服務。我在我的就職演說〈歷史的運用〉中闡明了我的立場。我相信我已盡力為學生提供了均衡的課程，使他們成為知識淵博的有用公民。多年後，我很高興看到邱家金擔任系主任，把歷史系首二十五年的工作正式列入記錄。

我的授課時數依舊排滿，但減少了我的中國歷史課程，為那些希望瞭解「歷史書寫」之歷史的學生開設了關於「歷史理論和方法」的新課程。我必須承認，這是我真正喜歡的一門課程，不僅因為我喜歡講課，而且我喜歡在小組中輔導一些最好的學生。看到我的學生欣喜地發現用不同的方法研究不同民族的過去，並學會質疑某些歷史著作的價值，真是令人高興。1965 年後，由於從馬來中學入學的人數增多，我們開始對論文評分，提供輔導課程並舉行使用本國語言的考試。我很高興獲悉，其中一些學生畢業後的表現非常優秀。

在我埋頭工作時，娉婷在馬來西亞逐漸成為英語作為第二語言 (ESL) 的教學專家之一。她為我們的孩子講述我們如何在馬來西亞安頓下來，發展我們的職業生涯。她回想起我們努力了五年，然後因為我想重新回到已經擱置了一段時間的中國史研究，決定搬去澳洲。

同時，我在大學隔壁的潘泰山的馬來亞師範學院工作。該學院的宗旨是培訓中學教師，講授人文學科和作為第二語言的英語 ESL。

當時有關教育政策的爭議很大。政府希望將馬來語作為所有國立（即政府資助的）學校的教學語言。這將意味着逐步淘汰所有以英語教學的學校。華文學校必須教授國家制定的課程，將馬來語當作必修課。不過允許華文學校繼續以私立學校營運。為學生着想，華文學校不得不教馬來語，否則這些學生將無法進入任何一所大學，而當時馬來西亞只有這麼幾所大學。因此，必須為這些新學校培訓大批教師，同時馬來西亞仍將英語作為第二語言。

我很高興地發現，我以前大學的同班同學杜爾西·納瓦拉特南 (Dulcie Navaratnam，婚後改為 Dulcie Abraham)，是師範學院英語系主任。我非常喜歡在那裏教書。我主要擔心的是我們的學生英語水平不高。我認為，他們都應該至少在英語六年級結束時或在高等學校證書中獲得英語高學分（而不僅僅是及格）。我猜想獲得英語高學分的學生人數不夠多。許多人上師範學院是有津貼的，視之為進入大學的途徑，許多人的確在教書幾年後進了大學。

兩年後，杜爾西轉到柔佛州新山的馬來亞師範學院。她成為那裏的英語系系主任，要求我接任吉隆坡的系主任。要我接任是因為當時我是當地最資深的人，我也覺得自己可以勝任。我擔任系主任直到1968年8月前往澳洲。

————

娉娉接着告訴孩子們，為什麼他們應該以我在馬來亞大學取得的成就感到自豪。

————

我意識到賡武在努力出人頭地。1963年，他33歲不到就被任命為歷史學講座教授。與學生時代不同，他工作非常努力，撰寫講稿，出版新書，積極參加公民和校園活動。

　　他對名字過目不忘，只要見過學生一次就可以記住他們的名字。這給學生留下了深刻的印象！他頭腦冷靜，很多人徵詢他的意見。大多數人沒有意識到他是少年老成。他關於南海貿易的早期研究發表於1958年。他在新加坡發表了一系列廣播演講，出版為《南洋華人簡史》。馬來亞大學隨後出版了他的博士論文《五代時期北方中國的權力結構》(*The Structure of Power in North China during the Five Dynasties*)，後來由史丹福大學出版社重印。他還撰寫了關於馬來亞華人分類及其政治傾向的文章。許多學者在分析海外華人時發現這些分類很有幫助。

　　我們現在回顧，馬來亞大學是我們人生中的一段美好時光。我們正在為一所新大學建造校舍和發展學術基礎。我們廣向全球招聘，所以有各種各樣的學者，其中一些已經很有名望。那些日子裏，我們的薪水在當時是不錯的，大學的工作人員也深受尊重。我們有錫蘭著名的數學教授克里斯蒂‧賈亞拉納姆‧艾利澤 (C. J. Eliezer)。還有黃麗松，他是化學教授，也是理學院院長，其後為新加坡南洋大學校長、再之後是香港大學校長。還有其他幾位年輕的學者，他們後來成為其他大學的教授。賡武也在那裏建立了他早期的聲譽。

　　在離開吉隆坡時，我們仍然認為過幾年就可以回來。但是當娉婷幾十年後為我們的孩子講故事時，她覺得這是我們生活中一個篇章的終結。那時我們的孩子還很小，住在馬來西亞很開心。我想他們可

能對我們為什麼要再次搬家有些疑惑，而且是搬去一個如此遙遠的國家。我也認為這是娉娉用這種方式表示，為什麼她同意我轉去澳洲國立大學任職。她聽起來好像對離開我們大家都非常喜歡的新房子毫不後悔。我知道其實不然，但娉娉不會讓任何遺憾阻止她重新開始。她將在坎培拉再建一棟非常舒適的房子，一棟我們在那裏一直住了15年的房子。

第九部

出乎意料

1965：澳洲和紐西蘭

在前面的章節中，我提到1965年8月9日宣布新加坡與大馬來西亞脫離時令我震驚。那天晚上，在看電視新聞時，我很驚訝地看到李光耀哭了。當時我正從澳洲乘飛機回家，在返程途中，我一直在想與吉隆坡脫離是怎樣發生的。李光耀是不是要負一部分責任？當我們的飛機降落在新加坡換機去吉隆坡時，我聽到有人放鞭炮，慶祝新加坡解放並出人意料地獨立成為共和國。我卻高興不起來。相反，我想到的是西馬和東馬的經濟支點不見了。馬來亞最初的理想現在縮小了，由原本的馬來亞半島 (Tanah Melayu) 加上砂勞越和沙巴取而代之；這個國家忐忑不安地跨進了不可知的新海洋。

現在回顧，我長久以來一直認為新加坡就是馬來亞的一部分。馬來西亞的提議被拿出來討論時，我人在倫敦，以為這個想法會被相關的五個政體中的大多數人接受。即使幾個月後我聽到新加坡的人民行動黨在這個問題上意見分歧，我仍然相信新加坡的大多數人會同意加入聯邦。因此，在1962年回來後，我以馬來亞大學文學院院長的身份帶領我的同事們將這個馬來西亞介紹給全世界。但在訪問了

婆羅洲北部各州之後，我不是那麼確定一切將會順利進行，不過我仍
然認為新加坡、砂勞越和沙巴領導人設計的「馬來西亞人的馬來西亞」
(Malaysian Malaysia) 這一口號將會幫助新的政治實體。新加坡在1962
年進行的公民投票儘管引起爭議，但似乎證實了多數人的支持。從吉
隆坡遠望，我不敢相信我的社會主義學會的朋友們是共產黨，他們站
在社會主義陣線 (Barisan Socialis) 的一邊，並於1963年初被「冷藏行動」
(Coldstore) 拘禁。我仍然認為，新加坡對於馬來西亞取得成功至關重
要。聯邦是一個非常複雜的國家組合，有關領導人經過認真談判才促
使其成立，因此可以指望它會繼續維持下去。

　　這就是為什麼我把我可能有的任何疑問放一旁，繼續將大部分時
間用於處理與馬來西亞有關的事務。1964年調查報告《馬來西亞概覽》
發表之後，我參與了一個調查1964年新加坡種族暴動的委員會 (該委
員會於1965年1月召開了一次預備會議)，又參與了另一個規範傳統
醫療做法的委員會 (報告於5月完成)。我還被要求擔任課程審查委員
會的主席，以幫助新加坡南洋大學的學位獲得國家認可。這份報告在
新加坡與馬來西亞脫離後，於9月被新加坡政府接受，令我感到驚訝。

　　與此同時，我受邀擔任澳洲國立大學 (澳大) 的首屆亞洲研究員
(1965年5月至8月)。這完全是出乎意料的事。這是澳大和澳洲政府
捲入一次尷尬事件造成的結果。羅伯特·孟席斯 (Robert Menzies) 總
理未經諮詢就宣布，泰國國王將由澳大授予名譽博士學位。澳大的教
授委員會認為這不符合大學的慣例，拒絕授予學位。孟席斯很生氣，
但澳大不讓步。幾個月後，澳大為了表明拒絕並非針對泰國，以泰
國國王的名義設立了亞洲研究金。頭兩筆研究金在1965年頒發，一

筆給泰國藝術大學(Silpakorn University)的泰國藝術史學家和考古學家Suphadradis Diskul親王，另一筆給我。我瞭解到，這是要我幫助澳大太平洋研究學院開展關於東南亞、特別是馬來西亞的歷史研究。因此，1965年是我念念不忘馬來西亞的一年。所以，在新加坡與馬來西亞脫離的那一天從澳大回來，要重新想像馬來亞/馬來西亞的未來，就像在慶祝宴會上吃了一頓難吃的大餐。

事實證明，澳大的邀請對我們來説非常重要。它用最好的方式把澳洲介紹給我們，我是這個獨特的研究型大學的客人，有機會訪問三個大城市(阿德萊德、墨爾本和悉尼)的其他大學。當時我們還不知道，但是這次訪問不僅影響了我後來的職業生涯，而且改變了我們家庭的生活。

我對澳洲的亞洲研究略知一二，知道悉尼大學長期以來設有日本研究系，並已開始發展中國研究和印尼研究。有人還告訴我，新的墨爾本莫納什大學(Monash University)正在建立一個大型的東南亞研究中心。至於澳洲國立大學，我聽説它的亞洲研究學院教授中文、日語和印尼語，它的亞洲文明系也涵蓋了南亞和東南亞的語言和文化。太平洋研究學院有兩個歷史系，一個教太平洋史，另一個教遠東史。第三個歷史系似乎沒有必要，因此太平洋歷史系開啟了東南亞史研究。我還知道任職的第一位學者是我的前輩約翰‧巴斯汀，但他不久之後就離開這裏去了我們吉隆坡馬來亞大學，然後又去了倫敦。

我的幾個歷史學家朋友和同事都有紐西蘭背景：哈里‧本達和比爾‧羅夫(Bill Roff)在威靈頓學習過，安東尼‧里德(Anthony Reid)和另外兩個研究生都是紐西蘭人。我們的地理系、數學系、工程系和農學系也有紐西蘭人。因此，我決定藉此機會首先訪問紐西蘭，拜訪我在威靈頓的前同事特里・麥基 (Terry McGee) 和在奧克蘭的英國歷史學家尼古拉斯・塔林 (Nicholas Tarling)。他們兩人都以研究東南亞著稱，並積極推動關於東南亞的研究。

在澳洲國立大學，我由太平洋歷史系接待，那裏的吉姆・戴維森 (Jim Davidson) 很想開展東南亞史研究。來自新加坡馬來亞大學的埃米莉・薩德卡 (Emily Sadka)、方寶成 (Png Poh Seng) 和蔣海丁 (Chiang Hai Ding) 等人在那裏讀博士學位。我還發現，澳洲國立大學還有一些學生來自東南亞，但只有兩個人在讀歷史，都是新加坡南洋大學的畢業生：遠東歷史系的顏清湟 (Yen Ching-Hwang) 和文學院歷史系的楊進發 (Yong Ching Fatt)。總之，儘管有了好的開始，但在東南亞歷史方面仍然不夠穩固。我很希望看到它繼續發展，吉姆・戴維森鼓勵我去參觀鄰州的其他大學，以瞭解發展情況。

我等着娉婷來與我會合，然後再參觀其他大學。我們訪問了阿德萊德大學 (University of Adelaide)，休・斯特雷頓 (Hugh Stretton) 告訴我，他支持東南亞歷史的教學，但他的同事們似乎對中國和日本的歷史更感興趣。他們系後來聘請了顏清煌。但是在墨爾本，約翰・雷格 (John Legge) 領導的莫納什大學明確表示會從事東南亞研究。此外，該大學通過傑米・麥基 (Jamie Mackie) 和我的前同事西里爾・斯金納 (Cyril Skinner) 等老朋友與馬來西亞建立了密切聯繫。

至於在悉尼大學和新南威爾士大學的許多馬來西亞學生，他們的興趣並不是歷史。因此，我回到坎培拉，敦促澳大在太平洋歷史系開展歷史研究。我熟悉英國和美國的情況，因此認為通過澳大和莫納什的新中心，澳洲可能成為全世界最強大的東南亞研究中心之一。現在回顧，我將看到許多最好的東南亞歷史學家都在這兩所大學攻讀研究生學位。單單是來自馬來亞大學歷史系的學生中，我記得從澳大畢業的林德義 (Lim Teck Ghee) 和謝文慶 (Cheah Boon Kheng)，以及從莫納什大學畢業的李錦興 (Lee Kam Hing) 和卡斯諾·約翰 (Khasnor Johan)。他們後來都為研究馬來西亞和東南亞歷史做出了重要貢獻。

向吉姆·戴維森提出我的報告後，我覺得已經履行了亞洲研究員的職責。但是這項工作使我意識到我自己的立場有些矛盾。從我在馬來亞大學提交歷史學的榮譽論文以來，我都在研究中國歷史，包括中國明朝與東南亞的關係以及東南亞地區華人的歷史。我擔任歷史系系主任之後，確實做了更多馬來西亞和東南亞歷史的研究，但是歐洲和美國學術界認為我主要是個中國歷史學家。而且，在我訪問澳大期間，只有遠東歷史系的同事才知道我的工作：費子智 (C. P. Fitzgerald) 擔任英國文化協會負責人時知道我當時在南京，王鈴和駱惠敏在劍橋時認識我，而安德魯·弗雷澤 (Andrew Fraser) 在亞非學院研究日本時知道我在撰寫中國十世紀的歷史。至於羅依果 (Igor de Rachewiltz)，我們一起參加了紐約關於儒家人物的會議。同樣，中文系系主任馬悅然 (Goran Malmqvist) 以及他的同事柳存仁和張磊夫 (Rafe de Crespigny)，都熱情地歡迎我。

就在我訪問澳洲期間，我為費正清關於中國世界秩序的會議撰寫了論文。因為我在馬來亞大學太忙而無法參加會議，只能將論文寄給費正清。他將論文編入合集出版，以幫助瞭解中國歷史上明朝的朝貢制度。

同時，在澳洲的其他人也把我視為新出版的《馬來西亞概覽》的編輯，負責東南亞事務的官員都將該書作為參考資料。我應邀參加了幾次會議，討論馬來西亞和印尼。在我離開坎培拉的前一天晚上，我與一些外交部門的人共進晚餐，第二天是8月9日，我正與負責馬來西亞事務的人員一起午餐時，他們當場離席去處理新加坡與馬來西亞脫離的新聞。他們顯然也一樣對突發事件毫無所知，令我震驚。因此，在我回到吉隆坡的前夕，我開始覺得可能不得不對我未來的工作方向做出選擇。我應該優先研究中國，還是應該學習更多馬來西亞和東南亞的歷史？

1965：調整方向

　　我在前面曾經指出，1965年是變革的一年，但是直到那年的下半年，尤其是8月之後，我才感受到它的影響。最初的幾個月我非常忙碌，但是一切似乎朝着好的和可預測的方向發展，我忙得很快樂。在我看到馬來西亞由於新加坡的脫離而被削弱時，樂觀的情緒開始改變。但是，我還沒來得及適應，一場更加戲劇性的事件真正改變了該地區所有人的目標。

　　我指的是印尼的政變企圖，後來被稱為「九三〇事件」(Gestapu)。我們當時正在家裏招待朋友和同事，來賓包括好友阿斯拉夫和印尼專家傑伊‧馬里亞諾夫 (Jay Maryanov)。我們飯後正在聊天，聽到電台報告六名印尼將軍在當天清晨被殺害後發生的事情。報告稱之為共產黨陰謀，我記得阿斯拉夫和傑伊都不敢相信印尼共產黨會如此愚蠢。沒有人想到我們聽到的只是一個開始，政變失敗後的可怕後果將在接下來的幾週和幾個月內出現。最後，令大家無法相信的是，這個事件導致印尼共產黨的徹底毀滅。沒有人能夠想像，一個擁有約200萬黨員的大黨，竟然這樣輕易地被徹底消滅。

　　當時，許多人傾向於將我們地區的共產主義放在反殖民民族主義光譜的一端。畢竟，印尼共產黨是一個參加選舉的合法政黨，已經顯示出贏得選票的能力，而且似乎一直有民族主義傾向。因此，更令人震驚的是，一場全國性的怒潮席捲了這個黨，最終導致數十萬人喪生，其中包括大批印尼華人，還有好幾萬華人被遣回中國。

　　坦白地說，到那年年底發生的一切事情令我感到恐懼。有一陣子，我不知道該相信誰。我的專家朋友們各持己見，有些人勉強地接受印尼軍方的正式說法，認為一切都是印尼共產黨的錯；有些人認為是軍隊派系鬥爭，想看到蘇卡諾垮台。有人說，一些派系還與英美冷戰戰略家合作，目的在反制蘇卡諾反馬來西亞的對抗運動。

　　隨後發生的事件和辯論導致我重新審視民族主義在本地區可能的含義。我開始意識到，在我編寫《馬來西亞概覽》時，對馬來西亞的希望過於簡單。《概覽》出版後的一年中發生的事件讓我幡然醒悟，不得不重新評估前方的艱難道路，特別是對馬來西亞這樣的多元族群社會來說，它仍然在努力尋找通往新國家的道路。

　　1965年晚些時候的其他變革性事件也接踵而來，特別是越共（Viet Cong）在南越進展迅速，使得美國總統詹森（Johnson）投入更多美軍，準備進行決戰。在北邊的中國，有關政治內鬥的報道標誌着無產階級文化大革命的開始。我將在下一節詳細討論這個問題。

　　同一年在本國，我個人捲入了一些政治事務，這與冷戰給本地區帶來的意識形態鬥爭多少有些關係。我積極參與了在吉隆坡建立新大學的工作，並且剛剛完成了《馬來西亞概覽》，其間我認識到新馬來西亞的高等教育需要些什麼。因此，我在1965年初毫不遲疑地接受邀請，在審查南洋大學課程的委員會擔任主席。委員會由以下人員組成：南洋大學的三名代表和新加坡的三名代表（其中一名是教育部的代表）以及物理學教授湯壽伯（Thong Saw Pak）。我們從1月開始開會，5月完成了報告，以便我及時啟程去澳洲國立大學。大部分會議都是在校園裏舉行，在審查完相關文件之後，我們還會見了大學教職員和學生的數十名代表。

早在1959年就已經有了兩份關於南洋大學的報告：普雷斯科特委員會報告（Prescott Committee Report）評論了該大學的弱點，幾個月後又發表了魏雅聆（Gwee Ah Leng）委員會報告，着重審查當地情況。第二份報告提出了一些意見，但沒有建議承認南洋大學的學位。

我主持的委員會審查了課程改革，這將有助於南洋大學獲得與其他兩所大學同等的地位，成為官方認可的第三所高等教育機構。令人關切的是，南洋大學應該像其他兩所大學一樣，培養出能夠為國家服務的畢業生。認可南洋大學的學位將使其畢業生能夠參加職位競爭，而這是自大學成立以來他們無法做到的。委員會的每個成員都贊成我的看法，認為這是最可取的辦法，特別是我們知道南洋大學的學生都是華文高中裏最聰明的學生，他們提供的服務將有助於馬來西亞未來的發展。我們以為他們將繼續以華文授課。鑑於他們都能說流利華語，如果加強英語能力，他們將比其他畢業生具有優勢，如果再精通馬來語，這一優勢將更擴大。我們認為，他們將成為我們多元文化社會中的重要資產，因此相信政府將會提供足夠的資金給南洋大學並全面認可其學位。我可能比有的同事更樂觀一些，相信大多數學生或多或少會說三種語言，但每個人都同意，如果做到了這一點，與只會一種語言甚至雙語的學生相比，他們不僅能夠成為優秀的學者，而且更能滿足國家的需要。

南洋大學位於新加坡，但為整個馬來西亞服務，我們在撰寫報告時考慮到了這一點。最理想的結果是，南洋大學將會從英語和馬來語中學吸引更多富有冒險精神、希望會説三種語言的學生。但首先，它需要獲得新加坡州和吉隆坡全國政府的認可，與其他兩所獲得認可的大學平等。沒有人預料到，在我們提交報告三個月後，新加坡和馬來西亞會分道揚鑣。

儘管我們知道有背後的政治考量，但沒人想到從當時的政治鬥爭角度來考慮報告。我們認為只應該考量教育的未來，確保南洋大學學位獲得正式認可，從而幫助國家振興。我不知道新加坡離開馬來西亞聯邦時委員會其他成員是怎樣想的。我從坎培拉回來後，距離5月份提交報告已經過去了三個月。這份報告有如石沉大海，毫無回音，我很快專注於我在吉隆坡學校的職務。我當時想，報告已經不再適用，因為獨立的新加坡必須重新審查其國家優先事項。因此，當新加坡政府在9月宣布，接受該報告並將盡快採取行動，我大吃一驚。

委員會在審查時沒有考慮到新加坡的政治鬥爭，尤其是在加入馬來西亞的問題上。我們意識到，馬來西亞成立後不久就舉行了選舉，反對派的許多領導人，包括我在馬來亞大學社會主義學會的一些朋友，都未經審判就被拘禁了。因此，委員會謹慎地只討論適合於大聯邦制中第三所大學的教育問題，完全避開黨派政治。然而，當新加坡脫離出去建立了新的獨立國家後，關於誰來領導新加坡的鬥爭變得更加激烈。我們的報告引起了爭議，這在很大程度上是因為反對派認為這可能威脅到未來的華文教學。新加坡既然已經獨立，而且是一個華人佔多數的國家，他們覺得這樣的威脅是完全不能接受的。

在這種情況下，拒絕接受報告是可以理解的，但是攻擊報告的猛烈程度超出了所有人的預期。同樣，政府對支持政治反對派的學生採取非常嚴厲的措施，也令許多人感到驚訝。這些極端的反應令我失望，尤其是一些華文報刊針對我進行攻擊，說我一開始就想破壞華文教育，而這完全不是我的想法。所有這些攻擊都記錄在案，並且不少人已經就此寫了文章，包括一些歷史學家在內。因此，我在這裏就不多說了。我只想說，我考慮過如何回應這些歪曲和人身攻擊。鑑於這種攻擊已成為新加坡權力鬥爭的一部分，而我現在是外國人，所以我認為回應是徒勞的，於是決定不採取任何行動，以免局勢惡化。我不做回答是否正確，現在只能讓大家公斷。我可以理解意見不同，甚至理解為什麼拒絕我們的建議，但是侮辱人格的做法既卑鄙又傷人。

國家歷史

1965年以後發生了一系列事件，使我很難想清楚新加坡脫離出去對我的生活有什麼影響。在十五年的自我探索過程中，我理所當然地認為，我願意加入的國家是包括新加坡在內的馬來亞。但是在馬來西亞建國之後情況會有多大改變？儘管我意識到在新關係中尋求平衡可能產生壓力，但還是說服自己這個新國家是大有可為的。談判失敗導致脫離提醒了我，我真的不瞭解在後殖民時期建立國家的基本矛盾。我認識到，必須重新思考我身為歷史學家的矛盾立場，一方面是新產生的愛國主義意識，另一方面是想研究關於人類和解與衝突的大問題。

我不希望成為世界大同主義者，只真心希望我自己和我的家人獲得歸屬於一個國家的安全感。我堅信，在一個尊重學術和真理的現代大學工作，是可據以獲得歸屬感和影響力的堅實平台。因此，我更加下定決心致力於實現這一目標。首先，這意味着我必須不斷學習和寫作，才能繼續在我選擇的領域成為值得信賴的學者。

1965年的幾件事使我對世事的無常更加敏感。新加坡的脫離只是冷戰升溫所表現的一小角。印尼發生的流血政變和中南半島各國醞釀的對抗都發生在鄰近地區。尼赫魯逝世後，印度爭奪領導權的鬥爭以及中蘇關係的破裂都離我們不遠。後者導致了中國共產黨內部的致命分裂，隨之而來的無產階級文化大革命幾乎使中國天翻地覆。從坎培拉回來後的幾個月是我一生中最鬱悶的日子。

在編輯完《馬來西亞概覽》之後，我深信我們的教科書過於關注英國人在十九世紀的作為，卻沒有充分顧到馬來各邦的歷史。我們顯然應該更加注重《馬來紀年》(*Sejarah Melayu*) 和其他歷史著作中概述的早期歷史。我的同事們同意我們應該在課程中加以糾正，鼓勵對國家歷史進行更多研究。我就任歷史系系主任後，組織了一次歷史教師會議，討論東南亞歷史的教學。我然後請扎納爾·阿比丁·瓦希德編輯《歷史教學》(*History Teaching*) 一書。

我還認為，讓本科生重視馬來西亞歷史的一個方法是將實地考察當作課程的一部分，因此，在我去澳洲之前，安排一些學生去想像十九世紀的霹靂州在英國介入之前的狀況，在我們出發之前，請扎納爾·阿比丁·瓦希德和邱家金提供詳細資料。我回國後，我們安排了從安順 (Telok Anson) 溯河而上。我們沒有想到新加坡會在 8 月 9 日脫離，但這件事提醒我們，就是在新加坡的英國強權於 1873 年介入霹靂州。新加坡就在那個時候開始控制西馬來亞各州的事務，而馬來統治者對此並不歡迎。我們出發前往蒂加島 (Pulau Tiga) 和歷史悠久的巴西沙叻 (Pasir Salak)，那裏是霹靂州歷史的轉折點。馬哈拉惹里拉 (Maharaja Lela) 在這裏策劃殺害詹姆斯·伯奇 (James Birch)。我至今記得，在我們溯河而上時，邱家金解釋了這條河為什麼對霹靂州的歷史如此重要。我想起學生們專心聆聽的樣子，他們在到達甘榜牙也(Kampong Gajah)時向他提出尖銳的問題,而他用手指着不遠處的巴西沙叻。這次實地考察非常成功,我們第二年又組織了一次。這次,我們去了霹靂州西北部的拉律(Larut)和峇登(Matang),半島上的第一條鐵路在那裏從威爾德港(Port Weld,現在的瓜拉十八丁〔Kuala Sepetang〕)通到前州府太平(Taiping)。拉律戰爭(Larut Wars)就是在這裏爆發,以致引起英國介入。我們要求當地警察護送我們前往十八丁河(Sepetang)華人的沼澤定居點附近,警察說這些定居點長期以來被走私分子和秘密會社利用,現在仍然受到嚴密監視,以防止非法活動。學生們聽得入迷,想像着住在秘密華人新村(Chinese kampongs)的人如何械鬥,在一個世紀前爭奪把拉律錫礦運往檳城的權利。

我的同事,尤其是扎納爾‧阿比丁‧瓦希德、邱家金和賈吉特‧辛格‧西杜(Jagjit Singh Sidhu),都熱衷於組織全國歷史教師協會(HITAM),以進一步開展工作。這個協會將舉行會議,討論國家歷史的教學和研究。協會將成為我們歷史系對教師專業的貢獻。馬來西亞歷史學會已經有了期刊《馬來西亞歷史》(*Malaysia in History*),我們歷史系的學生有了《馬來亞大學歷史學會雜誌》(*Journal of the University of Malaya Historical Society*)(後更名為《歷史雜誌》〔*Jernal Sejarah*〕)。我們決定,該協會也可以為歷史老師出版一份刊物,就是《歷史評論》(*Peninjau Sejarah*)。扎納爾‧阿比丁‧瓦希德自願擔任編輯,於1966年7月發行第一期。

我代表歷史系承擔了另外一項任務。1964年,我參加了香港大學組織的一次會議,會議匯集了兩個歷史學家流派。第一個流派在馬尼拉舉行會議,成立了國際亞洲歷史學家協會(IAHA)。另一個流派同年在新加坡舉行了東南亞歷史會議。IAHA於1962年接着在台北開會，而東南亞歷史學家邀請IAHA參加他們1964年在香港舉行的第二次會議。他們在會議上協議將這兩個會議合併，並請我擔任IAHA主席，於1967年在吉隆坡舉行了第四屆會議。我把這一消息帶回歷史系，全系感到非常高興，開始籌備我們的第一個國際會議。到1964年底，我們已經分工負責，邀請從事馬來、印度和中國研究的同事以及地理系和經濟系的同事參加，擴大成為一個亞洲研究會議。

我從坎培拉回來後，發現東方主義學者會議宣布將於1967年在美國開會，這是該會首次在歐洲以外舉辦。每個人都認為它將吸引大批亞洲學者與會。我們如果在1967年舉行IAHA會議，許多人覺得很難一年內參加兩次會議。我認為我們最好把會議推遲到1968年。我們的籌委會同意在安娜堡的東方主義學者會議上為IAHA會議打廣告。我們都很年輕，雄心勃勃，不僅希望在馬來西亞舉辦首屆國際歷史會議，而且舉辦成有史以來規模最大的亞洲歷史會議。我與副總理敦‧拉扎克(Tun Razak)取得聯繫，他表示願意支持我們，承諾主辦這次會議的正式晚宴。

我原本以為可以把馬來西亞華人的故事編入國家歷史，為未來的發展做出貢獻，但現在我有點信心不足，因為這個地區正在出現以種族為基礎的意識形態鬥爭。我在電台做了關於南洋華人的演講之後，一直在收集馬來亞華人歷史的資料。1963年，馬來西亞成立後不久，聯合國教科文組織在新加坡舉行會議，我宣讀了一篇關於馬來亞華人傳統領導層的論文，也由此理解自己可以用怎樣的方式為國家歷史貢獻些許力量。此外，我在吉隆坡附近的雪蘭莪州、鄰近的霹靂州和森美蘭州認識的朋友使我察覺，現在活躍於當地政治的華人族群正發生變化。可是我對馬來亞華人公會瞭解越多，就越對共產主義政黨感到不安。我欽佩拉特南 (K. J. Ratnam) 關於《馬來亞的社群主義和政治進程》的研究 (*Communalism and the Political Process in Malaya*, 1965)，並同意在建立民主國家的第一階段，馬來亞的三大族群不可避免地可能主導其政治。但我已經在擔心，政治活動家將會永久依賴種族團結來號召民眾支持，並以此為唯一的途徑。

我曾試圖將當前的中國政治分歧與華人從不同地方、不同時期來到馬來亞的歷史聯繫起來。我在追溯根據不同政治目標來組織華人社會的努力中，開始看到馬來亞華人政治的模式。我在廣播演講中指出，認為南洋華人在東南亞各地都一樣的說法是錯誤的。華人從一國到另一國之間的差異很大。我所知道的馬來亞華人，他們對政治的敏感程度是大多數人不瞭解的。他們的歷史表明，他們有自己的組織方式，這在政治上具有重要的意義。此外，這樣的方式使他們中的大多數人能夠迅速適應不同的政治制度和機構。

我現在堅信，認為華人不關心政治或對政治不感興趣的說法是錯誤的。這種說法來自一個借鑒歐洲和美國的民主和政黨政治理念的定義，並因國家主權政治而進一步縮小了範圍。這個定義忽視了社會和族群價值的力量，使得華人的政治觸角在與當地統治者和精英分子打交道時，特別是在影響其商業利益的問題上，變得很敏感。馬來亞華人公會顯然就是如此，它的領導人來自採礦和種植業，是商人和消費品製造商。他們的力量來自為「新村」提供的福利服務，使得居民不再同情馬共；而且他們還關注教育問題，保存了中華文化。他們與維護工人權利的人合作，但總是小心翼翼地強調傳統的身份認同觀念。我想要指出的是，可以用不同的方式描述他們在政治上的行動。1967年，當我參加在安娜堡舉行的東方主義學者會議時，提出了關於教育政策和馬來亞華人政治的性質的初步結論。但是，當時對中國文化大革命的興趣正濃，大會上沒有人對我在論文中的說法感到興趣。大家關心的是毛澤東在如何破壞中國文化的價值。

在概述華人對馬來亞國家歷史的貢獻時，我必須更深刻瞭解他們的組織淵源。我發現了三類在政治上可以區分的集團。第一類是總是唯中國馬首是瞻的少數人。第二類的人數也很少，他們希望參與馬來亞新國家的塑造並最終完全認同這個國家。居於這兩者之間的是大多數定居在馬來亞的華人，他們認為的最佳利益是與官方權威機構積極合作，同時捍衛使他們成為華人的文化價值觀。

給他們貼上引人注目的標籤很容易，例如，把第一類稱為親中、親共或愛中，把第二類稱為理想主義者或幼稚的新民族主義者，甚至是造成組織解體的同謀，把兩者之間的第三類稱為傳統主義者、機會主義者或文化沙文主義者。然而，我學到的知識越多，越認識到用這樣的速記標籤來區分這三類人會引起誤解。我努力了好多年，設法釐清三者之間的界線、減少模糊不清的地帶。最後，我放棄了。當我的〈馬來亞華人政治〉論文於1970年發表時，我乾脆放棄了使用彩色標籤的想法。我把第一類稱為A組，第二類稱為B組，第三類稱為C組，轉而廣泛描述每個組別自己相信的想法，以及每個組別在不得不行動時傾向於採取何種行動。那個時候，我已經放棄了認為自己真的可以幫助撰寫國家歷史的想法。我只想當個學者和老師。

革命

我從小時候在怡保起，就一直沒有擺脫革命的陰影。在大多數中國商店甚至一些住家中，我都會看到孫中山的照片和兩面旗幟，一面是中華民國國旗，另一面是國民黨黨旗。每年10月10日，我都會看到慶祝1911年辛亥革命的活動。過去我覺得這麼說挺有意思：我是在10月10日前一天出生的，剛好趕得上慶祝活動。日本佔領馬來亞後，我們有三年半時間不能提辛亥革命。1947年我去中國時，人們談論的革命多半是反殖民主義的革命，其中一些人與馬來亞共產黨等密切相關，而馬共是受到中國革命運動的啟發。在南京時，我父親帶我去了中山陵，讓我看到共和國如何向國父致敬。但是我大學裏的同學們卻不以為然。國民黨的革命如今被認為是腐敗無能的，農村的一些社會革命似乎比較乾淨，也更有決心使中國免於腐爛。

我的父母不相信毛澤東的革命會拯救中國。如果他們以為回到馬來亞就不會再遇到革命，那他們就錯了。在我的新大學裏，我們談論印尼和越南的革命，並爭論昂山 (Aung San) 是不是個革命家。馬來亞「緊急狀態」認定馬共的革命主張是恐怖主義，但我們知道族群中許多從事政治活動的人不以為然。我想起以前書本裏說的早期革命，包括殺死了自己國王的英國和法國革命，也記得以「吞噬自己的孩子」告終的法國大革命，都令人驚悸。美國革命比較成功，很大程度上是因為十三個殖民地距離很遠，有更多的空間把這場革命帶上比較建設性的道路。

然後是中國革命和俄國革命。當民族主義者輸給各自為政的軍閥時，年輕的革命黨人便以俄為師。日本帝國主義使民族主義者一再挫敗，也暴露了他們的不團結。辛亥革命到頭來需要美國的軍事支持，使年輕人的幻想破滅了。大家想不到的是，美國的野心無法挽救國民黨政權的命運，中共在蘇聯的幫助下獲得勝利。中國要站起來，還需要第二次革命。

我的閱讀沒有把我變成革命者，而是使我更加喜歡歷史。我的同學在談論反殖民主義時，觀察到英屬印度因種族衝突而分裂，也看到巴勒斯坦和塞浦路斯的命運。新的馬來亞聯邦看起來很容易受到族群恐怖主義的威脅。鄰近的越南和印尼發生的事情也發人深思。我們看到使用暴力是沒有前途的。我接受聯邦政治領導人採取的談判方式，拒絕了革命。

但是革命並沒有結束。胡志明仍然致力於蘇俄和中國對西方資本主義的敵對行動。蘇卡諾覺得大馬來西亞是新殖民主義，誓言要竭力對抗，包括與共產黨人結盟。革命的旗幟不同，但革命的口號始終在耳邊迴響。到1965年底，印尼擺脫了危險，但美國介入越南戰爭正如火如荼地進行，而共產黨在中國正在崩塌。毛澤東的無產階級文化大革命在幾個月內成為全球矚目的大戲。這是一次打着「繼續革命」

的旗號，令人困惑不解的「人民力量」的爆發，讓老一輩革命家只能加以嘲笑和拒絕。

1966年是令人迷惑的一年，因為不知道這種新型革命將給本地區帶來什麼影響。由於所有中國出版物首先在馬來亞、然後在馬來西亞和新加坡被禁，所以我無法知道發生了什麼事。即使可以看到的一些反共宣傳也是支離破碎，缺乏任何清晰的畫面。我一直在忙於建立歷史系，準備迎接大批選擇歷史系的學生，這是因為大家越來越關注國家歷史，而且就要用國定語言教學。因此，我沒有時間去關注這種令人擔憂的革命熱情重燃，只能雜亂無章地閱讀任何看得到的新聞。

無論如何，我感到好奇，為什麼有些革命成功，而另一些革命失敗。我仍然無法理解，選擇走民主選舉道路的印尼共產黨 (PKI) 怎麼會消滅得如此徹底。東南亞所有其他共產黨都像以前的中共，選擇了暴力革命。因此，香港《亞洲雜誌》(*Asia Magazine*) 編輯胡安·加邦頓 (Juan Gatbonton) 找我撰寫一份關於印度和日本共產黨仍在進行民主選舉鬥爭的報告，我很感興趣。我可以乘機瞭解一下印度兩個共產黨：印度共產黨 (CPI)、印度共產黨 (馬克思主義) 和日本共產黨 (JCP) 對於印尼共產黨公開參與選舉的失敗政治戰略，有什麼看法。我幾年前曾經為加邦頓撰寫一份報告，分析南洋華人及其對東南亞地區激進民族主義政策的反應。我告訴他，如果能去西貢瞭解一下當地華人對越共正在進行的革命的想法，也會很有趣。加邦頓表示同意，把西貢加進了我的行程。

我從德里開始，拜訪了我的朋友羅米拉·塔帕，她把我介紹給她的哥哥羅梅什 (Romesh)。羅梅什是《研討會》(*Seminar*) 雜誌的創刊主編，印度共產黨（馬克思主義）的成員，但也與國大黨領導人英迪拉·甘地（Indira Gandhi）關係密切。在中蘇分裂和1962年中印戰爭之際，原來的印度共產黨開始分裂，印度共產黨（馬克思主義）選擇站在毛澤東的中共一邊。我告訴羅梅什我想問的問題，請他建議應該去見什麼人。他給我大致介紹了印度各地共產主義的情況，勸我不要去西孟加拉邦（West Bengal），因為那裏的分裂剛剛開始，情況特別嚴重。他建議我去喀拉拉邦（Kerala）拜訪印度共產黨（馬克思主義）領導人南布迪里巴德（E. M. S. Namboodiripad），然後去馬德拉斯（清奈）（Madras [Chennai]）拜訪印度共產黨領導人庫馬拉曼加拉姆（Mohan Kumaramangalam），聽一下不同意見。

我欣然接受了他的建議，因為我從未去過印度南部。在去卡利卡特（Calicut）的路上，我讀到喀拉拉邦和馬德拉斯邊境的「大米暴動」，但我知道這是兩邦之間經常發生的事。更為嚴重的是前一年的騷亂，反對中央政府用印地語代替英語作為官方語言的決定。我沒想到竟然沒見到南布迪里巴德，他因為參與「大米暴動」而鋃鐺入獄。我只能見到他的一些支持者，他們並不認為印尼共產黨的命運與印度共產黨（馬克思主義）在印度的選舉成功有任何關係。我又去了南方科欽（Cochin）的埃爾訥古勒姆（Ernakulam），然後到奎隆（Quilon），沒遇到有任何人擔心共產主義在民主國家的未來。我遇到的當地領導人都很有信心，認為他們維護農民和工人階級的福利，一定會獲得廣泛支持。

來到了如此遙遠的南方，我忍不住要去追尋馬拉巴爾海岸（Malabar coast）的歷史，那裏很早就與地中海各地人民進行香料貿易，還有定居在那裏的猶太人、基督教徒和穆斯林。特別令人好奇的是為什麼鄭和在1408年後，給科欽統治者（當時稱為柯支國〔Kezhi〕）留下皇帝的碑文，以支持他對抗他的對手。我拜訪了一座僅存的猶太教堂，知道大多數人已經搬去孟買和其他城市謀生。在奎隆，我想起了腰果早在明朝艦隊到達之前就很受歡迎。我可以理解為什麼明朝的中國人高度重視喀拉拉邦的所有港口。

從科欽坐火車到馬德拉斯，沿途所有大站貼滿了標語和塗鴉，都反對用印地語作為政府語言，令人難忘。只有少數幾張提到導致南布迪里巴德入獄的「大米暴動」的標語，但都被鋪天蓋地的反印地語示威遮蓋住了。在馬德拉斯，庫馬拉曼加拉姆邀請我去他家裏，他是伊頓公學和劍橋大學培養出來的典型，出身顯赫，是1930年代著名的劍橋共產黨人。他使我想起林豐美（Lim Hong Bee），他是同一時間在劍橋修業的新加坡女皇學者，終其一生都是英國共產黨人。

庫馬拉曼加拉姆的房子很漂亮，對客人很親切。他口齒便給，支持蘇聯，對印度共產黨的分裂表示遺憾。他認為毛澤東根本不懂馬克思，他的革命思想其實源自中國農民起義的傳統。庫馬拉曼加拉姆對歷史的冷靜分析使我想起了英國的馬克思主義者，他們認為共產主義革命在所有社會都是不可避免的。像印度共產黨這樣的政黨可以在民主進程中發揮作用，不會缺乏民眾的支持。他向我保證，印度共產黨不會遭到印尼共產黨那樣的命運。現在反對印地語的鬥爭是人民的政治教育的一部分。我們的交談彬彬有禮。一年之後，聽說他退出印度共產黨，加入了國大黨，我一點也不奇怪。

無論我去印度南部的哪個地方，我都感到很自在。那裏的人民和土地看起來都很熟悉。當我表示我來自馬來西亞時，人們總是給我友好的問候，包括表示知道我來自什麼國家。我去了馬馬拉普拉姆（Mahabalipuram），我相信那裏是黃支國所在地，史書記載在漢朝時已經與中國貿易。那裏是印度教的聖地之一，有幾座我從未見過的美麗寺廟。令人難忘的是我參觀了馬德拉斯博物館，那是在英國統治下建立的，至今展示的還是原來的館藏。我在那裏度過了數小時，尤其對博物館中摩訶波羅多（Mahabharata）和羅摩衍那（Ramayana）故事的豐富表現方式着迷。相比之下，佛教部分都是千姿百態的各種佛像。對比如此驚人，我相信我現在知道為什麼印度選擇留下印度教的輝煌，把樸實而平淡的佛教讓給他人。

我的下一站是東京。幾年前我去過日本，拜訪了幾位著名的漢學家，他們的著作對我的早期研究大有幫助。我與他們在東京大學和京都大學以及東洋文庫的莫里森圖書館（Morrison Library）見面。我也在那時候發現京都大學的東南亞中心正在進行新的研究。但是我這次旅行與學術研究無關；由於關注的是當代政治，我走進了一個全新的領域。我沒能見到日本共產黨領導人宮本顯治（Miyamoto Kenji）或野坂參三（Nosaka Sanzo），只見了日共報紙《赤旗報》的幾位編輯。他們給了我一本日本共產黨簡史和最近幾期的《赤旗報》。

我聽說日共多年來一直避免在中蘇對抗中選邊站。幾位編輯細心地向我解釋，日共被迫跟隨毛澤東更加好戰的號召，因而失去民眾支持。另一方面，他們也不贊成赫魯雪夫與美國的和解政策，他們眼中的美國代表了新的帝國主義強權。日共內部進行了激烈的辯論，導致一些派系出走，加入其他社會主義政黨。他們尤其批評社會主義者不能團結，但指出原因在於執政的自由民主黨在美國支持下造成日共分裂。

　　在印度和日本與共產黨人會面後，我想起了赫魯雪夫批判斯大林的「秘密講話」以及波蘭和匈牙利起義對英國、法國和意大利政黨的影響。印度共產黨和日本共產黨也有類似反應，但沒有因為這些事件而公開分裂。只是在應對中國的大躍進後，才出現了嚴重的裂痕，最終印度共產黨一分為二，日共失去了許多年輕黨員。我問到印尼共產黨的前途，與我交談的人強調說，蘇卡諾領導下的印尼並不穩定，沒有憲政民主，與軍方玩政治是一個嚴重的錯誤；印尼共產黨為此付出了沉重的代價。

　　印度共產黨和日本共產黨的立場凸顯了東南亞各國的不同經驗。越盟 (Viet Minh) 在戰場上打敗了法國人，而在越南南部仍繼續與美軍支持的國家作戰。共產黨人在緬甸、馬來西亞和菲律賓領導武裝叛亂；他們在印尼沒有這樣做，遭到摧毀。我現在想暸解西貢人民對周圍的致命戰鬥是什麼感覺。飛機降落在新山一國際機場 (Tan Son Nhut Airport) 時，我看到戰爭離我有多近。機場上有一排幾天前越共炸毀的飛機。當我通過移民關口時，聽到遠處炸彈爆炸的聲音。我住的旅館在城裏一個安靜、戒備森嚴的地方。周圍的緊張局勢由附近的一些房屋插着英國、法國和其他歐洲國家的旗幟可以看出；有人告訴我，這是要讓越共的支持者知道，這些居民不是美國人。我想像美國當局不會喜歡看到這樣的旗幟。

　　我好幾次訪問了堤岸 (Cholon) 華人市區，發現那裏的商店在發戰爭財。說廣東話的民眾告訴我，他們拿中華民國護照，卻在壓力下要向同情共產黨的組織捐款。有人向我保證，越共是真正的民族主義者，痛恨與帝國主義者合作的人。他們想要的是一個真正獨立的、統一的越南。我想起了我在馬來亞的一些朋友對馬共也持相似的看法。明顯不同的地方在於，越共領導人是土生土長的本地人，而領導馬共的華人不僅被多數馬來人視為移民／外國人 (*pendatang asing*)，而且被認為是中共的追隨者。

　　回國後，我在《亞洲雜誌》上報告了我的行程，但沒有就東南亞地區做出結論。我的主要收穫是認識到革命有許多方面，有些方面可能會持續很長時間。在馬來西亞和新加坡，仍然聽得到革命的呼聲，但是在泰國和砂勞越邊境上的戰鬥，對兩年前當選的兩個政府 (新加坡在 1963 年，馬來西亞在 1964 年) 來說，不再是威脅。從西貢回來後，我覺得那裏只是大風暴來臨之前的局部平靜。

聚焦東亞

我始料未及的是，第二年的活動重點向北轉移。我接到三份邀請，去參加與毛澤東爆炸性的文化大革命直接或間接有關的會議，此外還受邀離開馬來亞大學，去幾個專門研究中國歷史和政治的中心工作。

1966年2月，我首先應邀參加在芝加哥大學舉行的「中國危機」會議。「危機」指的是中國在半個世紀內發生了兩次暴力革命後再度處於另一場革命之中。這次會議是該大學一年來的研討會和演講的總結，目的在解釋中國當前的情況。會議旨在徹底檢視中國傳統以及為何第二次革命似乎正在「吞噬自己的孩子」。第二個邀請是去參加前面提到的安娜堡的東方主義學者會議。我發現同一主題幾乎主導了會議的中國部分。大會的主題本來是前現代東方，沒有想到漢學家們無法逃避，要就中國當前的發展展開辯論。對我而言，我的任務還沒有結束。那年年底，我受邀去韓國，一再被問到中國的革命正在如何改變儒家文明的核心價值。

這三場會議接踵而來，使我在1967年感到自己跟不上這個領域的最佳研究。顯然我必須回到可以為學術做出貢獻的研究工作。如果我想繼續在大學的職業生涯，非這樣做不可。

就中國來說，革命的真正目的是統一中國，重新獲得尊重和自豪。革命的概念具有多層含義，最新的含義是從法國和俄國的革命翻譯得來的。對於聯合邦和馬來西亞來說，印尼的經驗是最直接的挑戰。蘇卡諾和印尼共產黨如何變得如此強大？但是為什麼前者如此輕易被推翻，後者遭到如此徹底的摧毀？接受過哈佛大學培訓的印尼漢學家李德清（Lie Tek Tjeng）告訴我，他曾注意到劉少奇主席1963年到雅加達訪問和艾地（D. N. Aidit）1965年到北京訪問，並認為印尼共產黨的突然垮台可能影響了毛澤東的想法，因此覺得需要繼續革命，甚至可能是1966年初發起文化大革命的一個因素。我在吉隆坡工作，無法獲得有關中共當前發展的資料，因此無法評論李德清的看法。

我記得曾與馬來亞大學的兩位同事談起這件事，他們在1950年代末從歐洲去中國工作，一直在那裏留到1960年代初大躍進的高峰時期。一位是馬來研究系在印尼出生的蔡瑞福（Tjoa Soei Hock），他1950年代從荷蘭到中國工作。另一位是物理系的湯壽伯，他曾應邀到北京進行物理研究，但受不了外行的黨幹部的瞎指揮，就離開了。他們兩人都說，可以感覺到中共內部日益緊張的氣氛，最後導致毛澤東與劉少奇決裂。他們認為，這與黨的高層領導欠缺革命精神有關。

芝加哥請我擔任會議歷史遺產部分的評論員。我早些時候訪問芝加哥時，見過會議的組織者何炳棣和鄒讜。他們邀請了一些西方著名歷史學家，審視十九至二十世紀的儒法國家與正在進行的毛主義者鬥爭之間的聯繫。何炳棣在會議開始時發表了一篇精闢的論文，指出中國政治傳統的相關特點。接着是兩篇歷史分析，分別由劉廣京談十九世紀，韋慕庭（Martin Wilbur）談二十世紀。我很感興趣，他們兩人都試圖找出不斷演變的中國權力結構的重要特徵。隨後，三位政治學家／思想家——史華慈、鄒讜和詹隼（Chalmers Johnson）——從過去的經驗來解釋1966年初以來展示的思想、領導層和群眾行為。這次芝加哥的新做法是請了14名評論員深入審視六種歷史觀點。我評論韋慕庭的論文，比較過去的分裂時期，指出統一要能成功的必要條件。總的來說，我感到非常鼓舞，因為想到歷史學家能夠有助於瞭解當前局勢，甚至有責任要這樣做。

　　我留下來參加會議的第二部分，聽了另外二十位社會科學家的報告，他們不僅描述了他們如何在香港、台灣和日本收集大量小冊子和訪談資料，還提到需要什麼技能來闡述這些資料。當然，我看到的是一群「中國觀察家」在工作，他們提出了問題，卻不一定有答案，但我卻因此希望瞭解更多情況。特別是，我看到革命者聲稱要打倒一切與封建歷史有關的事物，卻利用過去來進行當前的內部鬥爭。後來我意識到，看到歷史學家和社會科學家如此交流經驗，對我以後的工作產生了巨大影響。

　　幾個月後在附近的密西根州舉行的東方主義學者會議異乎尋常，有許多社會科學家參加。我在會議的東南亞部分發現了這一點，有幾個社會科學家評論我關於「從外地輸入的教育」的論文。吸引大會最多人參加的是一個特設小組，我被邀請與費正清和來自歐洲的學者一起，解釋中國最新革命中的「文化」是什麼意思。這引起了漢學家們的激烈反應，使得大家都在談論政治而不是談論文化。例如，台灣國民黨的一位資深學者指責東南亞華僑放棄了他們的遺產。因為我就在小組裏，他就以我為例：有人自稱是馬來亞華人而不是中國人（傳統

上指所有華人，但被現在的政府用來識別中華人民共和國或中華民國
的公民）。我在研究華僑問題時，觀察到命名的政治敏感性。在小組
討論中引起的激情，促使我更加深入地研究跨國流動性，這是新的身
份政治的核心。很明顯，過去和當前在中國發生的事情影響了許多人
的命運。

在前面的一節中，我提到東南亞各國傾向於關注自己的民族問
題。的確，大多數國家面對它們從帝國統治者那裏繼承的邊界以及混
雜居住在邊界內的不同族群，都難以處理。結果，很少有人關注整個
地區的性質和發展潛力。唯一的例外是蘇卡諾誓言要摧毀新殖民主義
的馬來西亞。這對他沒有任何好處，甚至可能促成了他的垮台。結
果，反而是北美、西歐和澳洲的學者和政策制定者比較認真看待東南
亞地區。

然而，到1960年代中期，戰後復興後的日本得以與新國家的領
導人和平交往。香港、台灣和韓國等亞洲四小龍實施出口導向的戰
略，獨立的新加坡也隨即加入。在日本的新刊物中看到的新學術研
究令人印象深刻，尤其是在京都大學新設立的東南亞研究中心進行的
研究。

我不僅開始在日本和西方國家的國際會議上遇到日本學者，後來
也在香港、新加坡、吉隆坡和曼谷遇到過。在安娜堡的東方主義學者
會議上，我們瞭解到日本收集的文化大革命文獻與香港相比，毫不遜
色。在芝加哥會議上，中國觀察家們也承認他們依賴很多日本資料。

連同香港和台灣的收藏，這些材料對於研究當前毛澤東中國的人來說，是無價之寶。東亞的新發展使學者們對變化有了不同的看法。

因此，當有人邀請我到韓國居留一個月，我很感興趣並馬上答應。這是韓國駐馬來西亞大使崔圭夏（Choi Kyu-hah）提議的。他是研究英國文學的韓國高級外交官，並對中韓關係的歷史有興趣。他發現我和他的朋友全海宗（Chun Hae-jong）都是費正清的《中國的世界秩序》（*The Chinese World Order*）的撰稿人，就說服韓國教育部邀請我，就韓國和中國的儒學傳統進行比較。我讀了十世紀以後的中越歷史，使我對朝鮮人與眾不同的原因感到好奇。全海宗的論文談到朝鮮人與滿清打交道時所面臨的複雜情況，使得我想一探究竟，而能夠到漢城大學（SNU）查看韓國王家檔案也是非常難得的機會。

在這裏我要指出，這是一次決定性的訪問，因為我在韓國所看到的，使我下定決心回去專門研究中國，並且要到可讓我看到所有有關中國出版物的地方。讓我先說一下我經歷了什麼，使我決心這樣做。

我到達漢城大學後，全教授帶我參觀了大學的檔案館藏，其中包括最後一套朝鮮王國的文獻。我抽出其中一份閱讀，看到全是清朝的公文用語，文獻中自豪地敍述如何抵抗日本全面併吞的企圖，令我印象深刻。全海宗還向我介紹了他的兩位同事，研究李氏朝鮮（Yi dynasty）時期儒學的專家高柄翊（Koh Byong-ik）和發掘百濟王國首都遺跡的考古學家金元龍（Kim Wonyong）。他們都強調朝鮮文化的古老根源，以及朝鮮半島不同地區與中國擴張主義勢力之間的特殊關係。在這樣的背景下，我結識了兩位傑出的歷史學家，西江大學的李基白（Yi Ki-baek）和高麗大學的金俊燁（Kim Jun-yop）。

李基白是研究高麗王國 (918–1392) 的傑出歷史學家。他關於高麗王國十世紀時根基的研究恰好與我的研究時期吻合。他研究了高麗如何成功抵抗契丹遼朝的入侵，而我則研究北方中國五代時期沒有能夠擋住契丹佔領中國。甚至宋朝在978年統一中國大部分地區之後，仍然無法擊敗契丹，反而被迫接受羞辱性的和平，在接下來的三百年中，把所有邊境州縣割讓給非漢族的政權。高麗和宋朝共同面對危險的敵人，建立了相互尊重的關係。李基白向我介紹了《高麗史》(Koryo-sa)，並指出新羅王國 (Silla kingdom) 陷落後領土割分與導致半島完全統一的因素的相似之處。我非常珍視他的見解，但感到遺憾我沒有回頭去研究十世紀時的中國，以致不能完成宋朝960年至978年的統一故事。

金俊燁曾是亞洲研究中心的創始主任。他個人的故事更是了不起。他被日本人徵召到中國作戰，卻逃到重慶加入得到蔣介石支持的韓國民族主義者。他在重慶就讀於國立中央大學，也就是我在南京時就讀的那所大學，同時教中國學生和官員學習朝鮮語。1948年，他回到韓國。我們發現，我大學一年級時曾與他同學幾個月。碰巧的是，他的研究中心正在發展東南亞的研究，他把我介紹給他的第一位博士生，當時正在研究安南 (越南) 的法律法規。金俊燁計劃開設印尼語課程，對馬來西亞也特別好奇。我們成為好朋友，在二十世紀一直保持聯繫。

這一切為我介紹中韓兩千年歷史提供了一個良好的開端。同時，金俊燁還深入參與，就韓國與北朝鮮共產主義鬥爭的緊急問題提供諮詢。他告訴我他如何尋求台灣學者的幫助，希望瞭解毛澤東在文化大革命中的所作所為。我不得不承認，我對中國年輕人的行為完全無法理解。

然後，全海宗請他的研究生權錫棒（Kwon Sikbong）在剩下的幾週裏陪我到全國各地走走。我們從安東開始，安東是韓國最偉大的儒學思想家李滉（號退溪）的故鄉。在進入他的藏書閣之前，我被帶到了歷史悠久的李滉書院行禮如儀。書院每天早晨仍在為當地學童上課，傳授重要的儒家經典。儘管我不確定這樣做的象徵性或實質性意義，但這與年輕的紅衛兵在中國針對儒家的所作所為形成了鮮明對比。

隨後的行程是去西海岸剛剛發掘的百濟首都遺址，這是進一步跨入歷史。那裏王室陵墓備受矚目，顯示了唐朝的強大影響力。然後，我們越過半島參觀東南方的新羅王國首都慶州。權錫棒讓我一定要參觀保存最完好的佛國寺建築群。我所知有限，不知道那裏的佛教有多少是由中國傳入，有多少是新羅僧侶直接從印度學習得來，但是這些文物看起來肯定與中國發現的十世紀前的文物不同。

最好的事還在後頭。在拜訪了距日本最近的港口釜山以及十六世紀李舜臣擊敗日本水師的南海岸之後，我被帶到內陸海印寺所在的伽倻山（Kaya mountains）。六百多年來，這裏一直收藏着數千塊用來印刷高麗《大藏經》的木雕版。這些是世界上僅存的最古老的佛經雕版，保存得非常好，在我訪問時仍然被用來印刷新的經文。我看到已經印好的幾套《大藏經》，準備送給在朝鮮戰爭期間提供聯合國部隊保衛南方免受北方侵略的幾個國家。

整個山谷都在深深緬懷着過去的歷史，使我深受感動；我很遺憾停留的時間如此短暫。我們返回漢城的前一天晚上，一群韓國婦女在隔壁的房間晚餐。她們大聲唱歌，權錫棒和我都聽出來她們在唱日本軍歌。權錫棒非常生氣，差點跳起來跑去隔壁阻止，讓我感到驚訝。這是我第一次感受到韓國人對日本帝國主義的深惡痛絕。他說，聽到還在唱這樣的歌，覺得非常可恥，並告訴我，韓國年輕人尤其不能容忍任何人對日本懷舊。

我們經大邱返回漢城，開車穿過半島的鄉村地區。每一塊農地都在耕種，很明顯韓國人口十分稠密。我們快到首都時，景觀突然大變。亞洲四小龍的工業資本主義呈現出來，成排的工廠煙囪冒着煙，顯示出韓國追趕日本並加入現代世界的決心。

在我訪問期間，每天都有新聞報道中國的文化大革命。我對報道中的反共分析不感興趣，但讓我想起了中國各地對文化的大肆破壞與韓國對珍貴文物的維護之間的尖銳對比。我非常難過。這淵源於中國歷史深處，並提醒我必須努力學習。中國過去的歷史有什麼可以幫助我瞭解中華人民共和國非同尋常的事件？我好幾夜無法成眠，向自己提出類似的問題，然後打電話給娉婷訴說我的感受。我告訴她，我現在準備接受邀請，到澳洲國立大學擔任研究教授。

稍事休息

　　我之前提到三封邀請信，這些信函要求我離開馬來亞大學，重新回去研究中國。三封信都在幾個星期內寄到，那時候我正在猶豫是否要離開中國歷史領域，專注於歷史系應該嘗試塑造的國家歷史。儘管接受邀請的誘惑很大，但我真的希望離開馬來西亞不要超過兩年或三年。

　　娉婷和我一直在考慮邀請的事，這些邀請包括了美國、英國和澳洲的教授職位。第一個邀請來自哥倫比亞大學的傅路德 (Luther Carrington Goodrich)，要求我加入東亞語言文化系。我上次在安娜堡與他交談時，他急於擴大明史研究的工作 (他正準備出版權威的《明代名人傳》〔*Dictionary of Ming Biography*〕)，並準備進一步研究唐、宋歷史。此後不久我收到了第二個邀請，是亞非學院院長菲利普斯 (C. H. Phillips) 來信，請我擔任該校當代中國中心的主任。碰巧的是，幾天後又接到澳洲國立大學太平洋研究學院院長傑克·克勞福德來信，告訴我遠東史講座教授費子智將於 1968 年退休，請我繼任講座教授的職位。

　　值得注意的是，三封信都稱呼我為中國歷史學家，儘管他們也指出我也曾研究中國與東南亞的關係。這明明是在提醒我，我只是忠於職守地參與關於馬來西亞歷史的工作，在該領域還沒有任何重要貢獻。他們看重的是我在中國史方面的工作。我還意識到，他們提供的每個職位都可以為我提供進一步發展的機會。另一方面，只要我留在馬來亞大學推動國家歷史研究，在接觸中國書籍方面繼續受到限制，我就很難提高自己中國歷史研究的質量。

　　在接到這些邀請時，我正感到自己跟不上該領域的最新研究成果。我覺得很難拒絕這些邀請。我不願離開馬來亞大學，很想知道是否可以休三年無薪假，接受其中某一個邀請。我們最近才搬到新家，孩子們已經開始上學，不可能不把他們帶走。娉婷和我躊躇了幾個月，討論每個邀請的利弊。

　　娉婷對於讓孩子在紐約長大猶豫不決，而根據她在英國的一所實用中學的不愉快經驗，她很懷疑我們能否負擔得起住在倫敦並將孩子送入「公學」（私立學校）。至於坎培拉，因為距離最近，我們比較容易與家人保持聯繫。對我來說，我不確定是否願意留在傅路德所考慮的前現代或「中古」時期。我也不想轉向當代中國的研究，但如果我選擇去亞非學院，那就必須這樣做。在澳洲國立大學，克勞福德向我保證，他希望看到遠東歷史系更為開放，我可以將現代史與我關於東南亞華人的研究結合起來。我們知道哥倫比亞大學和亞非學院在世界事務上更為舉足輕重，也更負盛名，我們也承認紐約和倫敦是更令人嚮往的城市，但權衡輕重，澳洲國立大學似乎提供了更多我們喜歡的東西。

　　因此，我們同意選擇澳大，在我從漢城返回後做出最終決定。但是，經過那幾週在韓國的見聞，我迫不及待地想告訴娉婷，韓國的訪問使我覺得將會以終身研究中國歷史為職志，所以忍不住先給她打電話。當我在電話中聽到她同意我的決定，我可以感覺到娉婷是再一次表示，她會嫁雞隨雞、嫁狗隨狗。

　　我寫信給大學理事會，要求三年無薪假。我解釋說，我接受邀請加入澳大的研究學院，是因為我不需要授課，可以專心做我的研究。我還詢問理事會，是否可以任命一位新的講座教授系主任，等我回來後可以擔任該系的第二位講座教授。理事會指出，如果這樣做，那就意味着該系將有兩名講座教授，有違大學的政策。他們只能同意在我離任期間任命一名資歷較淺的人代理系主任。我可以看出，在講座教授系主任制度下，這樣做對歷史系沒有好處。澳大講座教授任職到65歲。如果我向馬來亞大學辭職，歷史系就可以聘請新的講座教授系主任。如果我在三年後想回來，那就要看我的運氣了。於是，我向理事會說明理由，並提出請辭。

　　但是我仍然對離開感到不安，這使我做出本來不想做的事。我一直不願講這個故事，這既是友誼的故事，也是我不顧馬來西亞將要面對的社會現實公開表達自己政治傾向的故事。我個人不喜歡基於種族的政治，而這種政治是支撐巫統、馬華公會和國大黨三大政黨組成聯盟的基礎。我承認，為了使英國人早日離開，族群主義也許是不可避免的。但是我一直認為，從長遠來看，社群主義式的權力分享不利於國家建設。

　　故事中的友誼部分與陳志勤有關，他是大學理事會成員，支持我去澳洲國立大學一段時間，並鼓勵我請三年假。他感到遺憾的是，因為理事會不允許聘請第二個講座教授系主任，我決定辭職，但他希望我幾年後能返回。

　　故事的兩個部分合而為一，是因為陳志勤決定成立不以族群為基礎的馬來西亞民政運動黨（Parti Gerakan Rakyat Malaysia, Gerakan, 民政黨），請我在去澳洲之前助一臂之力。當我還是新加坡馬來亞大學校園的社運學生時，我們的友誼就開始了。他在醫學院，是我的學長。畢業後，他不僅成為吉隆坡受人敬愛的醫生，而且是一位敬業的議員。我和他失去了聯繫，但是幾年後在吉隆坡重逢，成為好朋友。身為忠實的校友，他對建立新大學十分關心，我們共同努力，幫助大學招收新員工和學生。那時他是馬來亞工黨領導人之一，在國家政治中非常活躍。1964年，他當選為吉隆坡中心巴圖選區的代表，並在隨後的12年中一直是備受尊重的反對派聲音。

　　但是，當工黨變得激進向左轉時，陳志勤被逐出工黨，只能以獨立議員的身份繼續留在議會中。他想組建一個不依賴種族忠誠、真正關心窮人的政黨，問我是否可以幫忙。他知道我已決定去澳大，而且我對成為政治家不感興趣，因此他只要求我就起草宣言和章程提出建議。我已經從馬來亞大學辭職，這樣做將是表明我對馬來西亞的承諾，於是表示同意。我以朋友和顧問的身份參加了幾次會議。最終，陳志勤說服賽阿拉達（Syed Hussein Alatas）擔任該黨主席，並同意林蒼祐（Lim Chong Eu）醫生在檳城的聯合民主黨與民政黨合併。一切談妥之後，他邀請我參加1968年的創黨會議，並向我介紹幫助他起草章程的人。第二天，有媒體報道我是該黨的創始人之一。

　　我在這裏講這個故事，因為這是我唯一一次公開參加黨派性質的馬來西亞政治活動，儘管只是在外圍而已。認同馬來西亞民政運動黨，是在我認為與我們生活相關的包容性家園觀念之上增添了一層薄薄的共享和歸屬感：這些生活包括國家和同胞、城鎮和州、校園同事和學生、家人和朋友、房屋和花園、甚至我私人想法中的多重身份。當我表示我現在的公眾形象又增加了一層時，娉婷感到困惑。她對我太瞭解了，笑着轉移了話題，覺得這只不過是我過度敏感性格的另一種表現方式。

　　我回想起我們在吉隆坡的最後一年，還有一個值得紀念的環節。那是國際亞洲歷史學家協會的會議，我們延後了這次會議，以免在安娜堡的東方主義學者會議的陰影下開會。我的同事們知道我在會議後幾週就要離開馬來亞大學，將這次會議視為歡送會。我很是感激，但真正令人難忘的是另一件事，成為我們這個時代的革命後果的標誌。那就是布拉格之春。馬來西亞於1967年與蘇聯建立外交關係，有幾名蘇聯集團的學者來參加會議。最活躍的三位學者來自捷克，都是他們的領導人亞歷山大·杜布切克（Alexander Dubcek）的支持者，並由他們最好的漢學家之一鮑格洛（Timoteus Pokora）率領。蘇俄駐馬來西亞大使駁斥鮑格洛的公開反抗言論，使會議出現一些戲劇性場景。結果，會議被政治性發言打斷，而且在會議結束後幾天，蘇聯軍隊如大家預見的那樣鎮壓了布拉格起義。鮑格洛離開吉隆坡之前，告訴我蘇俄大使警告他，布拉格之春已經過去了。此後不久，我得知鮑格洛被解僱，並且不得恢復職業生涯。我的同事們告訴我，與會者都認為會議是成功的，但我不能忘記脆弱的學術自由突然粉碎的那一刻。它使我想起，我正着手瞭解被中國紅衛兵羞辱的學者的命運。我也因此更加感激，我的職業生涯是在馬來亞大學開始的。

總 結

當我從怡保出發，以未來國家的新公民身份到馬來亞大學學習時，我很高興朝着新的家鄉邁出了第一步。儘管我不知道我的學習方向，但這似乎並不重要。在最初的那幾年中，我的家鄉觀念仍然與某個可以取代中國的國家聯繫在一起，中國在我的心目中已經掉落到陡峭的懸崖下。我的心目中沒有別的家鄉。在怡保，我的父母從一個骯髒的出租屋搬到了一個兩居室的公寓，然後搬到吉隆坡一個半獨立式的出租屋，在那裏我有一個房間，一年中只在放假去探望他們時住兩個星期。在離開倫敦之前的五年中，我一直住在新加坡的大學宿舍，從15人一間的開放式宿舍到20個分隔房間的封閉式宿舍，再到位於杜寧道的40座半獨立式房屋中一個雙人房間。我從來沒有認為我住過的地方就是家鄉。

實際上，在那些年裏，我很少想到家鄉這個詞。我認為部分原因是，家鄉的觀念似乎表現為我從未想過的形式，就是把持續學習的校園當做家。馬來亞大學就是這樣一個地方，它的教職員工和學生住在靠近圖書館和實驗室的大樓裏，大多數人都頻繁交往。不僅如此，我們還有一個視如己有的美麗植物園。實際上，我很容易就把這個美麗的校園視為家園，因為在五年學習期間，我平均每年至少有45週在那裏度過。

然後我去了倫敦。娉婷與我會合後，我們結婚並搬到劍橋，然後又回倫敦。英國、尤其是倫敦，是文學和音樂的文化之地。至於倫敦的康諾特廳、哈默頓學院、果園街和牧羊叢（Shepherd's Bush）的公寓，都是我們工作和休息的臨時住所。帕金森一旦明白表示讓我回到馬來亞大學成為新的員工，我可以期待舊校園將再次成為我的家園。當然，娉婷也把新加坡視為家鄉，她和家人在那裏居住了15年之久。之後，我的父母也決定搬去那裏，人口漸增的王氏一家在1957年終於可以居住在一起了。

然而事與願違。我期盼着回到我的移居國馬來亞及其首都，那裏是馬來亞大學的新校區。我們用新加坡的大學住房換來吉隆坡的住房，從1957年到1964年一共住過四所房子，都分別留下一些愉快的回憶。可是，在那段時間，另一種形式的家鄉在我腦海中不斷形成，這個家鄉與校園相連，但與一個能夠自由開放地學習的大學越來越密切地聯繫在一起。我沒有真正想過這個想法對家鄉的觀念有多重要，只覺得與一些思維敏銳的人待在一起會感到舒服和滿足。

回首過去，正是許多層次的歸屬感混合在一起使我相信我們正在安頓下來。新校園正不斷擴大，不僅在學術領域和圖書館收藏方面，而且新建築有人入住，大學的理念逐漸成形。我先後擔任文學院院長和歷史系主任，使我更接近國家建設項目的核心，包括我花了幾年時間試圖在《馬來西亞概覽》中描述的大馬來西亞計劃。在國外，蘇卡諾的對抗運動以及美國日益介入針對中蘇共產主義挑戰的戰爭，也提高了民族主義意識。

在吉隆坡，我們現在已經熟悉了新環境。我看到吉隆坡及其附屬城市八打靈再也變得生動有趣，我們與當地商店和鄰居產生了親密感情。作為英語教學專家，娉婷的表現非常出色，我們的兒子準備去一所好小學讀書，那裏除了英語，還有馬來語和華語教學。我父親現在是一位備受尊敬的校長，任職於全國最好的獨立華文中學之一。

我在大學裏的工作非常有滿足感。自1949年以來與我一起成長的馬來亞大學傳統得到了認真的維護。我獲得充分的支持，把一群敬業的同事團結在一起。在他們的幫助下，歷史系將為畢業生藉學習歷史打開視野，從而能夠在更大更複雜的世界上為國家提供服務。我努力為發展馬來西亞國家歷史樹立榜樣，因此進入迷人的新領域，包括馬來西亞華人族群的歷史。在校園外，我應邀參加了語言廳（Dewan Bahasa）和圖書館（Pustaka）的主要歷史著作精選的翻譯計劃。我主持歷史的特殊術語委員會，以確保專業上的一致性。

那時候，我最關心的是將我們的研究生課程更系統地與馬來西亞歷史的本地研究聯繫起來。兩者都取得了進展，每週舉行一次由馬來亞大學員工和研究生（包括其他院系有共同興趣的研究生）主持的研討會，這特別有用，這種常規會議給我們所有人帶來很大的鼓舞。在三年多的時間裏，這些研討會幫助我們的團隊規劃和組織了1968年的第一次國際歷史學家會議。我至今回想同事們怎樣努力籌備會議，邀請全世界許多著名亞洲歷史學家來到吉隆坡，仍十分欣慰。

三代同框，新加坡，1968年。此照後不久全家遷往澳洲。

前面提到，我意識到自己的行政職責和沉重的教學負擔，正影響我中國歷史研究的質量。1967年，我在芝加哥和安娜堡參加會議，凸顯了我無法跟上最新的研究工作的進度。我在這些會議上遇到的每位中國歷史學家似乎都能理解中國事態發展的關鍵特徵。很明顯，我無法接觸到有關當代中國的書籍和文章，已嚴重阻礙了我的理解能力。但是我遇到的每個人都以為我應該知道發生了什麼事，並應該解釋為什麼中國的年輕人聽從毛澤東的破壞性號召。因此，我在韓國的一個月使我相信，我必須回頭研究中國歷史，不然就來不及了。

在我們做出這個決定之前，娉娉和我一再思量。但是她堅信，我身為中國歷史學家的職業生涯岌岌可危，並鼓勵我去坎培拉。我把我們的計劃告訴父母時，他們也毫不猶豫。一如既往，他們認為我應該繼續學習，而任何能夠提高我學習能力的舉動都是正確的。馬來西亞是我們的國家，大學是我的知識家園，而且這裏有我們自己的家可以回來。儘管如此，這是一個艱難的決定。我們離開後，1969年的重大事件改變了國家格局，這完全出乎我們的意料。

娉娉向來實事求是。澳洲國立大學提供三年的大學住房，但是如果我們不想購買任何新家具，就不得不帶齊所有家庭用品。我們會把八打靈再也的房子出租，如果房子裏面沒有家具，比較容易租出去。在國際亞洲歷史學家協會會議之後，我們收拾行李準備出發。在9月中旬離家的前夕，娉娉環顧四周，仔細盤點了我們要帶的東西，然後對我說：「我們住在什麼地方，那裏就是我們的家。」我點點頭，對於這一點我完全同意。

心安即是家

我們在澳洲住了18年，是否在那裏找到了家？家一定是一個國家或城市嗎？譬如我們已經住了將近十年的香港？或者家是我們居住了24年以上、具有獨特的多元文化的城市國家新加坡？或者家是這所或那所房子？確實，我們住過一些非常舒適的房子，包括我們在新加坡的公寓。

我們一直很幸運，無論我們在哪裏生活和工作，從未發現有什麼地方不能成為我們想像的家。對我自己來說，家可能與大學有關，在那裏我可以自由地提出我感興趣的問題：例如，中國是一種具有復原力的古老文化，是兩千多年來經歷興亡盛衰的幾個帝國，或者是一個多民族的現代國家；還有，對於像我這樣居住在中國之外的人，這種無論居住在哪裏的「華人」。在每個校園中，娉婷和我都結交朋友，把我們在這個世界發現的有趣事物與同事和學生分享。

回顧往事，五十多年前，我們離開吉隆坡前往坎培拉。我們總是被問起，我們認為自己的家在哪裏。由於我們永遠無法確定，往往回答說，家就是我們所在的地方，也是所有我們感覺像在家裏的地方。

　　在坎培拉，我們在澳大提供給我們的房子裏住了三年。200碼以外的庫姆斯大樓就是我上班的地方，研究圖書館就在大樓對面。娉婷決定攻讀亞洲研究的另一個學位，只需向前再走五十碼到另外一座大樓。

　　當我們兒子讀的坎培拉高中搬到附近的阿蘭達郊區，而兩個女孩也可以在那裏上小學時，我們就在那個郊區蓋了新房子。娉婷現在經驗更豐富，設計了一個安樂窩，我們在那裏住了15年。

　　1977年，我成為澳洲公民。娉婷繼續保留着馬來西亞國籍好幾年。

　　我將讓我們的子孫後代去講述，他們自己認為的家在哪裏。我們把八打靈再也的房子租了出去，直到在坎培拉蓋第二座房子後兩年才賣掉。我們的兒子新明去悉尼就學後，再也沒有和我們同住。他結婚之後，定居在悉尼。兩個女兒就讀於澳大，並一直與我們住在一起，新玫直到結婚才搬出去。新蘭畢業後有自己的家。我母親來和我們住在一起，有一段時間，在阿蘭達只有我們三個人。

　　在澳大工作18年後，我去了香港大學，住在那座豪華的校長官邸裏，我的母親與我們同住。我們把阿蘭達的房子出租了，希望在我香港大學的工作結束後返回坎培拉。這個願望沒有實現。我退休後，去了新加坡的東南亞研究所，還擔任東亞政治經濟研究所的執行主席，後來又成為了新加坡國立大學東亞研究所所長。

　　我們的孩子都沒有留在坎培拉，所以我們決定賣掉坎培拉的房子，並在新加坡投資了一個公寓。我們沒有計劃，不知道什麼時候回澳洲，如果回去，是住在新明居住的悉尼，還是住在新玫和新蘭都買了房子的墨爾本。

結婚六十週年。

到頭來，我們已經在新加坡住了24年。我們住的第一個共管公寓被整棟出售，我們被迫搬了出來，就在鄰近的郊區買了另一套公寓。我們住得非常舒適，只要還在新加坡，就會繼續留在這裏。在這五十年，我們似乎一直感覺像在家裏。

附錄：有關馬來亞家鄉的著作

(每個類別內按時序排序)

我的生活：怡保及以後

劉宏，〈生命之樹長青——專訪王賡武教授〉，《地平線月刊》，2000年，第一期，頁13–24。

〈前言〉，《王宓文紀念集》。新澤西：八方文化創作室，2002，頁ix–xi。

李業霖主編，《南洋大學走過的歷史道路》。馬來亞南洋大學校友會，2002。

Philip A. Kuhn, "Wang Gungwu: The Historian in His Times," in *Power and Identity in the Chinese World Order, Festschrift in Honour of Professor Wang Gungwu*, eds. Billy K. L. So, John Fitzgerald, Huang Jianli, and James K. Chin. Hong Kong: Hong Kong University Press, 2003, pp. 11–31.

Lee Guan-kin, "Wang Gungwu: An Oral History," in *Power and Identity in the Chinese World Order*, pp. 375–413.

劉宏，〈從新加坡看華人世界：王賡武教授與海外華人研究〉，《戰後新加坡華人社會的嬗變：本土情懷、區域網路、全球視野》。廈門：廈門大學出版社，2003，頁245–263。

Gregor Benton and Hong Liu (eds.), *Diasporic Chinese Ventures: The Life and Work of Wang Gungwu*. London: Routledge/Curzon, 2004.

陳松贊，〈校長王宓文先生傳略〉，載鄭良樹編，《寬柔論集》。新山：南方學院出版社，2006，頁83–112。

Alan Baumler, "Rethinking Chinese History in a Global Age: An Interview with Wang Gungwu," *The Chinese Historical Review* 14, no. 1 (Spring 2007): 97–113.

Vineeta Sinha, "In Conversation with Wang Gungwu," *ISA (International Sociological Association) E-Bulletin*, no. 6 (March 2007): 54–80.

Wang Gungwu: Junzi: Scholar-Gentleman in Conversation with Asad-ul Iqbal Latif. Singapore: Institute of Southeast Asian Studies, 2010.

Huang Jianli, "Conceptualizing Chinese Migration and Chinese Overseas: The Contribution of Wang Gungwu," *Journal of Chinese Overseas* 6, no. 1 (2010): 1–21.

"My Green Innocence," "Life had changed forever," and "A Nomad in Ipoh," in *Ipoh, My Home Town: Reminiscences of Growing Up, in Ipoh, in Pictures and Words*, ed. Ian Anderson. Ipoh: Media Masters Publishing, 2011, pp. 104–107, 144–145, 262–265.

Zheng Yongnian and Phua Kok Khoo (eds.), *Wang Gungwu: Educator and Scholar.* Singapore: World Scientific, 2013.

蘇基朗，〈古今生民命、天下華人心〉，《天下華人》。廣州：廣東人民出版社，2016，頁1–9。

李懷宇採訪，〈王賡武：關注華人的憂患與命運〉，《各在天一涯：二十位港台海外知識人談話錄》。北京：中華書局，2016，頁75–101。

"Childhood Memories to the Age of 12," in *Recalling*, ed. Nicholas Tarling with the assistance of Ooi Keat Gin and Rupert Wheeler. New York: Hamilton Books, 2017, pp. 217–233.

杜晉軒，〈海外華人的史學家王賡武回憶錄面世〉，多維新聞網，2018年9月18日。

Wang Gungwu, *Home Is Not Here*. Singapore: NUS Press, 2018.

Rachel Leow, "Home is Everywhere," *Mekong Review* 4, no. 2 (Feb.–April 2019): 6–7 [also in *Los Angeles Review of Books* China Channel, 7 October 2019].

Wu Xiao An, Review essay, "Home is not Here," *Journal of the Malaysian Branch of the Royal Asiatic Society* 92, part 2, no. 317 (December 2019): 163–176.

王菁，〈漂泊的學人——王賡武：何處為家？〉，《東方歷史評論》，2019。

Madeline Y. Hsu, "Where Is Home? The Current State of Chinese Migration Studies," *Cross-Currents: East Asian History and Culture Review* (e-journal) 32: 140–145. <https://cross- currents.berkeley.edu/e-journal/issue-32/hsu>.

毛升，〈評王賡武回憶錄｜僑居與定居之間〉，《上海書評》，2020年2月12日。

Philip Holden, Anthony Reid, and Khoo Boo Teik, "SOJOURN Symposium on Home Is Not Here," *SOJOURN: Journal of Social Issues in Southeast Asia* 35, no. 1 (2020): 138–159.

大學

"A New Tradition at the University" and "Campus at Pantai Valley," *The Straits Times Annual for 1960* and *for 1966*. Singapore, 1960 and 1965, pp. 53–55 and 54–57.

"The University in Relation to Traditional Culture," in *Proceedings, Asian Workshop on Higher Education*, ed. Li Choh-Ming. Hong Kong: Chinese University of Hong Kong, 1969, pp. 21–32.

〈二十年前的一段往事——王賡武校長談「南大事件」〉，香港大學《學苑》，1986。由 Gregor Benton 翻譯為 "Wang Gungwu on the Nantah Incident: An Interview," in *Diasporic Chinese Ventures: The Life and Work of Wang Gungwu*, 2004, pp. 31–42.

"The University and the Community," in *Proceedings, Second Asian Workshop on Higher Education*, ed. Rayson L. Huang. Singapore: Nanyang University, 1972, pp. 17–29, 111–120.

"Universities in Transition in Asia," *Oxford Review of Education* 18, no. 1 (1992): pp. 17–27.

"The University as a Global Institution," in *The Universities of the Future: Roles in the Changing World Order*. Richard, A. Harvill Conference on Higher Education, University of Arizona, 1994, pp. 38–43.

The Modern University in Australia and Asia, The Menzies Oration on Higher Education, 1 October 1996, University of Melbourne, 1997.

李業霖主編，《南洋大學走過的歷史道路》。馬來亞南洋大學校友會，2002。

Shifting Paradigms and Asian Perspectives: Implications for Research and Teaching, in *Reflections on Alternative Discourses from Southeast Asia*, ed. Syed Farid Alatas. Singapore: Pagesetters Services, 2002, pp. 47–54.

"Inception, Origins, Contemplations: a Personal Perspective," in *Imagination, Openness & Courage: The National University of Singapore at 100*. Singapore: NUS Press, 2006, pp. 1–31.

"New University, Three Generations: China, Malaya, Singapore," *s/pores: New Directions in Singapore Studies* 1, issue 2.1. <http://spores.wordpress.com/2008/02>.

"Post-imperial Knowledge and Pre-Social Science in Southeast Asia," in *Decentring and Diversifying Southeast Asian Studies: Perspectives from the Region*, ed. Goh Beng-Lan. Singapore: Institute of Southeast Asian Studies, 2011, pp. 60–80.

〈馬來亞大學中文系成立往事：王賡武教授專訪〉，《薪火相傳、桃李芬芳：國大中文系六十周年系慶特刊》，2013，頁20–23。

文學

Pulse. Published by Beda Lim at the University of Malaya, Singapore, 1950.

"Trial and Error in Malayan Poetry," *The Malayan Undergrad* 9, no. 6 (July 1958): 6–8. Reprinted in *s/pores: New Directions in Singapore Studies*, 10 January 2008.

"Twelve Poems," in *Litmus One, Selected University Verse, 1949–1957*. The Raffles Society, University of Malaya, Singapore, 1958, pp. 27–36.

"The Violin," in *The Compact: A Selection of University of Malaya Short Stories, 1953–1959*, ed. Herman Hochstadt. Raffles Society, University of Malaya, 1959, pp. 85–94.

Awang Kedua, "Five Poems," *Varsity 1962*, Kuala Lumpur, 1962, pp. 71–72.

"On Hearing of a Friend's Death," "If I Was Born to Rule," "In a Silk-Draped Hothouse," "I Am Not a Soldier," "A New Sensation," and "A Short Introduction to Chinese Writing in Malaya," in *Bunga Emas: An Anthology of Contemporary Malaysian Literature*, ed. T. Wignesan. London: Anthony Blond and Kuala Lumpur: Rayirath (Raybooks) Publications, 1964.

"The Pier," "Moon Thoughts," "Ahmad," and "A New Sensation," in *The Flowering Tree: Selected Writings from Singapore/Malaysia*, compiled by Edwin Thumboo. Singapore: Educational Publications Bureau, 1970, pp. 21, 22, 23, 123–138.

Koh Tai Ann, "Literature in English by Chinese in Malaya/Malaysia and Singapore: Its Origins and Development," in *Chinese Adaptation and Diversity: Essays on Society and Literature in Indonesia, Malaysia & Singapore*, ed. Leo Suryadinata. Singapore: Singapore University Press, 1993, pp. 120–168.

Philip Holden, "Interrogating Diaspora: Wang Gungwu's *Pulse*," *Ariel* 33, Issue 3–4 (2002): 105–130.

〈無以解脫的困境？〉，《讀書》，2004年10月，頁110–120。

"Within and Without: Chinese Writers Overseas," *Journal of Chinese Overseas* 1, no. 1 (2005): 1–15.

"A New Sensation," in *Twenty-two Malaysian Stories: An Anthology of Writing in English*, ed. Lloyd Fernando. Singapore: Heinemann Educational Books (Asia), 1968, pp. 113–125. [〈前所未有的感覺〉，載胡寶珠翻譯，張錦忠、黃錦樹、莊華興編《回到馬來亞：華馬小說七十年》。黑風洞：大將出版社，2008，頁51–61。]

"Learning Me Your Language," *s/pores: New Directions in Singapore Studies* 1, issue 2 (2008). <http://spores.wordpress.com/2008/01/12>.

"An Interview with Wang Gungwu by Robert Yeo from the Mid-1980s," *s/pores: New Directions in Singapore Studies* 1, issue 2.1. <http://spores.wordpress.com/2008/02>.

"Plus One," "Three Faces of Night," and "A New Sensation," in *Writing Singapore: An Historical Anthology of Singapore Literature*, eds. Angelia Poon, Philip Holden, and Shirley Geok-lin Lim. Singapore: NUS Press, 2009, pp. 106–117.

"Three Faces of Night (Poem)," in *& Words: Poems Singapore and Beyond*, ed. Edwin Thumboo. Singapore: Ethos Books, 2010, pp. 32–33.

"Six Poems," in *Malchin Testament: Malaysian Poems*, ed. Malachi Edwin Vethaman. Petaling Jaya: Maya Press, 2017, pp. 333–339.

"Moon Thoughts" and "Three Faces of Night," in *Unfree Verse: Singapore Poetry in Form, 1937–2015*, eds. Tse Hao Guang, Joshua Ip, and Theophilus Kwek. Singapore: Ethos Books, 2017, pp. 9–11.

"Two Poems 'The Pier' and 'Pulse,'" in *Who Are You My Country? Writing about Identity Past and Present*, eds. Winston Toh Ghee Wei, Theophilus Kwek, Joshua Jesudason, and Hygin Prasad Fernandez. Singapore: Landmark Books, 2018, pp. 39, 92.

Nilanjana Sengupta, "Foreword," in *The Votive Pen: Life and Poetry of Edwin Thumboo* (2020).

歷史

"Johor Lama: An Introduction to Archaeology," *The Malayan Historical Journal* 1, no. 1 (1954): 18–23.

"The *Chiu Wu-Tai Shih* and History-Writing during the Five Dynasties," *Asia Major*. London, 1957, pp. 1–22.

"The University of Malaya Archaeological Society's Survey of Central Kedah, May 1958," *Journal of Malayan Branch of the Royal Asiatic Society* 31, no. 1 (no. 181) (1958): 220–223.

"The Nanhai Trade: A Study of the Early History of Chinese Trade in the South China Sea," *JMBRAS* 31, pt. 2 (1958): 1–135. [姚楠譯，〈南海貿易──對南中國

海中國早期貿易史的研究〉,《南海貿易與南洋華人》。香港：中華書
局，1988，頁 1–204。]

"Mr. Harrison and the 'Western Bias' in the Nanhai Trade," *Asian Perspectives*, Hong Kong, 1961.

"Feng Tao, An Essay on Confucian Loyalty," in *Confucian Personalities*, eds. Arthur F. Wright and Denis Twitchett. Stanford: Stanford University Press, 1962, pp. 123–145, 346–351.

"The Opening of Relations between China and Malacca, 1402–1405," in *Malayan and Indonesian Studies: Festschrift for Richard Winstedt*, eds. J. S. Bastin and R. Roolvink. London: Oxford University Press, 1964, pp. 87–104.

The Use of History. Inaugural lecture, University of Malaya, 14 Dec. 1966, Kuala Lumpur; also published in Papers in International Studies, Ohio University, 1968.

"Early Ming Relations with Southeast Asia—A Background Essay," in *The Chinese World Order*, ed. J. K. Fairbank. Cambridge, MA: Harvard University Press, 1968, pp. 34–62, 293–299.

"China and Southeast Asia, 1402–1424," in *Studies in the Social History of China and Southeast Asia: Essays in Memory of Victor Purcell*, eds. J. Chen and N. Tarling. Cambridge: Cambridge University Press, 1970, pp. 375–401.

Community and Nation: Essays on Southeast Asia and the Chinese. Kuala Lumpur and Sydney: Heinemann Asia and Allen & Unwin, 1981.

"Southeast Asian Hua-ch'iao in Chinese History-Writing," *Journal of Southeast Asian Studies* 12, no. 1 (1981): 1–14.

"Lu Xun, Lim Boon Keng and Confucianism," *Papers on Far Eastern History*, no. 39 (1989): 75–91.

"Merchants Without Empire: The Hokkien Sojourning Communities," in *The Rise of Merchant Empires: Long-Distrance Trade in the Early Modern World, 1350–1750*, ed. James D. Tracy. Cambridge: Cambridge University Press, 1990, pp. 400–421.

China and the Chinese Overseas. Singapore: Times Academic Press, 1991.

"The Status of Overseas Chinese Studies," in *Chinese America: History and Perspectives 1994*. San Francisco: Chinese Historical Society of America, 1993, pp. 1–18.

"Migration and Its Enemies," in *Conceptualizing Global History*, eds. Bruce Mazlish and Ralph Buultjens. Boulder, CO: Westview Press, 1993, pp. 131–151.

"Among Non-Chinese," in *The Living Tree: The Changing Meaning of Being Chinese Today*, ed. Tu Wei-ming. Stanford: Stanford University Press, 1994, pp. 127–146.

"Ming Foreign Relations: Southeast Asia," in *The Cambridge History of China, vol. 8: The Ming Dynasty, 1368–1644, Part 2*, eds. Denis Twitchett and Frederick W. Mote. Cambridge and New York: Cambridge University Press, 1998, pp. 301–132, 992–995.

The Chinese Overseas: From Earthbound China to the Quest for Autonomy. Cambridge, MA: Harvard University Press, 2000.

劉宏、黃建立編，《海外華人研究的大視野與新方向：王賡武教授論文集》。新澤西：八方文化創作室，2002。

《離鄉別土：境外看中華》。傅斯年紀念講座。台北：中央研究院歷史語言研究所，2007。

The Structure of Power in North China during the Five Dynasties. Kuala Lumpur: University of Malaya Press, 1963; Stanford: Stanford University Press, 1967.

胡耀飛、尹承譯，《五代時期北方中國的權力結構》。上海：中西書局，2014。

Huang Jianli, "Approaches to History and Domain Crossings: Wang Gungwu and His Scholarship," in *Chineseness and Modernity in a Changing China*, eds. Zheng Yongnian and Zhao Litao. Singapore: World Scientific, 2020, pp. 9–28.

馬來西亞

"Memperkembang Bahasa Kebangsaan: Peranan Perseorangan dan Badan Kesusasteraan" [Developing the National Language: The Role of Individuals and Literary Bodies], *Bahasa, Keluaran Perseketuan Bahasa Melayu* 2, no. 2 (1960): 86–95. University of Malaya, Kuala Lumpur.

"Malacca in 1403," *Malaya in History* 7, no. 2 (1962): 1–5. Kuala Lumpur.

Latar Belakang Kebudayaan Pendudok di-Tanah Melayu: Bahagian Kebudayaan China [The Cultural Background of the Peoples of Malaysia: Chinese Culture]. Kuala Lumpur: Dewan Bahasa dan Pustaka, 1962.

"Malayan Nationalism," *Royal Central Asian Journal* 49, pts. iii and iv (1962): 317–325. London.

"The Melayu in *Hai-kuo Wen-chien Lu*," *Journal of the Historical Society* 2 (1963): 1–9. University of Malaya, Kuala Lumpur.

Malaysia: A Survey (editor). New York and London: Praeger and Pall Mall Press, 1964.

"The Concept of Malaysia," "Early Chinese Influence in Southeast Asia," "Political Malaya, 1895–1941," "The Japanese Occupation and Post-War Malaya, 1941–1948," and "Malaya: The Road to Independence and Malaysia," in *History of the Malaysian States*. Singapore: Lembaga Gerakan Pelajaran Dewasa, 1965, pp. 1–4, 12–16, 80–91.

"Political Symposium, the Great Split," *Varsity 1965* 1, no. 5 (1965): 8–12. University of Malaya Students' Union.

"The Way Ahead," *The Straits Times Annual for 1966*, Singapore, 1965, pp. 26–31.

"1874 in Our History" and "Malaysia's Social History," *Peninjau Sejarah* 1, no.1 and no. 2 (1966): 12–16 and 1–5. Kuala Lumpur.

"The Growth of a Nation," in *Ten Years of Merdeka, Straits Times*. Kuala Lumpur, August 1967, pp. 3–6.

"Political Change in Malaysia," *Pacific Community* 1, no. 4 (1970): 687–696.

Malaysia: Contending Elites. Sydney: University of Sydney, Department of Adult Education, 1970.

"Chinese Politics in Malaya," *The China Quarterly* 43 (1970): 1–30.

"Reflections on Malaysian Elites," *Review of Indonesian and Malay Studies* 20, no. 1 (1986): 100–128. Sydney.

"Malaysia-Singapore: Two Kinds of Ethnic Transformations," *Southeast Asian Journal of Social Science* 25, no. 2 (1997): 183–187.

"Continuities in Island Southeast Asia," in *Reinventing Malaysia: Reflections on Its Past and Future*, ed. Jomo K. S. Bangi, Malaysia: Penerbit Universiti Kebangsaan Malaysia, 2001, pp. 15–34.

"Chinese Political Culture and Scholarship about the Malay World," in *Chinese Scholarship on the Malay World: A Revaluation of a Scholarly Tradition*, ed. Ding Choo Ming. Singapore: Eastern Universities Press, 2003, pp. 1–30.

Nation-Building: Five Southeast Asian Histories (editor). Singapore: Institute of Southeast Asian Studies, 2005.

黃堅立，〈南洋大學與新加坡的語文分化：1965 年王賡武報告書的爭議〉，載李元瑾編《南大圖像：歷史河流中的省視》。新加坡：南大中華語言文化中心；八方文化創作室，2007，頁165–220。(英文修訂版：Huang Jianli, "A Window into Nanyang University: Controversy over the 1965 Wang Gungwu Report," in *A General History of the Chinese in Singapore*, eds. Kwa Chong Guan and Kua Bak Lim. Singapore: Singapore Federation of Chinese Clan Association and World Scientific, 2019, pp. 445–475.)

"The Fifty Years Before," in *The Chronicle of Singapore, 1959-2009: Fifty Years of Headline News*, ed. Peter H. L. Lim. Singapore: Editions Didier Millet and National Heritage Board, 2009, pp. 15–27.

"Student movements: Malaya as Outlier in Southeast Asia," Review Article, *Journal of Southeast Asian Studies* 44, no. 3 (2013) 511–518.

"The Call for Malaysia" and "Malaya: Platform for Nation Building," in *Nanyang: Essays on Heritage*. Singapore: Institute of Southeast Asian Studies, 2018, pp. 11–35 and 36–58.

亞洲：東南亞

"The Emergence of Southeast Asia," *Bakti*, Journal of the Political Study Centre, Singapore, no. 3 (1961): 9–11.

"Nation Formation and Regionalism in Southeast Asia," in *South Asia Pacific Crisis: National Development and the World Community*, ed. Margaret Grant. New York: Dodd, Mead & Company, 1964, pp. 125–135, 258–272.

"The Teaching of History in a Southeast Asian Context," in *History Teaching: Its Problems in Malaya*, ed. Zainal Abidin b. A. Wahid. Department of History, University of Malaya, 1964, pp. 1–11.

"The Vietnam Issue" and "Communism in Asia," *Journal of the Historical Society*, University of Malaya, 1965 and 1967, pp. 1–5 and 1–12.

"South and Southeast Asian Historiography," *International Encyclopedia of the Social Sciences* 6 (1968): 420–428, ed. David L. Sills. New York: Macmillan.

Scholarship and the History and Politics of Southeast Asia. Flinders University Asian Studies no.1, Adelaide, 1970.

"Southeast Asia between the 13th and 18th Centuries: Some Reflections on Political Fragmentation and Cultural Change" (1971), in *Historia: Essays in Commemoration*, eds. A.B. Muhammad, A. Kaur, and Abdullah Zakaria. Kuala Lumpur: Malaysian Historical Society, 1984, pp. 1–12.

"Nationalism in Asia," in *Nationalism: The Nature & Evolution of an Idea*, ed. Eugene Kamenka. London: Edward Arnold, 1973, pp. 82–98.

"The Study of the Southeast Asian Past," in *Perceptions of the Past in Southeast Asia*, eds. A. J. S. Reid and D. Marr. Singapore: Heinemann, 1979, pp. 1–8.

"China and Southeast Asia: Some Recent Developments," in *Collected Essays in Sinology, Dedicated to Professor Kim Jun-yop*. Seoul: Korea University Press, 1983, pp. 657–671.

"Introduction," in *Southeast Asia in the Ninth to Fourteenth Centuries*, eds. D. G. Marr and A. C. Milner. Singapore and Canberra: Institute of Southeast Asian Studies and Research School of Pacific Studies, Australian National University, 1986, pp. xi–xviii.

"Nationalism and Its Historians." Keynote Lecture at the History of Nationalism Conference, 14th International Association of Historians of Asia, Bangkok, May 1996, in *Bind Us in Time: Nation and Civilization in Asia*, 2003, pp. 1–22.

China's Place in the Region: The Search for Allies and Friends. The 1997 Panglaykim Memorial Lecture, Center for Strategic and International Studies, Jakarta, 1997.

"ASEAN and the Three Powers of the Asia-Pacific," in *Southeast Asia's Changing Landscape*, ed. Gerrit W. Gong. Washington, DC: The Center for Strategic and International Studies, 1999, pp. 19–26.

"The Search for Asian National Histories," in *IAHA 2000: Proceedings, 16th Conference of the International Association of Historians of Asia*, Vol. I, eds. Ahmat Adam and Lai Yew Meng. Kota Kinabalu: Universiti Malaysia Sabah, 2004, pp. 275–283.

"Contemporary and National History: A Double Challenge," in *Nation-Building: Five Southeast Asian Histories*, ed. Wang Gungwu. Singapore: Institute of Southeast Asian Studies, 2005, pp. 1–19.

"The Pull of Southeast Asia," in *Historians and Their Disciplines: The Call of Southeast Asian History*, ed. Nicholas Tarling. MBRAS Monograph no. 40, 2007, pp. 161–174.

"Southeast Asia: Imperial Themes," *New Zealand Journal of Asian Studies* 11, no. 1 (2009): 36–48.

"Party and Nation in Southeast Asia," *Millennial Asia: An International Journal of Asian Studies* 1, no. 1 (Jan–June 2010): 41–57.

"The Peranakan Phenomenon: Pre-national, Marginal, and Transnational," in *Peranakan Chinese in a Globalizing Southeast Asia*, ed. Leo Suryadinata. Singapore: Chinese Heritage Centre and NUS Museum Baba House, 2010, pp. 14–26.

"Before Southeast Asia: Passages and Terrains," in *ISEAS at 50: Understanding Southeast Asia Past and Present*. Singapore: Institute of Southeast Asian Studies, 2018, pp. 65–84.

海外華人

"Chinese Reformists and Revolutionaries in the Straits Settlements, 1900–1911," Appendix B: Wu Hsien-tzu 伍憲子, "A Short Account of K'ang Nan Hai in Nanyang" (1952). Trans. Wang Gungwu. University of Malaya, 1953.

A Short History of the Nanyang Chinese. Singapore: Donald Moore, 1959. [張弈善譯，《南洋華人簡史》。台北：水牛出版社，1969。]

"Sun Yat-sen and Singapore," *Journal of the South Seas Society* 15, pt. 2 (1959): 55–68. Singapore.

"An Early Chinese Visitor to Kelantan" and "A Letter to Kuala Pilah, 1908," *Malaya in History* 6, no. 1 and no. 2 (1960 and 1961): 31–35 and 22–26.

"Traditional Leadership in a New Nation: The Chinese in Malaya and Singapore," in *Leadership and Authority: A Symposium*, ed. G. Wijeyewardene. Singapore: University of Malaya Press, 1968, pp. 208–222.

"Secret Societies and Overseas Chinese" (review article), *The China Quarterly* 47 (1971): 553–560. London.

"Political Chinese: An Aspect of Their Contribution to Modern Southeast Asian History," in *Southeast Asia in Modern World*, ed. Bernard Grossman. Wiesbaden: Otto Harrassowitz, 1972, pp. 115–128.

"The Limits of Nanyang Chinese Nationalism, 1912–1937," in *Southeast Asian History and Historiography: Essays Presented to D. G. E. Hall*, eds. C.D. Cowan and O.W. Wolters. Ithaca. NY: Cornell University Press, 1976, pp. 405–421.

"'Are Indonesian Chinese Unique?': Some Observations," in *The Chinese in Indonesia*, ed. J. A. C. Mackie. Melbourne: Thomas Nelson, 1976, pp. 199–210.

"The Question of the 'Overseas Chinese,'" *Southeast Asian Affairs 1976*, Singapore, 1976, pp. 101–110.

"A Note on the Origins of *Hua-ch'iao*," in *Masalah-Masalah International Masakini*, ed. Lie Tek Tjeng, vol. 7. Jakarta: Lembaga Research Kebudayaan Nasional L.I.P.I., 1977, pp. 71–78.

The Chinese Minority in Southeast Asia. Southeast Asia Research Paper Series 1, Nanyang University, Singapore. Singapore: Chopmen Enterprises, 1978.

"South China Perspectives on Overseas Chinese," *Australian Journal of Chinese Affairs*, no. 13 (1985): 69–84. Canberra.

姚楠編，《東南亞與華人：王賡武教授論文選集》。北京：中國友誼出版公司；新華書店北京發行所發行，1987。

"The Study of Chinese Identities in Southeast Asia," in *Changing Identities of the Southeast Asian Chinese since World War II*, eds. Jennifer Cushman and Wang Gungwu. Hong Kong: Hong Kong University Press, 1988, pp. 1–21.

"The Chinese as Immigrants and Settlers," in *Management of Success: The Moulding of Modern Singapore*, eds. K. S. Sandhu and Paul Wheatley. Singapore: Institute of Southeast Asian Studies, 1989, pp. 552–562.

"Patterns of Chinese Migration in Historical Perspective," in *Observing Change in Asia—Essays in Honour of J.A.C. Mackie*, eds. R. J. May and W. J. O'Malley. Bathurst: Crawford House Press, 1989, pp. 33–48.

〈同化、歸化與華僑史〉，載吳倫霞、鄭赤琰編《兩次世界大戰期間在亞洲之海外華人》。香港：中文大學出版社，1989，頁11–21。

"Greater China and the Chinese Overseas," *The China Quarterly*, no.136 (1993): 926–948. London.

"Wealth and Culture: Strategies for a Chinese Entrepreneur," *A Special Brew: In Honour of Kristof Glamann*, ed. Thomas Riis. Odense University Press, 1993, pp. 405–422.

"The Hakka in Migration History," in *Proceedings, International Conference on Hakkaology*, eds. Hsieh Chien and C. Y. Chang. Hong Kong: Chinese University of Hong Kong, Centre for Asia-Pacific Studies, 1995, pp. xxv–xl.

"Southeast Asian Chinese and the Development of China," in *Southeast Asian Chinese and China: The Politico-Economic Dimension*, ed. Leo Suryadinata. Singapore: Times Academic Press, 1995, pp. 12–30.

"Sojourning: The Chinese Experience in Southeast Asia," in *Sojourners and Settlers: Histories of Southeast Asia and the Chinese*, ed. Anthony Reid. St Leonard's, NSW: Allen & Unwin, 1996, pp. 1–14.

"Upgrading the Migrant: Neither *Huaqiao* nor *Huaren*," in *The Last Half Century of Chinese Overseas*, ed. Elizabeth Sinn. Hong Kong: Hong Kong University Press, 1998, pp. 15–33.

The Chinese Diaspora: Selected Essays (edited with Wang Ling-chi). Two volumes. Singapore: Times Academic Press, 1998.

"Chineseness: The Dilemmas of Place and Practice," in *Cosmopolitan Capitalists: Hong Kong and the Chinese Diaspora at the End of the 20th Century*, ed. Gary Hamilton. Seattle: University of Washington Press, 1999, pp. 118–134.

"A Single Chinese Diaspora? Some Historical Reflections," in *Imagining the Chinese Diaspora: Two Australian Perspectives*. Canberra: Centre for the Study of the Chinese Southern Diaspora, 1999, pp. 1–17.

"Ethnic Chinese: The Past in Their Future," in *Intercultural Relations, Cultural Transformation, and Identity—The Ethnic Chinese*, ed. Teresita Ang See. Manila: Kaisa Para Sa Kaunlaran, Manila, 2000, pp. 1–20.

"Diaspora, A Much Abused Word" (interview by Editor Laurent Malvezin), *Asian Affairs*, Hong Kong, no. 14 (Winter 2001): 17–29.

〈再論海外華人的身份認同〉，載李焯然編《漢學縱橫》。香港：商務印書館，2002，頁 45–63。

索 引